●収録内容一覧

■2025年度中学受験用

横須賀学院中学校

3年間スーパー過去問

入試問題と解説・解答の収録内容

2024年度　１次Ａ	算数・社会・理科・国語 （国語のみ２次）
2024年度　１次Ｂ	算数・国語
2023年度　１次Ａ	算数・社会・理科・国語
2023年度　１次Ｂ	算数・国語
2022年度　１次Ａ	算数・社会・理科・国語
2022年度　１次Ｂ	算数・国語

※著作権上の都合により国語の出題文が掲載できない試験につきましては，国語のみ別の試験回のものに差し替えて収録しております。

～本書ご利用上の注意～　以下の点について，あらかじめご了承ください。

★別冊解答用紙は巻末にございます。本書に収録している試験の実物解答用紙は，弊社サイトの各校商品情報ページより，一部または全部をダウンロードできます。
★編集の都合上，学校実施のすべての試験を掲載していない場合がございます。
★当問題集のバックナンバーは，弊社には在庫がございません（ネット書店などに一部在庫あり）。

合格を勝ち取るための
『スーパー過去問』の使い方

本書に掲載されている過去問をご覧になって，「難しそう」と感じたかもしれません。でも，多くの受験生が同じように感じているはずです。なぜなら，中学入試で出題される問題は，小学校で習う内容よりも高度なものが多く，たくさんの知識や解き方のコツを身につけることも必要だからです。ですから，初めて本書に取り組むさいには，点数を気にしすぎないようにしましょう。本番でしっかり点数を取れることが大事なのです。

過去問で重要なのは「まちがえること」です。自分の弱点を知るために，過去問に取り組むのです。当然，まちがえた問題をそのままにしておいては意味がありません。

本書には，長年にわたって中学入試にたずさわっているスタッフによるていねいな解説がついています。まちがえた問題はしっかりと解説を読み，できるようになるまで何度も解き直しをしてください。理解できていないと感じた分野については，参考書や資料集などを活用し，改めて整理しておきましょう。

このページも参考にしてみましょう！

◆どの年度から解こうかな　「入試問題と解説・解答の収録内容一覧」

本書のはじめには収録内容が掲載されていますので，収録年度や収録されている入試回などを確認できます。

※著作権上の都合によって掲載できない問題が収録されている場合は，最新年度の問題の前に，ピンク色の紙を差しこんでご案内しています。

◆学校の情報を知ろう!!「学校紹介ページ」

このページのあとに，各学校の基本情報などを掲載しています。問題を解くのに疲れたら息ぬきに読んで，志望校合格への気持ちを新たにし，再び過去問に挑戦してみるのもよいでしょう。なお，最新の情報につきましては，学校のホームページなどでご確認ください。

◆入試に向けてどんな対策をしよう？「出題傾向＆対策」

「学校紹介ページ」に続いて，「出題傾向＆対策」ページがあります。過去にどのような分野の問題が出題され，どのように対策すればよいかをアドバイスしていますので，参考にしてください。

◇別冊「入試問題解答用紙編」

本書の巻末には，ぬき取って使える別冊の解答用紙が収録してあります。解答用紙が非公表の場合などを除き，（注）が記載されたページの指定倍率にしたがって拡大コピーをとれば，実際の入試問題とほぼ同じ解答欄の大きさで，何度でも過去問に取り組むことができます。このように，入試本番に近い条件で練習できるのも，本書の強みです。また，データが公表されている学校は別冊の１ページ目に過去の「入試結果表」を掲載しています。合格に必要な得点の目安として活用してください。

本書がみなさんの志望校合格の助けとなることを，心より願っています。

株式会社　声の教育社　編集部

横須賀学院中学校

所在地	〒238-8511 神奈川県横須賀市稲岡町82
電　話	046-822-3218
ホームページ	https://jhs.yokosukagakuin.ac.jp
交通案内	京浜急行本線「横須賀中央駅」より徒歩約10分 JR 横須賀線「横須賀駅」よりバス「大滝町」下車徒歩約5分

くわしい情報はホームページへ

トピックス

★青山学院大学との高大連携教育を実施しています。
★英語資格利用入試には検定の取得級や点数による出願条件あり(参考：昨年度)。

創立年 昭和25年　男女共学　高校募集あり

応募状況

年度	募集数		応募数		受験数	合格数	倍率
2024	1A	25名	男2科	34名	25名	6名	4.2倍
			女2科	28名	24名	8名	3.0倍
			男4科	37名	26名	13名	2.0倍
			女4科	9名	8名	3名	2.7倍
	1B	25名	男	108名	75名	27名	2.8倍
			女	42名	28名	12名	2.3倍
	2	20名	男	114名	71名	24名	3.0倍
			女	56名	30名	8名	3.8倍
	3	20名	男	132名	65名	25名	2.6倍
			女	54名	28名	16名	1.8倍
	適	20名	男	29名	28名	14名	2.0倍
			女	21名	21名	7名	3.0倍
	英	若干名	男	6名	5名	2名	2.5倍
			女	4名	3名	3名	1.0倍

入試情報（参考：昨年度）

1次A：2024年2月1日午前(2科4科選択)
1次B：2024年2月1日午後(2科)
2 次 ：2024年2月2日午後(2科)
3 次 ：2024年2月3日午後(2科)
適性検査型入試：2024年2月1日午前
英語資格利用入試：2024年2月2日午後
＊各回とも合格発表は試験当日，本校HPにて。

2025年度入試に向けた説明会等日程(※予定)

【学校説明会】
9月7日　10：00～11：30
11月9日　9：00～12：00
12月7日　10：00～11：30
1月11日　9：00～12：00
【オープンスクール】
8月10日　10：00～13：00
【入試問題体験会】(小6生対象)
11月9日　9：00～12：00
1月11日　9：00～12：00
＊2科目型(国・算)，4科目型(国・算・理・社)，適性検査型(Ⅰ・Ⅱ)のいずれかを選択。
【水曜ミニ説明会】

5・6月，9～11月の水曜日(10：00～11：30)に各月1～3回開催します。授業の見学もできます。
＊学校行事等で開催できないこともありますので，日程等は学校HPでご確認ください。

※すべて予約制となっております。
※来校するさいは，上履きをご持参ください。

2023年度の主な大学合格実績(中高一貫生のみ)

横浜市立大，国際基督教大，東京理科大，青山学院大，東京都市大，東京農業大，日本大，東洋大，帝京大，東海大，神奈川大，関東学院大，杏林大

編集部注―本書の内容は2024年5月現在のものであり，変更されている場合があります。正式な情報は，学校のホームページ等で必ずご確認ください。

算数　出題傾向＆対策

◆基本データ（2024年度１次Ａ）

試験時間／満点	50分／100点
問題構成	・大問数…６題 計算１題（８問）／応用小問１題（７問）／応用問題４題 ・小問数…23問
解答形式	小問集合は空らんに解答のみを記入する形式。応用問題には式を書くスペースもある。
実際の問題用紙	Ａ４サイズ，小冊子形式
実際の解答用紙	Ａ３サイズ，両面印刷

◆出題傾向と内容

▶過去３年の出題率トップ３
１位：四則計算・逆算36％　２位：計算のくふう12％　３位：角度・面積・長さなど５％
▶今年の出題率トップ３
１位：四則計算・逆算，計算のくふう23％
３位：辺の比と面積の比など５％

計算問題には，小数や分数が組み合わされたやや複雑な問題もあります。応用小問は，数の性質，割合，売買損益，濃度，図形などが出題されています。

応用問題では，数の性質，数列，過不足算，場合の数，速さ，図形がよく出されています。

数の性質の問題や調べの問題は，ほかの分野に比べてやや難しく，ひとひねりした問題も出されるので，慣れていない人にとっては厳しいでしょう。規則性，場合の数，割合，速さ，平面図形についても，思考力を要求される問題が出されるので注意が必要です。

◆対策～合格点を取るには？～

計算力は算数の基本的な力です。標準的な計算問題集を１冊用意して，毎日欠かさずに練習すること。数量分野では，割合と比，数の性質，数列，濃度などに注目しましょう。場合の数，条件の整理や推理についても，さまざまな問題にあたってください。図形分野では，角度・面積・長さ・体積を求める基本的な考え方や解き方をはば広く身につけ，すばやく解けるようになること。また，グラフの問題は，水位変化や速さと組み合わせた問題の基本をおさえておきましょう。特殊算も，相当算，過不足算などのひと通りの基本は習得しておいてください。

分野	年度	2024		2023		2022	
		1次A	1次B	1次A	1次B	1次A	1次B
計算	四則計算・逆算	●	●	●	●	●	●
	計算のくふう	●	●	◎	◎	●	●
	単位の計算						
和と差	和差算・分配算		○				
	消去算						
	つるかめ算		○	○		○	
	平均とのべ	○					○
	過不足算・差集め算				○		
	集まり						
	年齢算						
割合と比	割合と比	○			○		○
	正比例と反比例				○		
	還元算・相当算						○
	比の性質						
	倍数算			○			
	売買損益			○			
	濃度	○	○	○	○	○	
	仕事算						
	ニュートン算						
速さ	速さ	○	○		○	○	
	旅人算		○			○	
	通過算				○		
	流水算	○					
	時計算						
	速さと比						◎
図形	角度・面積・長さ	○	○			◎	
	辺の比と面積の比・相似		◎	○	○		
	体積・表面積	○		○			○
	水の深さと体積						
	展開図						
	構成・分割						○
	図形・点の移動						
表とグラフ							
数の性質	約数と倍数		○	○	○	○	
	N進数						
	約束記号・文字式						
	整数・小数・分数の性質	○		○			○
規則性	植木算						
	周期算					○	
	数列	○		○		○	
	方陣算						
	図形と規則						
場合の数		○	○		○	○	
調べ・推理・条件の整理			○				○
その他							

※　○印はその分野の問題が１題，◎印は２題，●印は３題以上出題されたことをしめします。

社会 出題傾向＆対策

◆基本データ（2024年度１次Ａ）

試験時間／満点	40分／75点
問題構成	・大問数…５題 ・小問数…32問
解答形式	記号選択，用語の記入のほか，２～４行程度の記述問題も見られる。
実際の問題用紙	Ａ４サイズ，小冊子形式
実際の解答用紙	Ａ３サイズ，両面印刷

分野		年度	2024	2023	2022
日本の地理		地図の見方		○	
		国土・自然・気候	○	○	○
		資源	○		
		農林水産業	○		○
		工業			○
		交通・通信・貿易	○		
		人口・生活・文化	○	○	
		各地方の特色			
		地理総合	★	★	★
世界の地理				○	
日本の歴史	時代	原始～古代	○	○	○
		中世～近世	○	○	○
		近代～現代	○	○	
	テーマ	政治・法律史			
		産業・経済史			
		文化・宗教史			
		外交・戦争史			
		歴史総合	★	★	★
世界の歴史					
政治		憲法	○	○	★
		国会・内閣・裁判所	○		○
		地方自治			
		経済	★		
		生活と福祉	○		
		国際関係・国際政治	○		
		政治総合		★	
環境問題			★		
時事問題			○	○	○
世界遺産			★	○	
複数分野総合				★	

※　原始～古代…平安時代以前，中世～近世…鎌倉時代～江戸時代，近代～現代…明治時代以降

※　★印は大問の中心となる分野をしめします。

◆出題傾向と内容

●**地理**…国土・自然・気候や農林水産業などの分野を軸に，総合的にはば広く出題され，グラフや地図の読み取りなども多用されています。また，歴史や時事問題などのほかの分野と組み合わされた問題が出題されることも多くなっています。さらに，史跡や世界遺産の分野からも出題されるので注意が必要です。

●**歴史**…縄文時代から現代までのはば広い時代について，おもな出来事や人物などが取り上げられています。あるテーマに沿って書かれた文章を読んで答える形式や，年表をもとにした形式の問題で，政治，外交，文化など，はば広い分野から出題されます。地理や時事問題などとからめた総合的な大問として出題されることもあります。

●**政治**…少子高齢化社会，歳入・歳出，新しい権利などについて出題されています。また，国会の役割や日本国憲法についての問題もあり，時事問題が出題されることもあるので注意が必要です。

◆対策～合格点を取るには？～

問題のレベルは標準的で，やや高度なものも含まれますが，まずは基礎を固めることを心がけてください。教科書のほか，説明がていねいでやさしい標準的な参考書を選び，基本事項をしっかりと身につけましょう。

地理分野では，地図とグラフが欠かせません。つねにこれらを参照しながら，白地図作業帳を利用して，特に産業（農林水産業・工業）のようす（もちろん統計表も使います）を重点的に学習していってください。

歴史分野では，教科書や参考書を読むだけでなく，自分で年表をつくって覚えると学習効果が上がります。できあがった年表は，各時代，各分野のまとめに活用できます。本校の歴史の問題にはさまざまな時代や分野が取り上げられていますから，この作業はおおいに威力を発揮するはずです。

政治分野からの出題も多いので，日本国憲法の基本的な内容と三権（国会・内閣・裁判所）について，確実におさえておくこと。また，時事問題については，新聞やテレビ番組などでニュースを確認し，国の政治や経済の動き，世界情勢などについて，ノートにまとめておきましょう。

理科　出題傾向＆対策

◆基本データ（2024年度１次Ａ）

試験時間／満点	40分／75点
問題構成	・大問数…４題 ・小問数…27問
解答形式	記号選択と用語の記入が大半をしめる。ほかに，計算問題や記述問題もある。
実際の問題用紙	Ａ４サイズ，小冊子形式
実際の解答用紙	Ａ３サイズ

◆出題傾向と内容

「生命」「物質」「エネルギー」「地球」の４分野からまんべんなく出題されており，かたよりのない知識が必要とされます。実験・観察を主体にした問題や，文章や図から考えさせる問題が多く，丸暗記だけでは点がとれないように工夫されています。

●生命…蒸散，進化の歴史，光合成量と二酸化炭素濃度や光の強さとの関係などが出題されています。過去には，ヒトの血液の流れ，呼吸による気体の出入りも出ています。

●物質…ガスバーナーの使い方，ろ過の方法，メスシリンダーの使い方，水溶液の性質，気体の性質，金属と酸素の反応などについて問われています。

●エネルギー…輪軸と滑車，ばねののび方，電気回路，てこのはたらき，ふりこの運動などから出題されています。

●地球…季節ごとの太陽の動き，日食の起こるしくみ，月の満ち欠け，日本の天気，地層と岩石などが取り上げられています。

分野＼年度		2024	2023	2022
生命	植物		★	★
	動物	★		
	人体			
	生物と環境			
	季節と生物			
	生命総合			
物質	物質のすがた			
	気体の性質		★	
	水溶液の性質		○	★
	ものの溶け方			
	金属の性質	★		
	ものの燃え方			
	物質総合			
エネルギー	てこ・滑車・輪軸			
	ばねののび方			
	ふりこ・物体の運動	★	★	
	浮力と密度・圧力			
	光の進み方			
	ものの温まり方	○		
	音の伝わり方			
	電気回路		★	★
	磁石・電磁石			
	エネルギー総合			
地球	地球・月・太陽系	★		★
	星と星座			
	風・雲と天候			
	気温・地温・湿度			
	流水のはたらき・地層と岩石		★	
	火山・地震			
	地球総合			
実験器具				
観察				
環境問題				
時事問題				
複数分野総合				

※　★印は大問の中心となる分野をしめします。

◆対策～合格点を取るには？～

基礎力を問う標準的な問題が多くなっています。なかには高度なものもありますが，まず基本的な知識をしっかり身につけることが大切です。各単元の教科書レベルの知識や解き方を完全にマスターするとともに，ふだんから身近なものに対して関心をよせて観察したり，調べたりしていくことも重要です。観察力とすじみちを立てて考える力が理科の学習の基本です。

「生命」は，身につけなければならない基本知識の多い分野ですが，一歩一歩確実に学習する心がけが大切です。ヒトと動物のからだのつくり，植物のつくりと成長などを中心に知識を深めましょう。「物質」では，気体や水溶液の性質，ものの溶け方に重点をおいて学習してください。中和反応や濃度，燃焼など，表やグラフをもとに計算させる問題にも取り組んでおきましょう。「エネルギー」では，てこ，輪軸，ふりこの運動などについて，さまざまなパターンの問題にチャレンジしてください。さらに，かん電池のつなぎ方，音・光の進み方などもよく出題される内容なので，学習計画から外すことのないようにしておきましょう。「地球」では，太陽・月・地球の動き，天気と気温・湿度の変化，地層・岩石などが重要なポイントです。

国語 出題傾向＆対策

◆基本データ（2024年度２次）

試験時間／満点	50分／100点
問題構成	・大問数…７題 文章読解題３題／知識問題３題／作文１題 ・小問数…40問
解答形式	適語・適文の書きぬきと記号選択が大半をしめる。作文は150字以内となっている。
実際の問題用紙	Ａ４サイズ，小冊子形式
実際の解答用紙	Ａ３サイズ

◆出題傾向と内容

▶過去の出典情報（著者名）
説明文：仲島ひとみ　藤田正勝　日髙敏隆
小　説：朱川湊人　牧野富太郎　青山美智子

●読解問題…説明文・論説文１題と小説・物語文１題，会話文１題の出題となっています。適語補充，指示語の内容，内容一致，同意表現のぬき出し，文脈や内容の理解，登場人物の心情や行動の理由など，読解問題の設問としてオーソドックスなものが出題されています。

●知識問題…漢字の書き取り，熟語，慣用句・ことわざ・四字熟語，文の組み立てなどが出されています。また，文法の知識や表現技法が読解問題のなかで取り上げられることがあります。

●作文…150字以内で，自分の気持ちや考えをまとめるものが１題出ています。

◆対策～合格点を取るには？～

読解問題の対策としては，多くの文章に接して，読解力を十分につけておくことです。そのさい，登場人物の性格や気持ち，背景などを通してえがかれる，作者が伝えたいことがら（主題）をくみ取りながら読み進めるとよいでしょう。

表現力をつけるには，日ごろから日記や作文などで書く習慣を身につけることが大切です。本を読んだら200字程度で要旨や感想を書いてみたり，最近のニュースに対する自分の考えをまとめて，先生に見てもらうようにするとよいでしょう。

漢字や語句については，問題集や参考書で単に暗記するのではなく，意味や使い方，類義語・対義語などを調べ多面的にとらえることが大切です。

分野＼年度			2024 2次	2024 1次B	2023 1次A	2023 1次B	2022 1次A	2022 1次B
読解	文章の種類	説明文・論説文	★	★	★	★	★	★
		小説・物語・伝記	★	★	★	★	★	★
		随筆・紀行・日記						
		会話・戯曲	★		★	★	★	★
		詩						
		短歌・俳句						
	内容の分類	主題・要旨				○		○
		内容理解	○	○	○	○	○	○
		文脈・段落構成	○	○	○			○
		指示語・接続語	○	○	○	○	○	○
		その他	○	○	○	○	○	○
知識	漢字	漢字の読み	○	○	○	○	○	○
		漢字の書き取り	○	○	○	○	○	○
		部首・画数・筆順			○			
	語句	語句の意味	○	○	○	○	○	○
		かなづかい						
		熟語	★	★	★	★	★	★
		慣用句・ことわざ	○	○	○	○	★	○
	文法	文の組み立て		○			★	
		品詞・用法						
		敬語	○					
	形式・技法				○			○
	文学作品の知識							
	その他							
	知識総合							
表現	作文		★	★	★	★	★	★
	短文記述							
	その他							
放送問題								

※　★印は大問の中心となる分野をしめします。

カコを追いかけ
ミライをつかめ
「今の説明、もう一回」を何度でも
web過去問
ストリーミング配信による入試問題の解説動画
もっと古いカコモンないの?
カコ過去問
「さらにカコの」過去問をHPに掲載(DL)
声の教育社
詳しくはこちらから

2024年度 横須賀学院中学校

【算　数】〈１次Ａ試験〉（50分）〈満点：100点〉

《注　意》○単位は解答用紙に記入されているものを使うこと。

○**3**以降は途中式等も書くこと。

○円周率は3.14として計算すること。

1 次の計算をしなさい。

（1） $3.12 + 3.13 + 3.14 + 3.15 + 3.16$

（2） $3 \times 4 \times 8 \times 25 \times 37 \times 125$

（3） $4 \times (54 - 18) \div 12$

（4） $37 \times 43 - 46 \times 9 + 18 \times 37 - 28 \times 61$

（5） $17 - \left\{56 - (4 \times 3 + 18) - 125 \div 25\right\} \div 3$

（6） $8 \times 2.75 \div 1\frac{3}{4} - 2.75 \times \frac{4}{7}$

（7） $\frac{1}{3} \times 0.25 + \frac{2}{7} \div \left(1.4 - \frac{5}{7}\right)$

（8） $\frac{3}{4} \times \left\{2\frac{1}{40} - \left(0.125 - \frac{1}{10}\right)\right\} \div 1\frac{1}{2}$

2 次の□にあてはまる数を答えなさい。

（1）200 − 6 × □ ＋ 36 ÷ 18 ＝ 100

（2）4％の食塩水200 g と12％の食塩水300 g を混ぜ合わせると，□％の食塩水ができます。

（3）6.3 km の道のりを分速60 m で歩くと，□時間□分かかります。

（4）ある5人の50 m 走の記録は下の表のようになりました。

	A	B	C	D	E
記録	8.4秒	9.2秒	8.8秒	8.1秒	9.5秒

このとき，5人の50 m 走の記録の平均は□秒です。

（5）みのるさんの貯金額の$\frac{1}{6}$がなおみさんの貯金額の24％と同じになるとき，みのるさんの貯金額はなおみさんの貯金額の□倍です。

（6）$\frac{18}{11}$を小数で表すとき，小数第30位の数字は□です。

（7）右の図の四角柱の体積は□ cm^3 です。

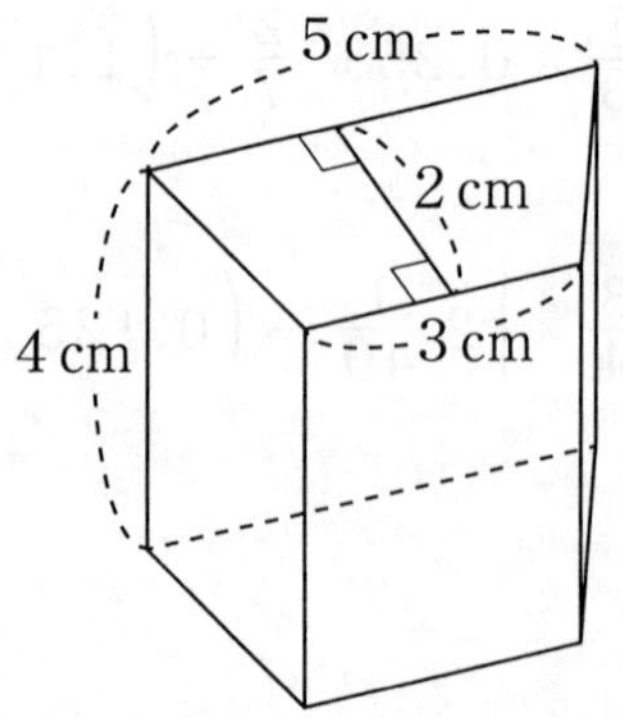

3 下の図のＡ，Ｂ，Ｃ，Ｄ，Ｅの５つの部分を赤，青，緑，黄，黒の５色を使ってぬり分けます。ただし，となり合う部分は異なる色でぬり分けるものとします。

（１）５色全部を使ってぬり分ける方法は何通りありますか。

（２）５色の中から３色を使ってぬり分ける方法は何通りありますか。

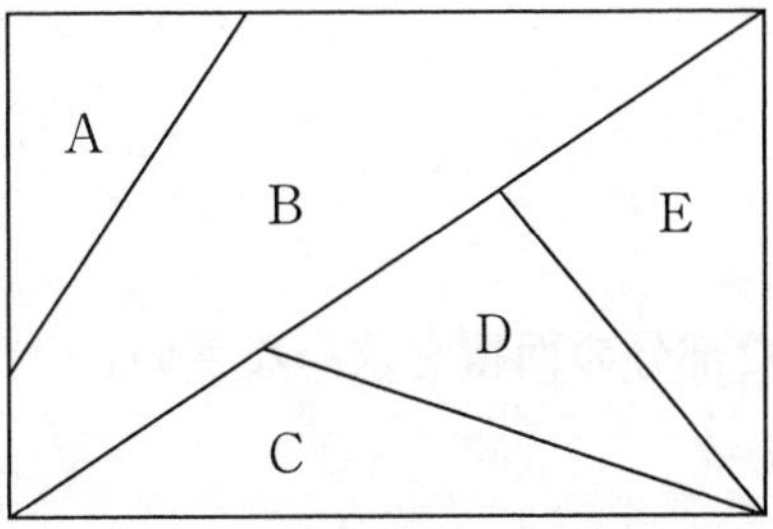

4 ある川に沿って，川下から順にＡ町，Ｂ町があります。Ａ町とＢ町は４８km離《はな》れていて，船Ｐが往復しています。船ＰはＡ町からＢ町まで６０分かかり，上る速さと下る速さの比が４：５です。船Ｐの静水での速さはそれぞれ一定で，川の流れの速さも一定です。次の問いに答えなさい。

（１）船Ｐの静水での速さは時速何 km か答えなさい。

（２）ある日，Ａ町とＢ町を往復しました。往路は順調でしたが，Ｂ町からＡ町に向かう復路の途中で，何分間かエンジンが止まって船Ｐが流されてしまい，往復するのに１２６分かかってしまいました。エンジンが止まっていたのは何分間か答えなさい。

5 ある規則にしたがって，式が並んでいます。

1番目	2番目	3番目	4番目	
$\frac{1}{3}+\frac{2}{3}$,	$\frac{1}{4}+\frac{2}{4}+\frac{3}{4}$,	$\frac{1}{5}+\frac{2}{5}+\frac{3}{5}+\frac{4}{5}$,	$\frac{1}{6}+\frac{2}{6}+\frac{3}{6}+\frac{4}{6}+\frac{5}{6}$,	…

（1） 10番目の式を計算すると，いくつですか。

（2） 1番目から20番目までの式をすべて足すと，いくつになりますか。

6 次の図において，色のついた部分の面積を求めなさい。

（1）

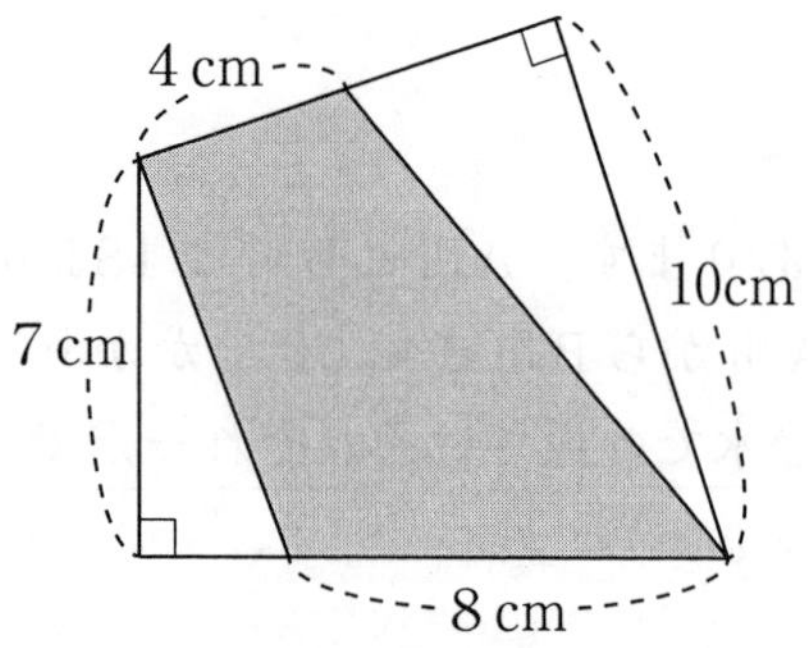

（2）

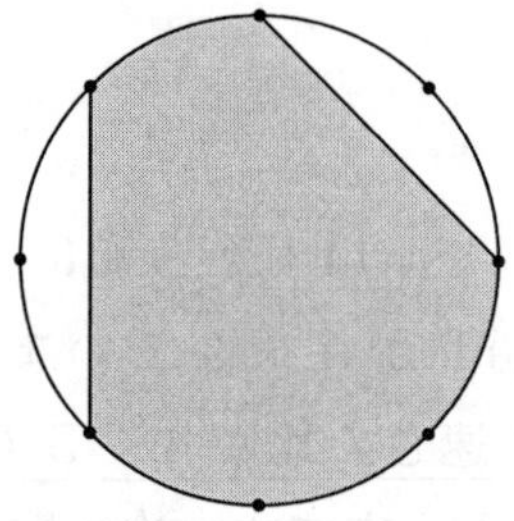

点は半径2cmの円の円周を
8等分している。

【社　会】〈１次Ａ試験〉（40分）〈満点：75点〉

〈編集部注：実際の試験問題では，写真はカラー印刷です。〉

1　次の文章を読み、以下の各問に答えなさい。

日本は多様な自然遺産を誇《ほこ》り、その美しさと独自性が世界中から称賛《しょうさん》されています。

白神山地は秋田県と青森県をまたぐ地域で、貴重な（　１　）原生林を保護しています。この場所は氷河期の名残であり、豊かな植物と動物が共存する生態系が広がっています。厳しい自然環境《かんきょう》の中で磨《みが》かれた自然の美しさは、我々にその壮大《そうだい》な歴史を物語ります。

知床《しれとこ》半島は、（ａ）北海道の端《はし》に位置し、雄大《ゆうだい》な海岸線と多彩《たさい》な生態系を誇っています。知床五湖やカムイワッカ湯の滝は、訪れる者に息をのむような景色を提供し、野生動物の楽園でもあります。この地は自然との調和を感じさせ、豊かな生命の営みが息づく様子が伺《うかが》えます。

小笠原《おがさわら》諸島は、青い海と美しい自然が広がる場所で、海洋生態系の宝庫であり、サンゴ礁《しょう》や珍《めずら》しい生物が息づいています。透明《とうめい》度の高い海でダイビングやシュノーケリングを楽しむことができ、その海中世界に魅了《みりょう》されます。

奄美《あまみ》大島、徳之島《とくのしま》、沖縄島北部及《およ》び西表島《いりおもてじま》は、2021年に登録された世界遺産です。奄美大島は、鹿児島県に位置する美しい島で、（ｂ）マングローブ林も見られ、独自の生態系が息づいています。また、民俗《みんぞく》芸能や伝統的な行事も盛んで、地域の歴史と自然が交差する場所として魅力《みりょく》的です。

これらの自然遺産は、日本の誇るべき財産であり、保護と継承《けいしょう》が求められています。地域の人々の努力と（ｃ）国際的な協力によって、これらの美しい場所が未来の世代にも受け継《つ》がれることを願ってやみません。

問１　文中の空欄《くうらん》（　１　）にあてはまる言葉として正しいものを次から一つ選び、記号で答えなさい。

ア、ぶな　　イ、かえで　　ウ、みずなら　　エ、ひのき

問２　下線部（ａ）について、北海道の昼夜間人口比率（夜間人口100人当たりの昼間人口の比率）として正しいものを次の表中の記号ア～エの中から一つ選び、記号で答えなさい。なお、表中の４つの都道府県は、北海道、埼玉県、東京都、神奈川県のいずれかである。

都道府県名	昼夜間人口比率
ア	87.4
イ	89.8
ウ	99.9
エ	120.2

（平成27年国勢調査に基づく）

問３　下線部（ｂ）について、マングローブの写真として正しいものを次から一つ選び、記号で答えなさい。

ア、

イ、

ウ、

エ、

問４　下線部（ｃ）について、「世界の文化遺産および世界遺産の保護に関する条約」を採択《さいたく》し、世界的に貴重な建物や自然などを世界遺産として登録・保護する活動をしている国連教育科学文化機関をカタカナで答えなさい。

問５　この文章中に出てこない日本国内にある世界自然遺産の名称《めいしょう》を答えなさい。

2　次の図に関する文章を読み、以下の各問に答えなさい。

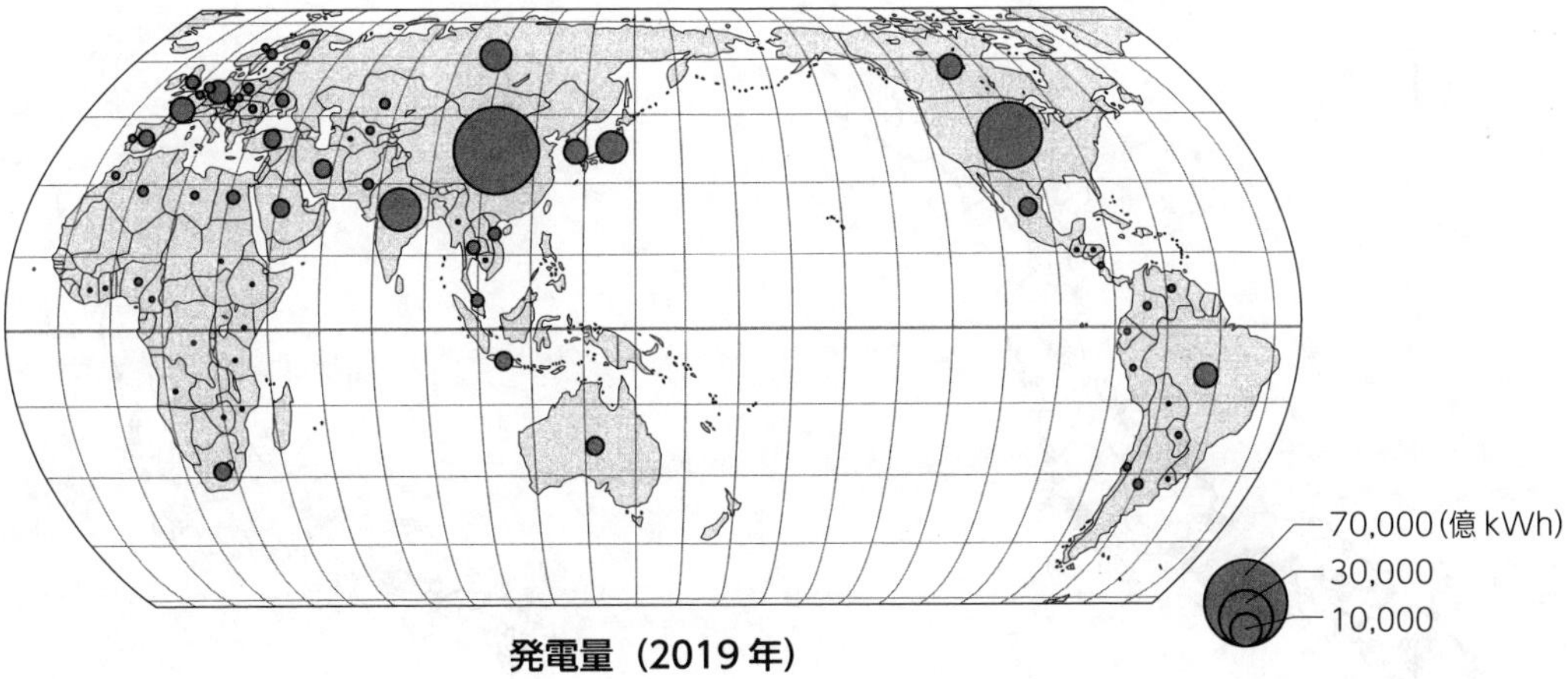

発電量（2019年）

この図は、各国の年間発電量を表しており、（ａ）日本は１兆247億kWhの電力を発電しました。しかし、（ｂ）日本は資源に乏《とぼ》しい国であり、エネルギー資源の大部分を輸入に頼《たよ》っています。一方で、日本近海の海底などに眠《ねむ》る（　１　）が近年注目され、開発計画が進められており、日本を取り巻くエネルギー事情も変わっていくことが期待されています。また、（ｃ）持続可能な社会に向けて、（ｄ）再生可能エネルギーの普《ふ》及《きゅう》を目指すとともに、（ｅ）モーダルシフトやパークアンドライドによる省エネルギーが期待されています。

問１　下線部（ａ）に関して、水力・火力・原子力のそれぞれの発電所の分布として正しい組合せを次の表中の記号ア～カの中から一つ選び、記号で答えなさい。

①

②

③

【選択肢】

	水力	火力	原子力
ア	①	②	③
イ	①	③	②
ウ	②	①	③
エ	②	③	①
オ	③	①	②
カ	③	②	①

問２　下線部（ｂ）に関して、2020年度の日本のエネルギー自給率のおおよその値として正しいものを次から一つ選び、記号で答えなさい。

ア、３％　　イ、５％　　ウ、10％　　エ、20％

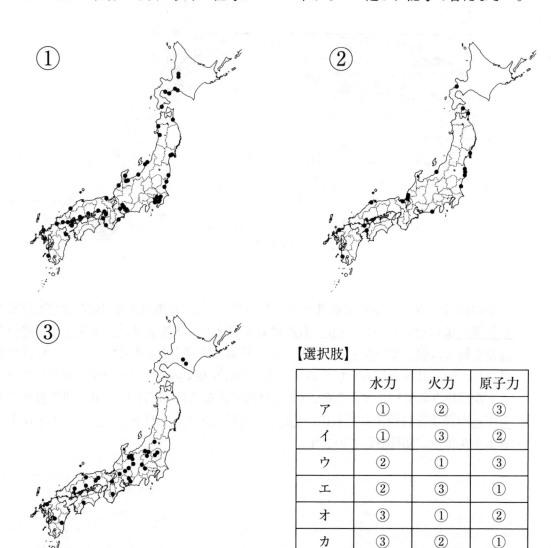

問３　下線部（ｂ）に関して、次の図はエネルギー資源として活用されているある資源の年間産出量（2019年）を示している。その資源として正しいものを次から一つ選び、記号で答えなさい。

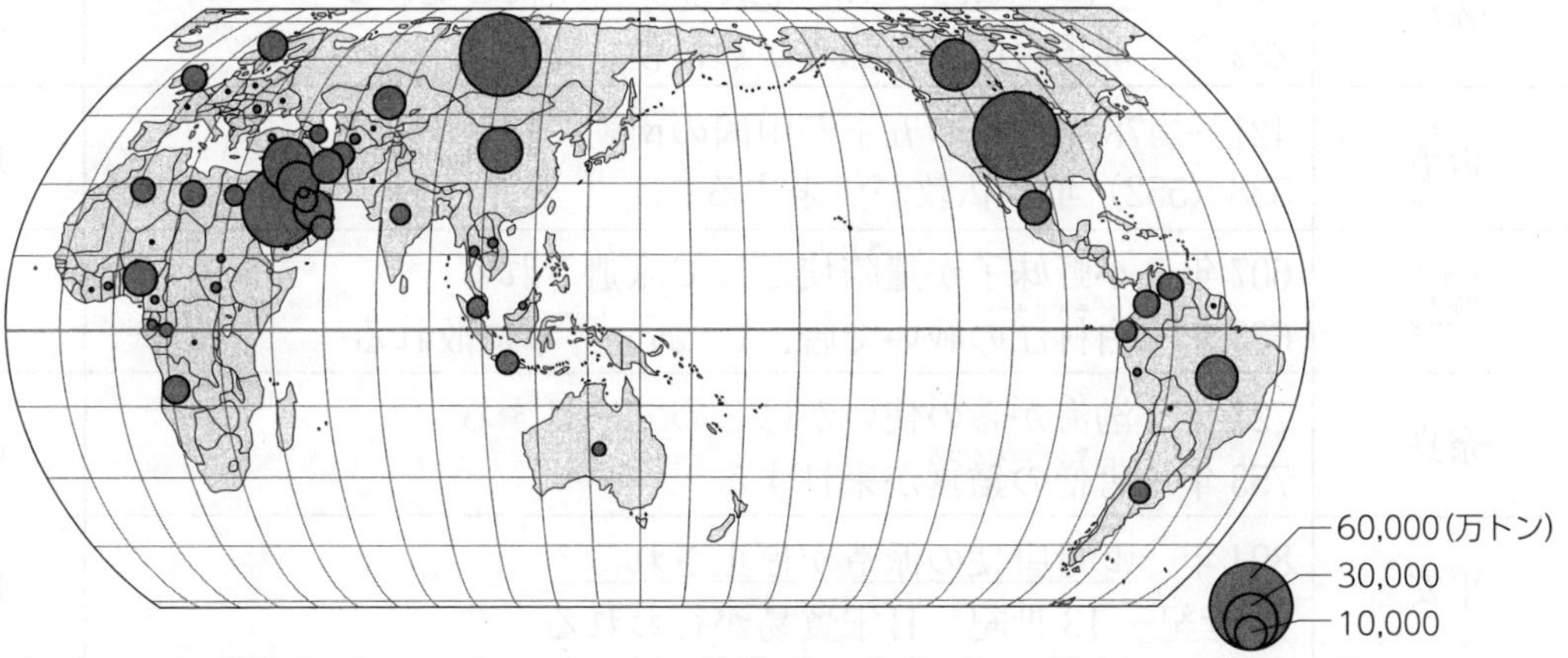

ア、石炭　　イ、原油　　ウ、鉄鉱石　　エ、天然ガス

問４　文中の空欄（　１　）には、産出量が少なく、取り出すことが難しい金属を総《そう》称《しょう》した言葉が入る。その言葉を答えなさい。

問５　下線部（ｃ）に関して、2015年９月の国連サミットにおいて採択された「持続可能な開発のための2030アジェンダ」に記載《きさい》された17のゴールと169のターゲットで構成された国際目標を何というか。アルファベット４字で答えなさい。

問６　下線部（ｄ）に関して、再生可能エネルギーを用いた発電の具体例を一つ答えなさい。また、その発電方法の問題点を答えなさい。

問７　下線部（ｅ）に関して、モーダルシフトとパークアンドライドを説明した文章として正しいものを次からそれぞれ選び、記号で答えなさい。

ア、事業を実施《じっし》するにあたって環境にどのような影響《えいきょう》を及ぼすかについて自ら調査、評価を行うこと

イ、家から最寄り駅などまで自動車で行き、そこから公共交通機関を利用して目的地まで移動すること

ウ、エネルギー消費の構成が急激に変化すること

エ、物価が持続的に上がり、貨幣《かへい》の価値が下がること

オ、市民が身近な自然や歴史的な環境を買い取って守るなどして、次の世代に残すという運動のこと

カ、トラック等の自動車で行われている貨物輸送を環境負荷の小さい鉄道や船舶《せんぱく》の利用へと転換《てんかん》すること

3 次の年表を見て、以下の各問に答えなさい。

時代	出来事	時期区分
弥生《やよい》	57年　①倭《わ》の奴国《なこく》の王が光武帝《こうぶてい》から印綬《いんじゅ》を受ける 239年　邪馬台国《やまたいこく》の卑弥呼《ひみこ》が魏《ぎ》に使いを送る	A
古墳《こふん》	421～478年　倭の五王が中国の南朝《なんちょう》に使いを送る 538（552）年　仏教が伝来する	B
飛鳥《あすか》	607年　小野妹子が遣隋使《けんずいし》として派遣《はけん》される 663年　白村江《はくそんこう》の戦いで唐《とう》、（　あ　）軍に敗れる	C
奈良	727年　渤海《ぼっかい》からの使いがはじめて来日する 753年　唐僧《そう》の鑑真《がんじん》が来日する	D
平安	894年　②遣唐使の派遣が停止される 10世紀～13世紀　日宋《にっそう》貿易が行われる	E
鎌倉《かまくら》	1268年　モンゴルの使者が国書をもたらす 1274年　元軍が九州に来襲《らいしゅう》する（＝文永の役）	F
室町	1404年　勘合《かんごう》貿易が始まる 1432年　一時途絶《とだ》えていた中国の明との国交が回復する 1549年　ザビエルがキリスト教を伝える	G
安土・桃山《ももやま》	1584年　スペイン人が平戸に来日する 1592年　豊臣秀吉《ひでよし》が朝鮮《ちょうせん》に出兵する（＝文禄《ぶんろく》の役）	H
江戸《えど》	1607年　朝鮮通信使がはじめて来日する 1639年　ポルトガル人の来航を禁止する 1825年　異国船打払《うちはらい》令が出される 1854年　③日米和親条約が結ばれる	I
明治	1875年　樺太《からふと》・千島交換《こうかん》条約が結ばれる 1894年　日清戦争が起こる 1910年　④韓国併合《かんこくへいごう》条約が結ばれる	J
大正	1915年　中国に二十一カ条の要求を出す 1925年　⑤普通《ふつう》選挙法が制定される	K
昭和	1931年　満州事変が起こる 1945年　（　い　）を受諾《じゅだく》し、アジア・太平洋戦争が終わる 1965年　日韓《にっかん》基本条約が結ばれ、韓国との国交が正常化する 1972年　日中共同声明が調印され、中国との国交が正常化する	L
平成	2002年　日本・北朝鮮間ではじめて首脳会談が行われる 2004年　自衛隊がイラクへ派遣される	M

問1　年表の空欄（　あ　）、（　い　）にあてはまる語句として正しいものを次からそれぞれ選び、記号で答えなさい。

（　あ　）　ア、百済《くだら》　　イ、高句麗《こうくり》　　ウ、新羅《しらぎ》　　エ、任那《みまな》

（　い　）　ア、サンフランシスコ平和条約　　イ、ポツダム宣言
　　　　　　ウ、ポーツマス条約　　エ、マルタ宣言

問2　次のⅠ～Ⅴのカードで説明されている人物名をそれぞれ答えなさい。また、その人物が活躍《かつやく》した時代を年表中のＡ～Ｍの時代区分からそれぞれ選び、記号で答えなさい。

Ⅰ、○「伝教大師」とも言われる彼《かれ》は、19歳の時に東大寺で戒律《かいりつ》を受けた後、比叡《ひえい》山で十数年の修行を積んだ。遣唐使で入唐すると直ちに天台山に上り、多くの教典を手に帰国した。

Ⅱ、○ 彼は17年かけて、全行程計約４万キロメートルを歩いて全国測量を終えた。この距離《きょり》は地球１周分に相当する。彼がなくなった３年後、「大日本沿海輿《よ》地《ち》全図」が完成した。

Ⅲ、○ 彼が将軍職に就いた頃《ころ》の幕府財政は破綻《はたん》していた。「質素・倹約《けんやく》」を掲《かか》げて上げ米の制を整備するほか、目安箱の設置や公事方御定《おさだめ》書の制定など、いわゆる「享《きょう》保《ほう》の改革」を実施した。

Ⅳ、○ メキシコとの間に平等条約を締結《ていけつ》した彼は、第２次伊藤《いとう》内閣で外務大臣に就任すると、日英通商航海条約を締結し、治外法権を撤廃《てっぱい》した。

Ⅴ、○ 頼朝《よりとも》の死後は「尼《あま》将軍」として執権《しっけん》政治を行い、承久の乱が起こった際には、「最後の詞」と前置きした演説によって御家人《ごけにん》たちを励《はげ》まし、幕府軍の勝利を呼びこんだ。

問3　下線部①について、この出来事を記した中国の歴史書として正しいものを次から一つ選び、記号で答えなさい。

ア、『漢書』地理誌　　イ、『後漢書』東夷《とうい》伝
ウ、『魏志』倭人《わじん》伝　　エ、『宋書』倭国伝

問４　下線部②について、この頃の出来事を説明したものとして正しいものを次から一つ選び、記号で答えなさい。

ア、中大兄皇子が改新の詔《みことのり》を発表し、公地公民制や中央集権的な政治体制が整えられた

イ、かな文字が作られ、和歌や物語、随筆《ずいひつ》などの国文学が発達した

ウ、領国を統制するために、独自の分国法（家法）が制定された

エ、力強く写実的な彫刻《ちょうこく》が生まれ、運慶《うんけい》らによって東大寺南大門の金剛《こんごう》力士像が彫《ほ》られた

問５　下線部③について、開国にともなう貿易の開始によって日本の経済は大きな影響を受けた。関連する次の２つの資料から読み取れることを説明した文ａとｂの正誤の組合せとして正しいものを次から一つ選び、記号で答えなさい。

資料１　幕末の主要貿易品の割合

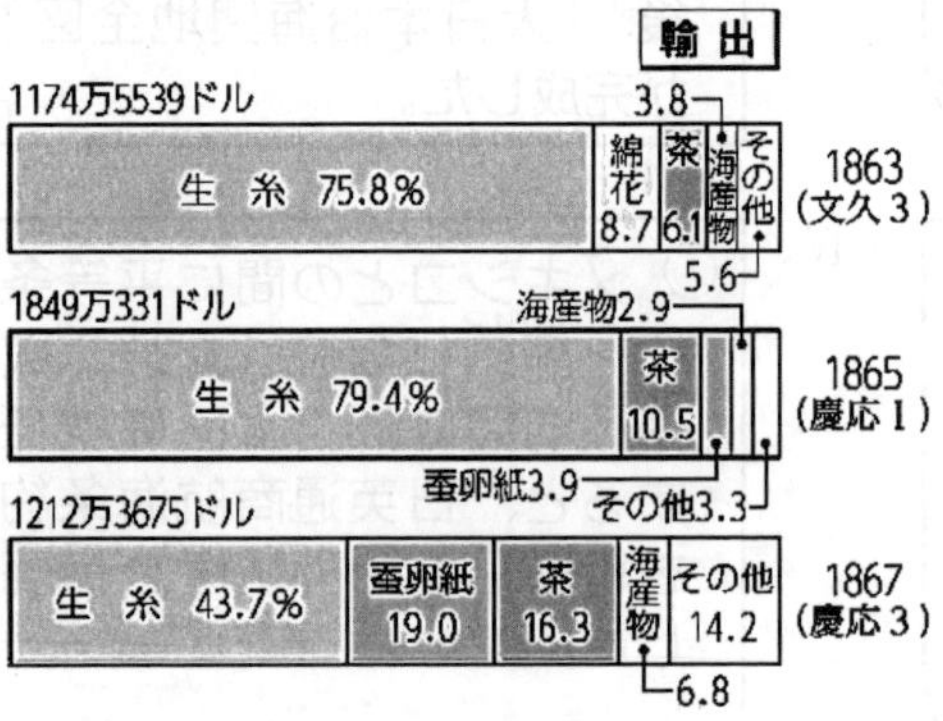

資料２　幕末の物価高騰《こうとう》

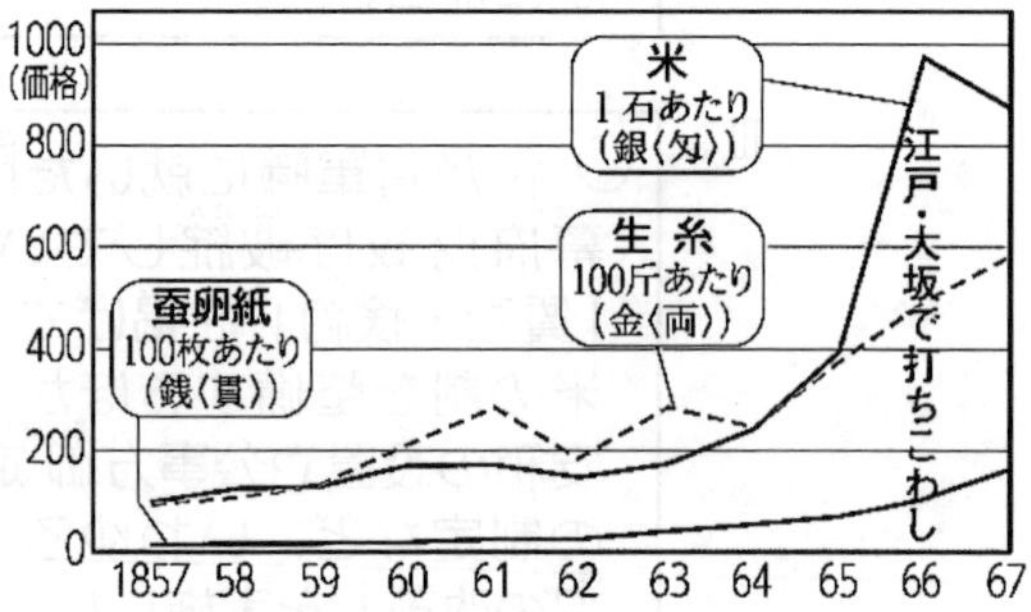

ａ　輸出品は生糸や茶、食料品が中心で、輸出額は増え続けた。

ｂ　輸出が増えたことで品不足となり物価の上昇《じょうしょう》が起こったことは、人々の不満の一因になった。

ア、ａ－正　ｂ－正
イ、ａ－正　ｂ－誤
ウ、ａ－誤　ｂ－正
エ、ａ－誤　ｂ－誤

問６　下線部④について、次の資料は第一次世界大戦後、日本の植民地支配から独立するために起こった運動についてのものである。この運動の名称を答えなさい。

> かれらは熱狂《ねっきょう》的に『独立万歳《ばんざい》』を叫《さけ》びながら周囲の同胞《どうほう》たちに呼びかけていた。『独立したのだ、皆《みな》で万歳を唱えよ』とアジって（注１）いた。そうすると通りがかりの人々は最初は躊躇《ちゅうちょ》する様子であったが何時の間にか示威《じい》（注２）の隊列に加わり群衆となって熱狂的に『独立万歳』を叫ぶ。そして午後三時頃にはみなぎり寄せてくる潮のように全京城の市街の何処《どこ》へ行っても『独立万歳』の声と熱狂した市民の顔、顔であった。最初は学生と青年たちが先頭に立って居た。しかし何時の間にか労働者や都市の小市民たちが隊列に加わっている。60を過ぎたと思われる老人が示威の行列へ飛びこんで来て若い人達と腕《うで》を組む。お婆《ばあ》さんが玄関《げんかん》からはだしで飛び出してきては金切り声をあげ咽《のど》が裂《さ》けんばかり『大韓《だいかん》独立万歳』と叫ぶ。
>
> （李《り》千秋「当時の一中学生の記録」『朝鮮新聞』1959.3.1 一部改変）

（注１）アジって…感情に訴《うった》えるような言葉を用いて、行動をすすめ、そそのかす
（注２）示威…威力を他者に示すこと

問７　下線部⑤について、次の資料は普通選挙法と同年に制定された法律の条文である。この法律の名称を答えなさい。

> 第一条　（一）国体（注１）を変革し、または私有財産制度（資本主義体制）を否認することを目的として結社を組織しまたは事情を知りながらこれに加入した者（役員）は十年以下の懲役《ちょうえき》または禁固に処する。
> 　　　　（二）前項《ぜんこう》の未遂《みすい》罪はこれを罰《ばっ》する。
> 第二条　前条第一項の目的をもってその目的にある事項《じこう》の実行に関して協議した者は七年以下の懲役または禁固に処する。
> 第三条　第一条第一項の目的をもってその目的にある事項の実行を煽動《せんどう》（注２）した者は七年以下の懲役または禁固に処する。

（注１）国体…国のあり方、国家の根本体制のこと（この時代では天皇制のことを指す）
（注２）煽動…気持ちをあおり、ある行動を起こすようにしむけること

4 次の文章を読み、以下の各問に答えなさい。

租税《そぜい》は、税負担者と納税者が同じである（　１　）税と、税負担者と納税者が異なる（　２　）税に分けられる。（　１　）税には所得税や法人税などがあり、所得税は、所得が高くなるほど税率が上昇する課税方式である（　３　）制度が採用されている。一方の（　２　）税には（　４　）税などがある。このようにして納められた（ａ）税金は、国家の予算に組み込まれ様々なことに使われている。

問１　文中の空欄（　１　）～（　４　）にあてはまる語句として正しいものを次からそれぞれ一つずつ選び、記号で答えなさい。

ア、間接　　イ、逆進課税　　ウ、消費　　エ、住民
オ、直接　　カ、同一　　キ、不同　　ク、累進《るいしん》課税

問２　下線部（ａ）に関して、次の歳出《さいしゅつ》の図中に示されたＡ～Ｄの歳出項目を次からそれぞれ一つずつ選び、記号で答えなさい。

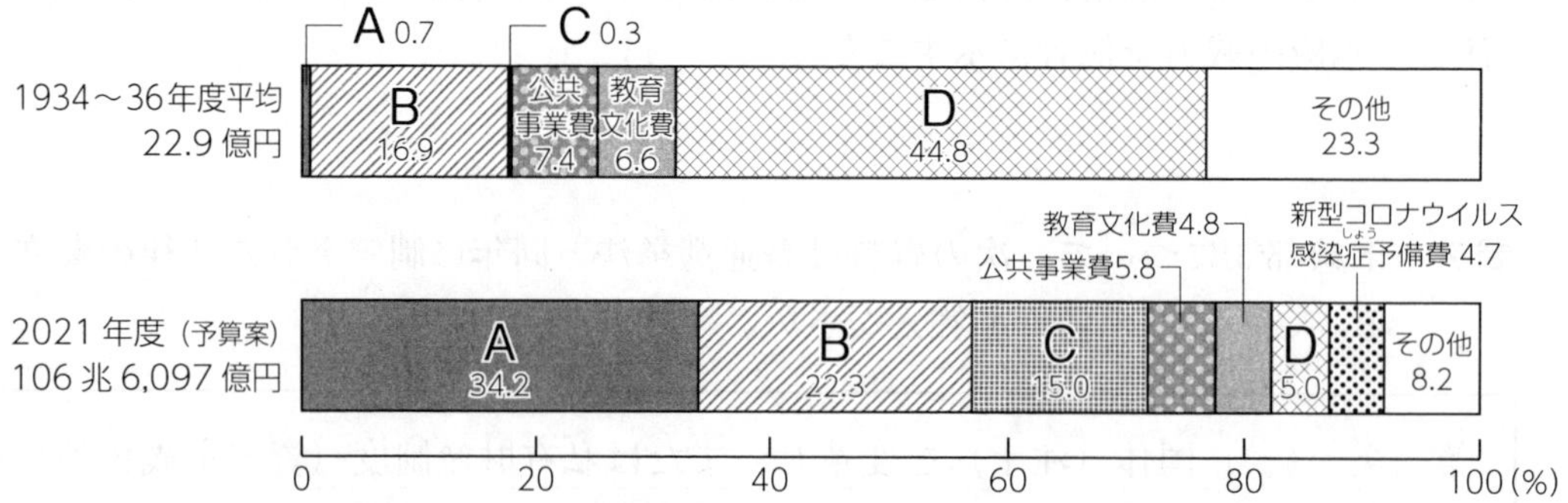

ア、国債《こくさい》費　　イ、地方財政費　　ウ、社会保障費　　エ、防衛関係費

5　（Ａ）～（Ｆ）の文章を読み、各問に答えなさい。

（Ａ）「異常気象が普通に、四季は二季に」“温暖化”で異常台風が起きる理由

春夏秋冬がなくなり、四季が“二季”になっていくと考えています。夏が長くなって、秋と春の期間が縮まって、冬は冬でちゃんと寒い。例えば、春は最近、暖かくなっています。この一因は、ユーラシア大陸の雪が早く解け、暖まった空気が偏西風《へんせいふう》に乗って日本に来るため、日本も早く暑くなる。夏は偏西風の蛇行《だこう》でものすごく暑い。そして、猛暑《もうしょ》が続くと陸の温度も上がりますが、海面水温も上がります。夏の終わりには太陽が弱ってきますが、水温が高いので、海から吹《ふ》く風が暑くなるため、残暑が厳しくなります。残暑が続くと、秋の入りが遅《おそ》く、期間が短くなります。

問１　昨夏の暑さは、日本海側も例外ではなく、その背景としては、海上を渡《わた》ってきたしめった風が太平洋側に雨を降らせた後、日本の中央部の山地を越《こ》えて、日本海側に乾《かわ》いた高温の風となって吹き下ろす現象が挙げられる。この現象として正しいものを次から一つ選び、記号で答えなさい。

ア、エルニーニョ現象
イ、ヒートアイランド現象
ウ、フェーン現象
エ、ラニーニャ現象

問２　文章で指摘《してき》されている温暖化の他に、どのような地球環境問題があるか。一つ答えなさい。

（B）7月11日は「世界人口デー」（　1　）が世界最多 人口の増加続く

国連人口基金が昨年4月にまとめた白書によりますと、世界の人口は一昨年11月に80億人を上回り、昨年半ばの時点の推計では80億4500万人に達するとしています。

また、昨年半ばの国別の推計値では（　1　）が14億2860万人と、中国の14億2570万人を上回って最も多くなり、次いでアメリカが3億4000万人、インドネシアが2億7750万人、パキスタンが2億4050万人となっています。

（　1　）の人口は今後も増え続け、2050年にはおよそ16億7000万人に達するとされています。

世界の人口は2037年ごろには90億人、2058年ごろには100億人に達すると見られますが、増加のペースは鈍《にぶ》っており、2080年代に104億人に達したあとは徐々《じょじょ》に減少していくと予測されています。

問3　文中の空欄（　1　）にあてはまる国名を答えなさい。

問4　（　1　）とは反対に日本では人口減少・少子化が進行しているため、2023年6月13日に日本政府は「異次元の少子化対策」と言われる「こども未来戦略方針」を閣議で決定した。この方針を打ち出した内閣総理大臣の名前を答えなさい。

問5　「こども未来戦略方針」の「子育てを巡《めぐ》る環境についての調査結果」において、「『自国は子どもを生み育てやすい国だと思うか』との問いに対し、スウェーデンでは、約8割以上が『そう思う』と答えた一方、日本では約6割が『そう思わない』と回答した」と紹介《しょうかい》している。スウェーデンでは、子育てに対する経済的支援《しえん》も世界トップの水準で行われているが、その他にも子どもを生み育てやすい環境が整っている。次の［資料1］～［資料3］を参考にして、なぜスウェーデンの子育てをめぐる環境が高評価を得られているのかを日本と比較《ひかく》しながら説明しなさい。

資料１　働いている女性の年代別割合（2012 年）

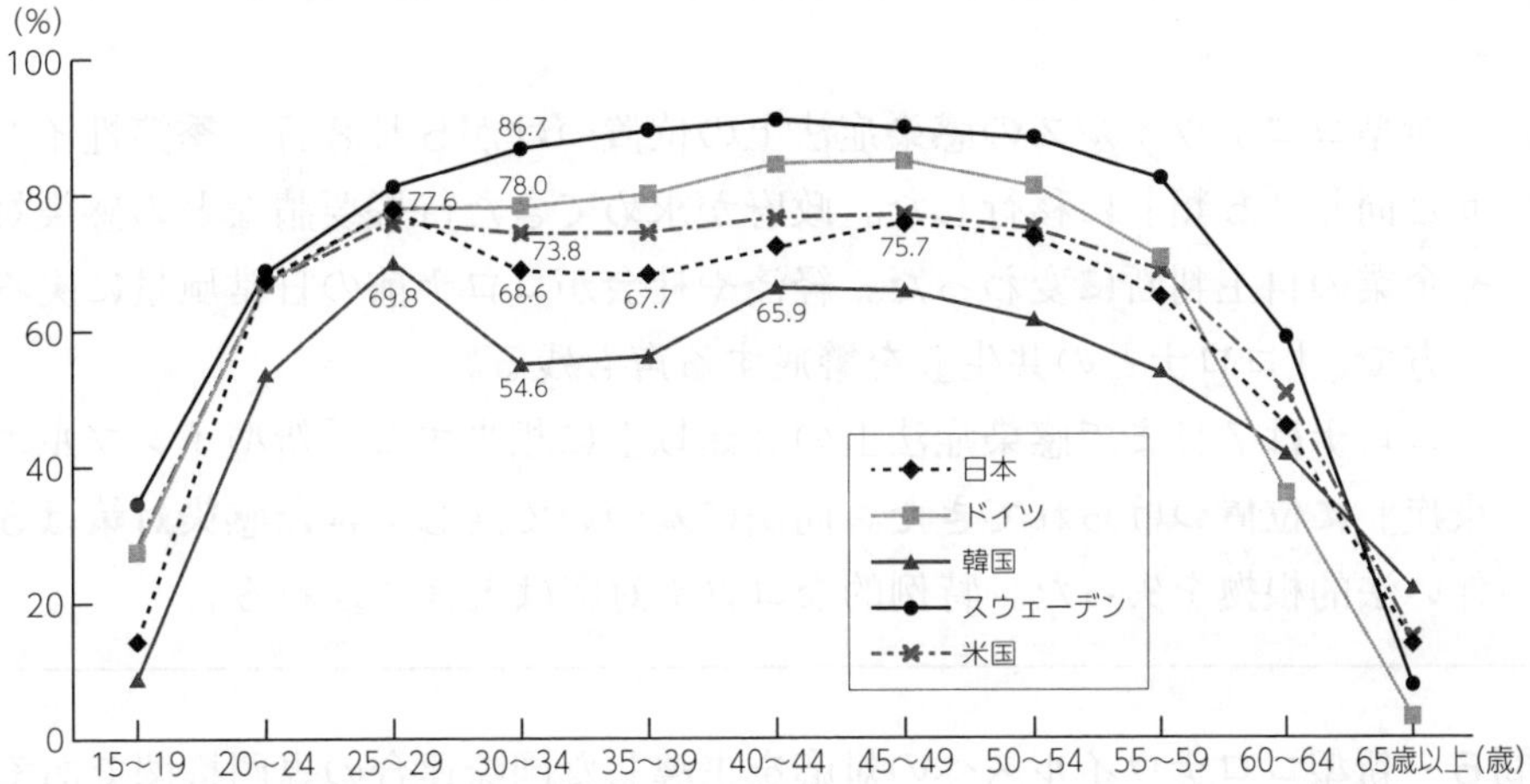

資料２　小学校入学前の育児における夫・妻の役割についての国民意識（2020 年）

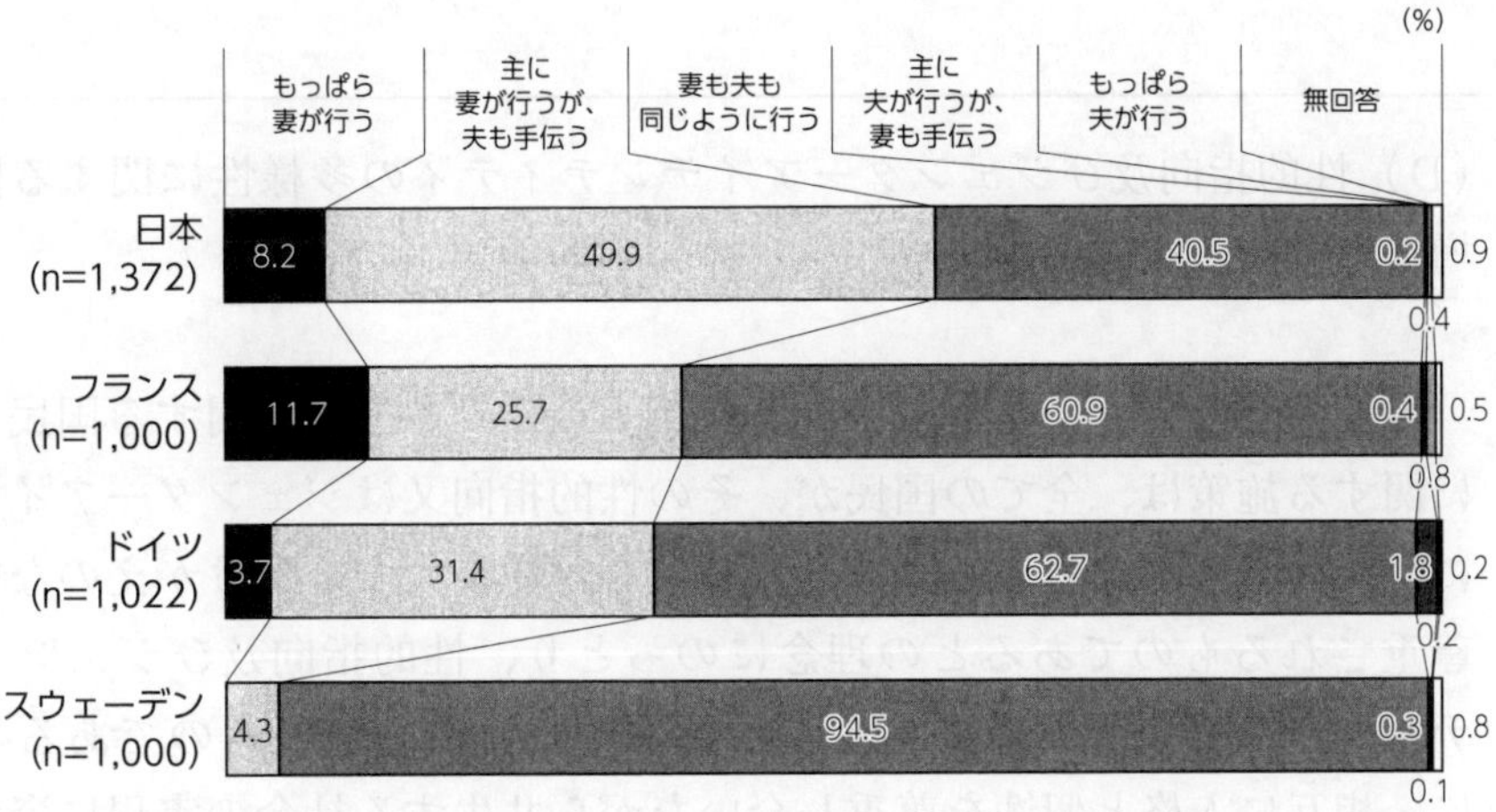

資料３　男性の育休取得率

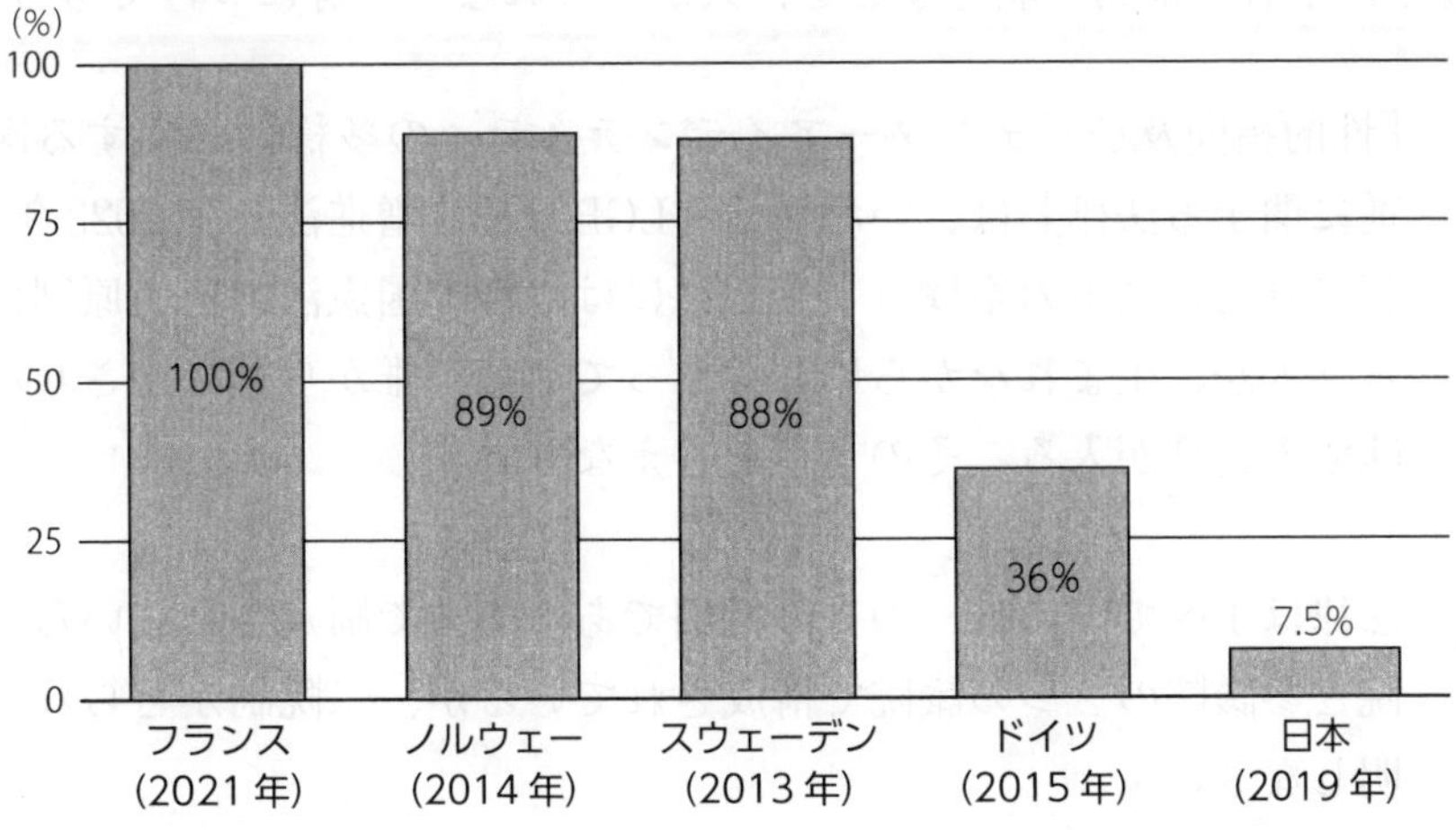

（C）コロナと共生本格化　５類移行で戻《もど》る日常、続く警戒《けいかい》

新型コロナウイルスの感染症法上の位置づけが５月８日、季節性インフルエンザと同じ「５類」に移行した。政府が求めてきた待機要請《ようせい》などの感染対策は個人や企業《きぎょう》の自主判断に変わった。経済や社会がコロナ前の日常風景に戻ろうとする一方で、「コロナとの共生」を警戒する声も残る。

コロナは７日まで感染症法上の２類以上に相当する「新型インフルエンザ等感染症」に位置づけられてきた。同法に基づいて講じてきた感染対策は５類移行に伴《ともな》い法的根拠《こんきょ》を失った。特例的なコロナ対応は大きく変わる。

問６　新型コロナウイルスへの対応を主導した国際連合の専門機関である世界保健機関として正しいものを次から一つ選び、記号で答えなさい。

ア、UNHCR　　イ、UNICEF　　ウ、WHO　　エ、EU

（D）性的指向及びジェンダーアイデンティティの多様性に関する国民の理解の増進に関する法律

性的指向及びジェンダーアイデンティティの多様性に関する国民の理解の増進に関する施策《しさく》は、全ての国民が、その性的指向又《また》はジェンダーアイデンティティにかかわらず、等しく（　２　）を享有《きょうゆう》（注１）するかけがえのない個人として尊重されるものであるとの理念にのっとり、性的指向及びジェンダーアイデンティティを理由とする不当な差別はあってはならないものであるとの認識の下に、相互《そうご》に人格と個性を尊重し合いながら共生する社会の実現に資することを旨《むね》として行われなければならない。

（注１）享有…権利・能力などを、人が生まれながら身につけてもっていること

問７　「性的指向及びジェンダーアイデンティティの多様性に関する国民の理解の増進に関する法律」は、いわゆる「LGBT 理解増進法」で 2023 年６月 23 日に施《し》行《こう》された。文中の空欄（　２　）には、日本国憲法の三大原則に掲げられている「人が、生まれながらにしてもっていて、誰《だれ》からもおかされない権利」を意味する言葉が入る。その言葉を答えなさい。

問８　法律はすべて国の唯一《ゆいいつ》の立法機関である国会で制定されている。国会は、衆議院と参議院の２つの議院で構成されているが、二院制がとられている理由を説明しなさい。

（E）オリンピック2024（　３　）大会まで１年 東京から史上初３年間隔《かんかく》で

史上初めて３年間隔で開かれる（　３　）オリンピックの開幕まで７月26日で１年です。

（中略）７月26日に開会式が行われ８月11日までの17日間の日程で行われる（　３　）大会では、33競技が実施された東京大会から空手と野球・ソフトボールが除外され、新たにブレイキンを加えた32競技、329種目が実施されます。

参加する予定の選手はおよそ１万人。

日本勢は柔道《じゅうどう》やレスリング、体操といった伝統ある競技に加え、東京大会で注目を集めたスケートボードやスポーツクライミングなどのアーバンスポーツでメダル獲得《かくとく》が期待されています。

問９　文中の空欄（　３　）にあてはまる都市名として正しいものを次から一つ選び、記号で答えなさい。

ア、パリ　　イ、ロサンゼルス　　ウ、ローマ　　エ、北京

問10　東京の気候を表す雨温図として正しいものを次から一つ選び、記号で答えなさい。

ア、
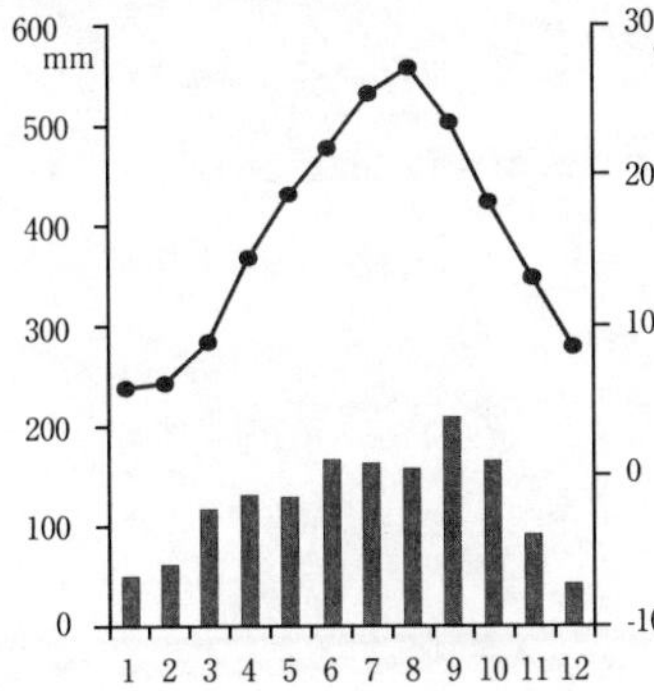

イ、
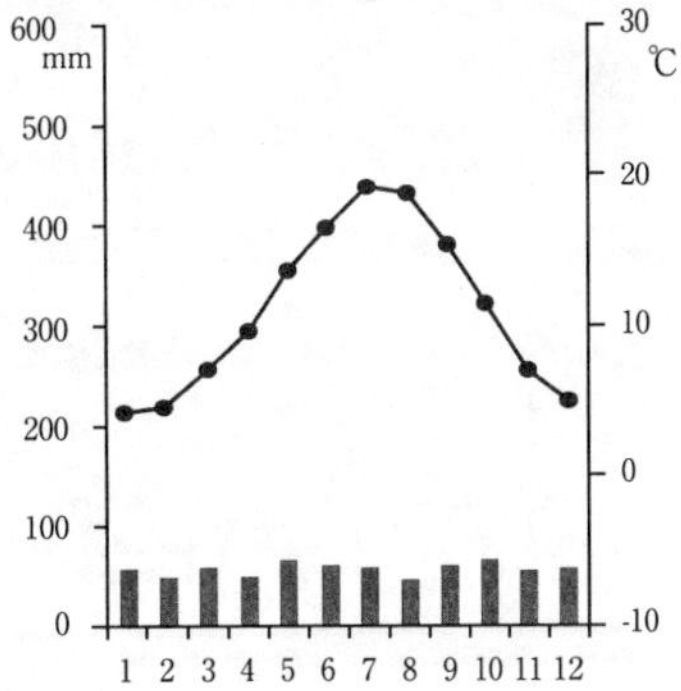

ウ、
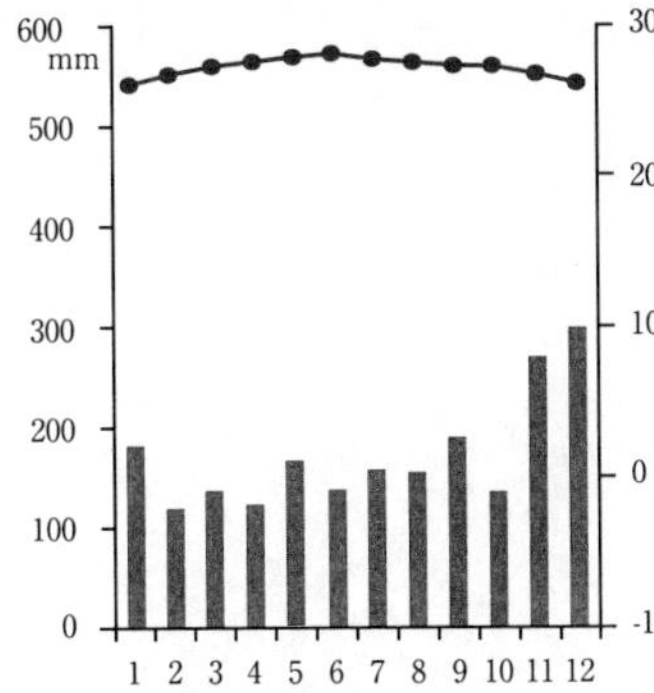

エ、
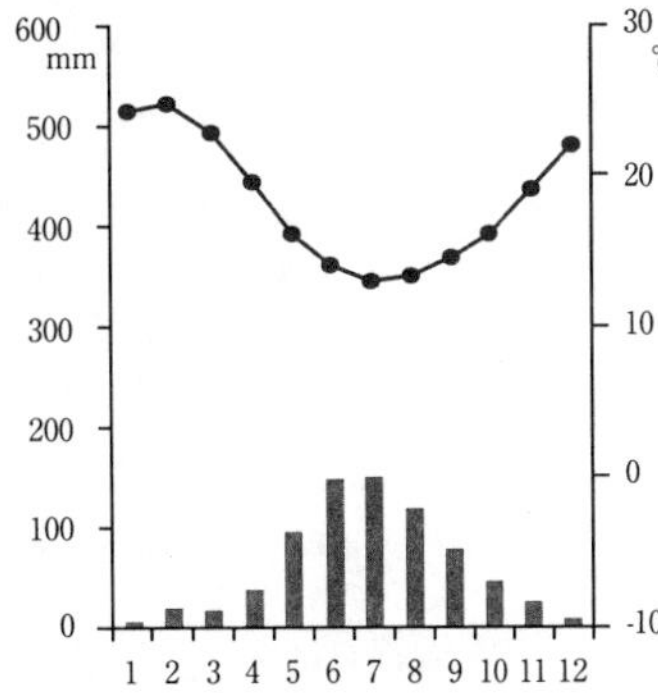

（F）森は雨を地上に落ちる前に蒸発させていた

昨年もまた、各地で豪雨《ごうう》が相次ぎ、そのたびに洪水《こうずい》の発生が伝えられ、また森林の役割について論じられる。

森の降雨への関わり方は、一般的《いっぱんてき》には土壌《どじょう》に目を向けられがちだ。①森林土壌の隙間《すきま》に水が溜《た》められることで河川などへの流下を遅らせたり、流下量そのものを減らしたりする。それが洪水の発生を防ぐとするものだ。

問11　下線部①について、このような雨水を地中にたくわえるはたらきをもつことから、森林は何といわれるか答えなさい。

【理　科】〈１次Ａ試験〉（40分）〈満点：75点〉

1　図１のように、ふりこを用意し、小さくふらせる実験をおこないました。次の問いに答えなさい

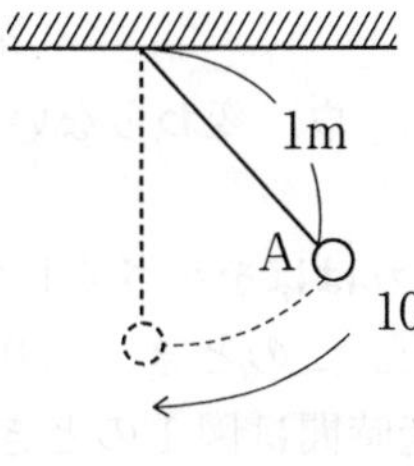

図１

問１　ア～エのように、糸の長さとおもりの重さが異なるふりこを用意し、小さくふらせてみました。図１のふりこが１往復するとき、およそ同じ経過時間で１往復するものはどれですか。ア～エから選んで記号で答えなさい。

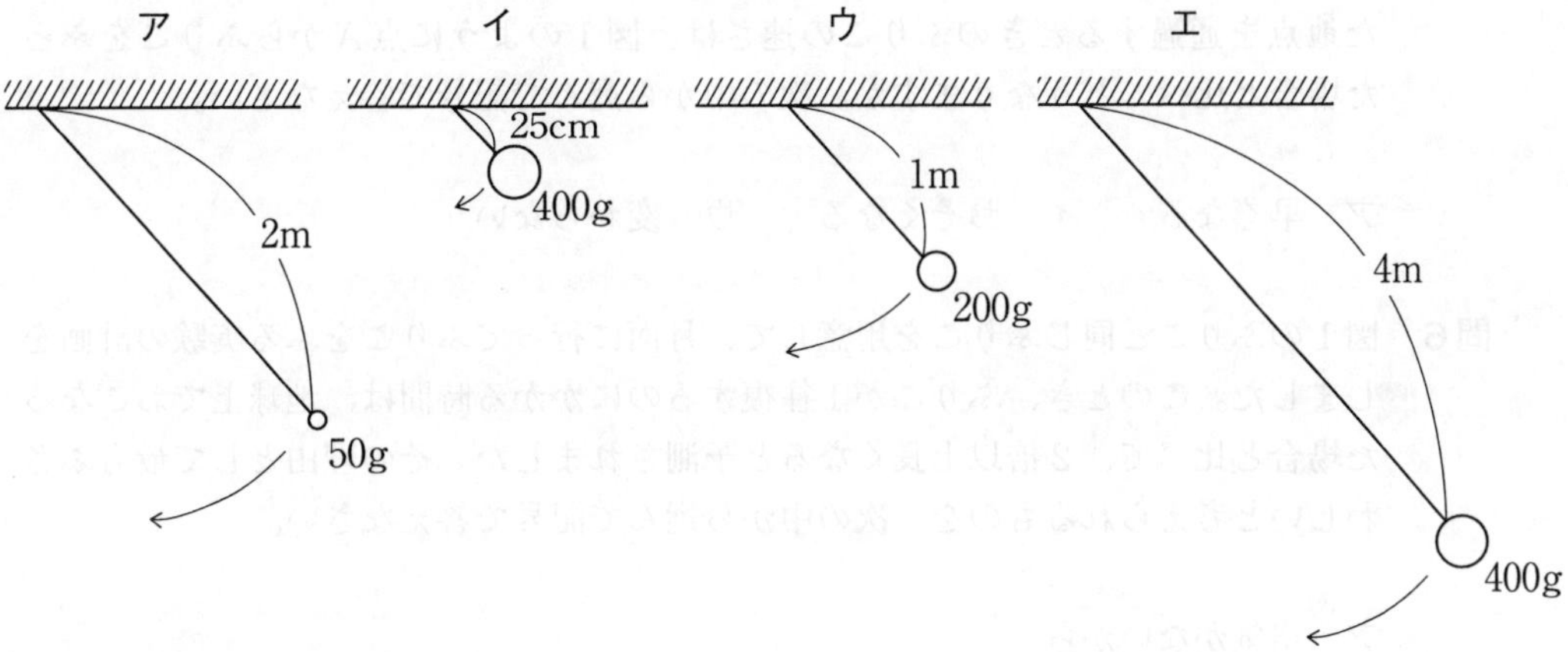

問２　図２のように、図１のふりこと同じふりこを用意して、ふりこの天じょうの付け根から50cm真下のかべにくぎを打ち、と中で糸が引っかかるようにして、点Ａからふりこをふらせました。このとき、ふりこがおよそ点Ａにもどるときの経過時間は図１のときと比べてどうなりますか。次の中から選んで記号で答えなさい。（ただし、点Ａはくぎより下にあるものとします。）

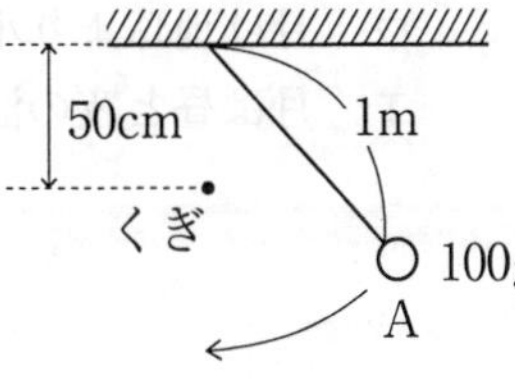

図２

ア　短くなる　　イ　長くなる　　ウ　変わらない

問３　図２のように、点Ａからふりこをふらせたとき、くぎがあるところを通り過ぎてから最高点に達しました。その最高点の高さは点Ａと比べてどうなりますか。次の中から選んで記号で答えなさい。（ただし、点Ａはくぎより下にあるものとします。）

ア　高くなる　　イ　低くなる　　ウ　変わらない

問４　図３のように、図１のふりこのふれはばを小さくして、点Ｂからふりこをふってみました。このとき、ふりこがおよそ点Ｂにもどるときの経過時間は図１のときと比べてどうなりますか。次の中から選んで記号で答えなさい。

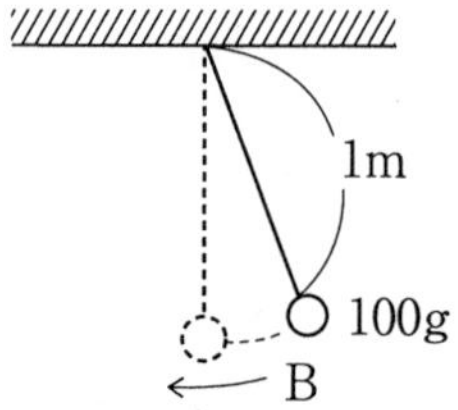

図３

ア　短くなる　　イ　長くなる　　ウ　変わらない

問５　図３のように、点Ｂからふりこをふった場合、ふりこが天じょうから最もはなれた地点を通過するときのふりこの速さは、図１のように点Ａからふりこをふった場合と比べてどうなりますか。次の中から選んで記号で答えなさい。

ア　早くなる　　イ　おそくなる　　ウ　変わらない

問６　図１のふりこと同じふりこを用意して、月面に行ってふりこをふる実験の計画をしました。このとき、ふりこが１往復するのにかかる時間は、地球上でおこなった場合と比べて、２倍以上長くなると予測されました。その理由として最もふさわしいと考えられるものを、次の中から選んで記号で答えなさい。

ア　空気がないから
イ　月が地球のまわりを回っているから
ウ　月は地球より小さく軽いから
エ　月は昼と夜の温度差が激しいから

2 金属の性質について調べるためにさまざまな実験を行いました。実験には、ぼう張率の高いアルミニウムとそれよりもぼう張率が低い鉄を使いました。あとの問いに答えなさい。

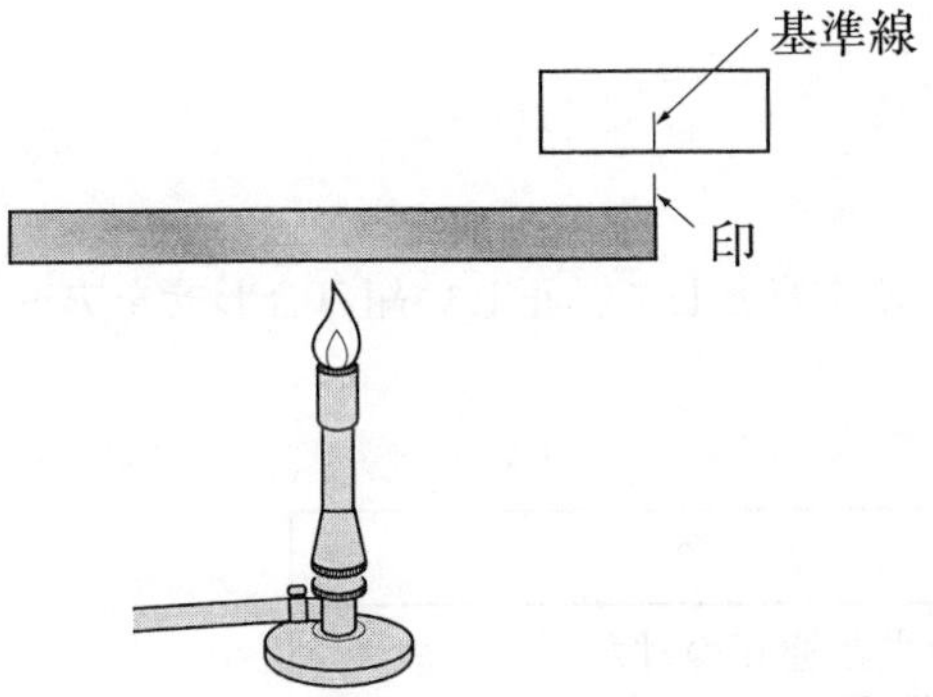

図１

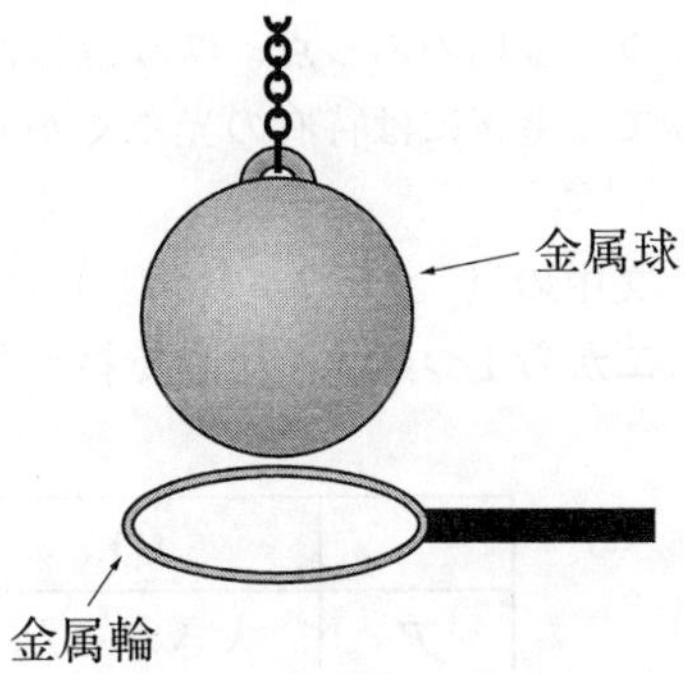

図２

〈実験１〉図１のように、左はしを動かないように固定して、アルミニウムの板をガスバーナーであたためたところ、アルミニウムの右はしにつけた印が基準線から動いた。鉄を使って同じ実験を行ったところ、アルミニウムの時よりも印の動きが（　①　）。

〈実験２〉図２のようにアルミニウムでできた球を金属製の輪に通す実験を行った。まず、そのまま通そうとしたところ、通りぬけなかった。そこで金属球を冷水で冷やしたところ、アルミニウムの球はぎりぎり通りぬけた。鉄でできた同じ大きさの球を使って同様の実験を行ったところ、鉄の球は（　②　）。

〈実験３〉アルミニウムと鉄を水酸化ナトリウム水よう液に入れて様子を観察した。しばらくすると、片方はあわを出しながらとけたが、もう片方はとけなかった。

〈実験４〉アルミニウムと鉄をそれぞれ100g用意し、その体積をメスシリンダーで調べた。その結果、増えた水の体積を読み取ると、アルミニウムは37.0cm^3、鉄は12.7cm^{3}であった。

問１　金属の性質として、正しいものをすべて選びなさい。

ア　金属はすべて常温で固体である。
イ　金属は電気を通すが熱は通さない。
ウ　金属のふっ点、ゆう点は低い。
エ　金属には特有の光たくがある。

問２　文中の（　①　）（　②　）に当てはまる文章として、正しい組み合わせをア～エから１つ選び、記号で答えなさい。

	①	②
ア	大きかった	冷やすと通りぬけた
イ	大きかった	冷やしても通りぬけなかった
ウ	小さかった	冷やすと通りぬけた
エ	小さかった	冷やしても通りぬけなかった

問３　電車のレールを観察すると、レールとレールの間にところどころすき間が空いていることがわかります。その理由を簡単に答えなさい。

問４　実験３について、水酸化ナトリウム水よう液にとけるのはどちらですか。また、発生する気体は何か答えなさい。

問５　1cm^3あたりの重さのことを密度といいます。実験４について、アルミニウムと鉄の密度を求めなさい。ただし、計算結果を四捨五入して小数第一位まで答えなさい。

3 次の文章は、映画を見て帰ってきた、お父さんのタカシさんと息子のアオイさんの会話です。下の問いに答えなさい。

タカシ：今日の映画どうだった？

アオイ：すごく興味深かったよ。恐竜《きょうりゅう》が現代によみがえるなんて、夢のようだよね。でも、今の科学の力では、そんなことできないんだよね。

タカシ：確かに、現在の技術ではまだ難しいかな。でも、A映画で恐竜をよみがえらせていたような技術は、今、実際に使われているんだよ。

アオイ：へー。どんなことに使われているんだろう。

タカシ：(　　①　　) などに使われているよ。結構、身近だろ。

アオイ：そうだね。そういえば、恐竜をよみがえらせるときに、樹液が固まってできたものの中に閉じこめられていた蚊《か》を使っていたけどあれはなんでなんだろう。

タカシ：それは、あの蚊が恐竜の血を吸っていたからなんだ。そして、その血の中から、B恐竜をつくるための設計図となる物質を取り出して、恐竜をよみがえらせるために使っていたんだ。

アオイ：そうなんだ。そもそも恐竜は今の（　　②　　）類と同じ仲間だよね。

タカシ：そうだよ。そして、その中から、ほにゅう類の祖先やC原始的な鳥類が現れたんだ。

アオイ：映画にも、羽毛の生えた恐竜が出てきていたよね。なんか、飛べそうになかったけど。そして、その後、人類の祖先が現れるんだよね。(　　③　　）で誕生したって聞いたことがあるよ。

タカシ：うん。約700万年前の地層から最も古い人類の化石が見つかっていて、有名な猿人《えんじん》のDアウストラロピテクスの化石は約420万年から150万年前の地層から発見されているよ。こんなふうに、長い時間をかけて生物がだんだんとからだのつくりなどを変化させていくことをなんていうか知ってる？

アオイ：うん。知ってる。（　　④　　）っていうんだよね。こんどの自由研究のテーマはこれにしよう！

問1　下線部Aのような技術は「生物」と「技術」を合わせてつくった言葉であらわされる。当てはまる言葉をカタカナで答えなさい。

問2　（　①　）に当てはまらないものを、次のア～オから1つ選びなさい。

ア　トウモロコシなど農作物の品種改良
イ　青いバラをつくること
ウ　薬の製造《せいぞう》
エ　リチウムイオンバッテリーの製造《せいぞう》
オ　バイオ燃料の製造《せいぞう》

問３　下線部Bの物質はすべての生物で共通する物質です。最も当てはまるものを、次の**ア**～**オ**から1つ選びなさい。

ア　iPS　　イ　DDT　　ウ　DNA　　エ　ICT　　オ　ODA

問４　（　②　）に最も当てはまる語句を答えなさい。

問５　下線部Cは始祖鳥といわれます。下の図はその始祖鳥の図です。始祖鳥は現在の鳥類と大きく異なる部分があります。図の○で囲った⑤～⑦の中の部分でそれぞれ現在の鳥類とちがうところを説明しなさい。

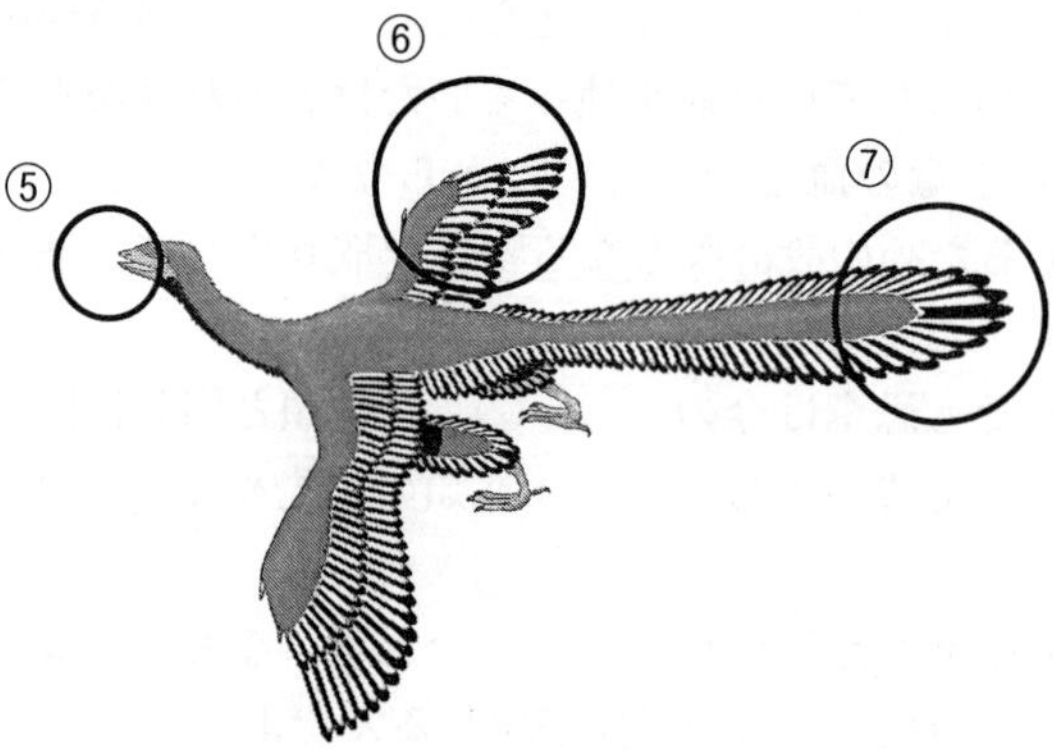

問６　（　③　）に最も適当なものを、下のア～オのうちから1つ選びなさい。

ア　アメリカ　　イ　ブラジル　　ウ　オーストラリア
エ　ヨーロッパ　　オ　アフリカ

問７　下線部Dのアウストラロピテクスの頭がい骨として最も適当なものを、次のア～オのうちから1つ選びなさい。

ア
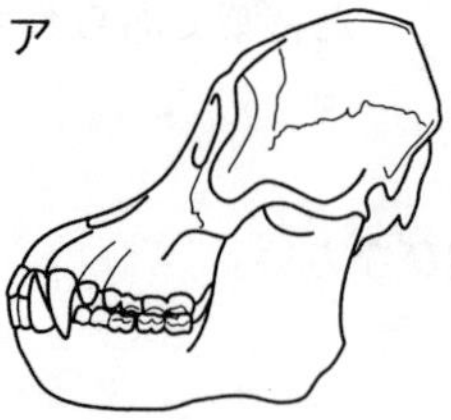
イ
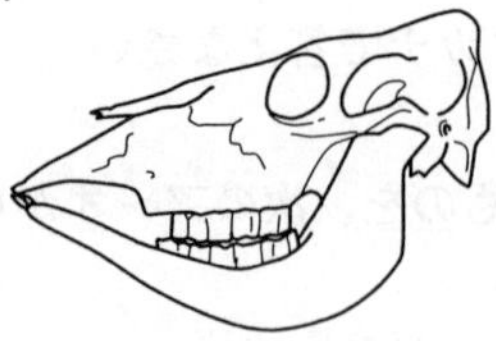
ウ
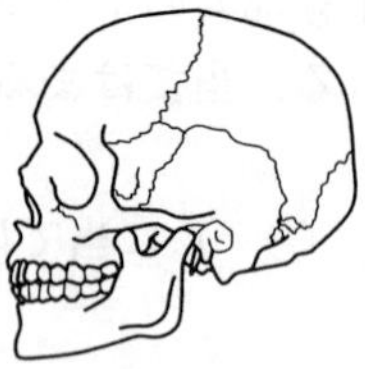
エ
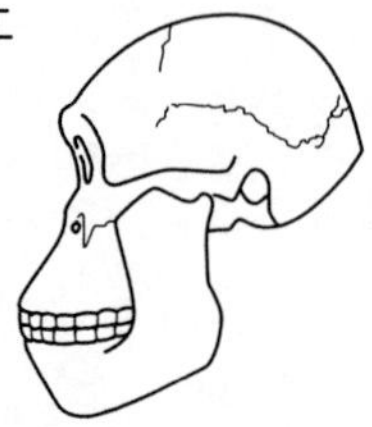
オ
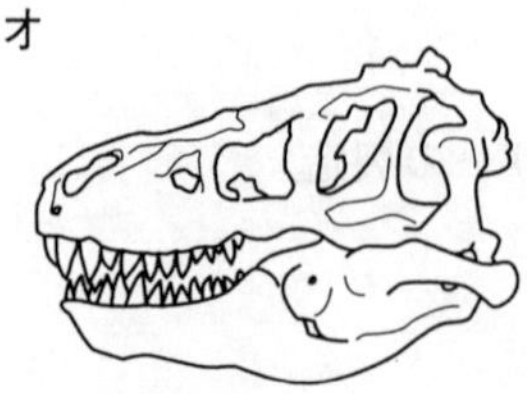

問８　（　④　）に最も適当な語句を、**漢字2文字**で答えなさい。

4　月について、以下の問いに答えなさい。

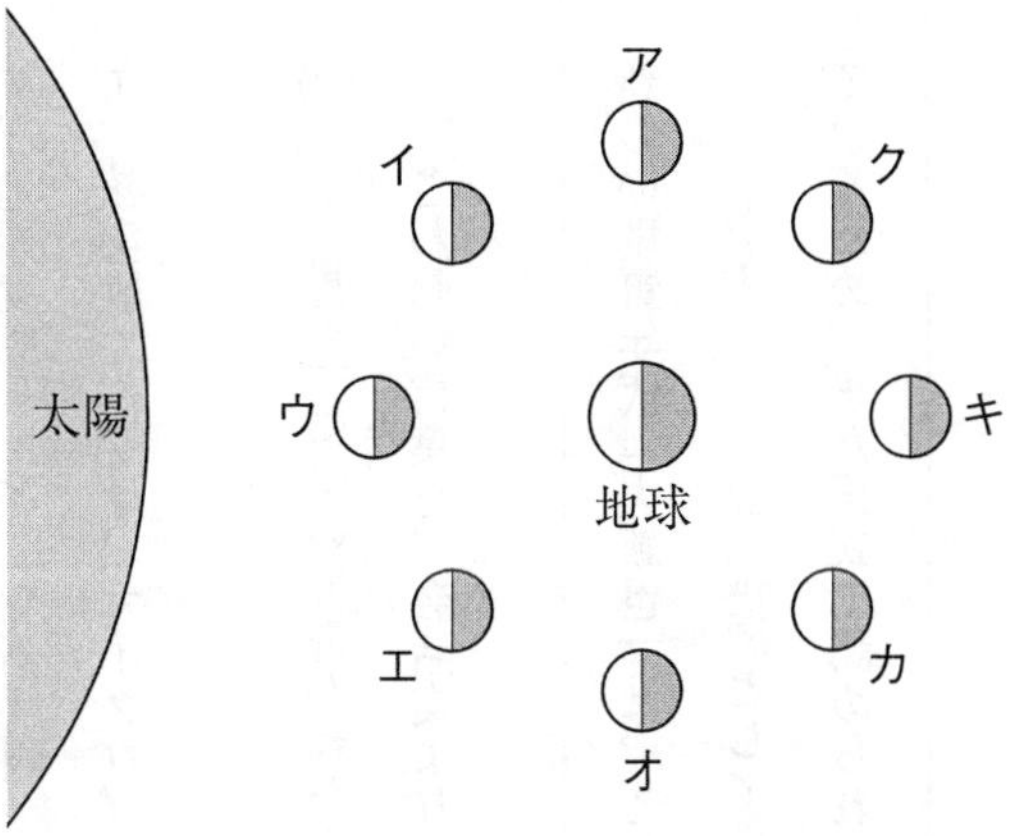

図

問1　月の大きさと重力について正しいものを選び記号で答えなさい。

ア　月の直径は地球の約4倍で、重力は地球の約$\frac{1}{6}$倍である。
イ　月の直径は地球の約4倍で、重力は地球の約6倍である。
ウ　月の直径は地球の約$\frac{1}{4}$倍で、重力は地球の約$\frac{1}{6}$倍である。
エ　月の直径は地球の約$\frac{1}{4}$倍で、重力は地球の約6倍である。

問2　夜に地球から月を見ると、光って見えます。月の光りかたについて正しいものを選び記号で答えなさい。

ア　自分で強い光を出す。
イ　自分で光を出さず、太陽の光を反射して光る。
ウ　自分で光を出さず、地球の光を反射して光る。
エ　自分で光を出さず、電気のはたらきによって光る。

問3　月の表面などに見られる円形のくぼみを何といいますか。

問4　月は、（　①　）からのぼり（　②　）の空を通って（　③　）にしずみます。①から③に入る方角を、東・西・南・北のどれかで答えなさい。

問5　満月、下げんの月、三日月は月がどこにあるときですか。それぞれ図のア～クから選び、記号で答えなさい。

問6　日食が見られるときの月の位置を、図のア～クから選び、記号で答えなさい。

問7　夕方に南中するのは、何という月ですか。

問8　地球から月を見ると、いつも月の同じ面しか見ることができません。その理由を簡単に答えなさい。

問二　――2「新しい地質時代『人新世』」とありますが、これについて次の⑴・⑵に答えなさい。

(1)「人新世」と関係のないものを、次の中から二つ選び、記号で答えなさい。

ア、地殻変動　　イ、化石燃料　　ウ、生物の絶滅
エ、核実験　　オ、マイクロプラスチック

(2)「人新世」について書かれた次の文の（　　）に最もふさわしい言葉を、会話文より七字でぬき出しなさい。

> 新しい地質年代「人新世」は、これまでと違って、（　　七字　　）を根拠として地質年代を区分しようとしているため、まだ正式に認められてはいない。

問三　[3] にあてはまるものを、次の中から一つ選び、記号で答えなさい。

ア、ジュラ紀　　イ、新生代
ウ、完新世　　エ、チバニアン期

七

みなさんが小学３年生から５年生だった約３年間、新型コロナウィルスの感染拡大によって私たちの生活は様々な制限を受け、変化をしました。それは学校生活でも同じだったと思います。そのような生活を通して、あなたが感じたこと、思ったこと、考えたこと、学んだことの中からテーマを一つにしぼり、百五十字以内でまとめなさい。

先　生…別府湾でも海底の地層から一九五〇年代に放射性物質が急増しており、一九六〇年代後半からはマイクロプラスチックが検出されるなど、世界各地で同時期に人類の痕跡《こんせき》が確認できたことが、人新世を提案する重要な根拠になっています。

生徒B…では、一九四〇年代後半から、「 3 」でなく「人新世」に変わるということですか？

先　生…まだ決定したわけではありません。これまでの地質年代は、主に巨大隕石《きょだいいんせき》の衝突《しょうとつ》や地殻変動などによってもたらされた環境や生物相の変化で区分されてきました。人間活動の影響《えいきょう》がそれに匹敵《ひってき》するほどの変化として位置づけられるのか、まだ意見は分かれています。

（参考『朝日新聞』二〇二三年七月十三日朝刊）

＊1　生物相……一定の地域内に生育する生物の全種類。

問一　――1「どうして地質時代を分ける必要があるのですか」とありますが、その直接の理由として最もふさわしいものを、次の中から選び、記号で答えなさい。

ア、地層や化石を調べることが、現代の自然現象を理解するために必要だから。

イ、現代の自然現象を理解するために、地球の歴史をひもとくべきだから。

ウ、地球の歴史を議論するためには、共通の言語が必要だから。

エ、地球の歴史を知るためにも、「国際標準模式地」を選ぶ必要があるから。

六　次の先生と生徒の会話文を読んで、後の問いに答えなさい。

生徒A…ニュースで、新しい地質時代「人新世（じんしんせい、または、ひとしんせい）」ができるかもしれないと聞きました。そもそも地質時代とは何ですか？

先　生…地球ができてからの四十六億年を、地質に残る特徴《とくちょう》に応じて区分した呼び方のことです。中生代のような大きな区分「代」があり、その下にジュラ紀などの「紀」があります。さらに「世」「期」と細かく分かれます。

生徒B…現在は「新生代・第四紀・完新世・メガラヤン期」ですよね。でも、1どうして地質時代を分ける必要があるのですか？

先　生…地層や化石を調べれば生物の進化や絶滅《ぜつめつ》、地殻《ちかく》の変動など過去の地球の出来事を知ることができます。地球の歴史をひもとくことは、現代の自然現象を理解することにも役立ちます。ただ長い地球の歴史を議論するためには、共通の言語が必要です。そこで生物相*1や環境《かんきょう》の変化などに応じて年代の境界を決めました。現時点で百以上の地質時代に区分されています。

生徒A…2新しい地質時代「人新世」ができるということは、以前とは違《ちが》う新しい地層が発見された、ということですよね？

先　生…そうです。国際地質科学連合はそれぞれの地質時代に対して地球上から一か所、その根拠《こんきょ》を示した地層を「国際標準模式地」に選んでいます。多くは欧州《おうしゅう》（ヨーロッパ）にありますが、日本では二〇二〇年に千葉県市原市の地層が初めて模式地として認定されました。七十七万四千年前〜十二万九千年前の地質時代は「更新世《こうしんせい》・チバニアン（千葉の時代）期」と命名されたのです。

生徒B…人新世の場合はどこが模式地で、以前の地層とどのような違いがあるのですか？

先　生…カナダ南部のクロフォード湖という小さな湖が提案されています。湖底に積もった堆積物《たいせきぶつ》では、一九四〇年代後半からプルトニウムなどの核《かく》実験による放射性物質が検出され、一九五〇年代になると化石燃料を燃やすことで生じるブラックカーボン（すす）が急増していることがわかっています。

生徒A…日本の大分県の別府湾《べっぷわん》も最後まで模式地の候補にあがっていたとニュースで報道されていましたよ。

問七　――4「しーちゃんはどこか悲しげな目で言った」とありますが、それはなぜですか。最もふさわしいものを次の中から選び、記号で答えなさい。

ア、夢や希望を持つことができない「私」をかわいそうに思ったから。

イ、ウルトラマンになりたいなどと真面目に願い事を考えていない「私」にがっかりしたから。

ウ、「私」と違って野球選手になる可能性などない自分を情けなく思ったから。

エ、現状に満足し、何もお願いすることがない「私」をうらやましく思ったから。

問八　――5「母に作ってもらったお弁当をじっと眺めながら、私は考えた」とありますが、「母に作ってもらったお弁当」に象徴《しょうちょう》されているものは何ですか。文章中から十三字でぬき出しなさい。

問九　――6「お願いのやり方、知っとるんかぁ」とありますが、「お願いのやり方」が説明されている部分だけを正確にぬき出し、最初と最後の五字を答えなさい。

問十　【　7　】にあてはまる最もふさわしい言葉を次の中から選び、記号で答えなさい。

ア、その手間に真実味を感じたようだった。

イ、そのくわしい説明に動揺《どうよう》したようだった。

ウ、その石に現実味を感じられなくなった。

エ、その石に執着《しゅうちゃく》し始めたようだった。

問十一　この文章の「私」についての説明として、最もふさわしいものを次の中から選び、記号で答えなさい。

ア、祠まで案内し、お願いのやり方まで教えてくれたおじいさんと、親友のしーちゃんとの出会いを懐《なつ》かしく思い出し、楽しかった自転車の旅を回想している。

イ、子供の頃の小さな旅を回想し、決してめぐまれているとは言えない家庭環境《かんきょう》の中で、けなげに生きようとしていた親友のしーちゃんを思い出している。

ウ、子供のころの無鉄砲《むてっぽう》で大胆《だいたん》な夏の冒険を回想し、苦しいことも楽しいことも一緒に経験した親友のしーちゃんのことを今でもいとおしく思い出している。

エ、かけがえのない友だちだったしーちゃんを、新しい自転車の性能を試すためだけに、苦行とも呼べるような旅に連れ出してしまったことを今でも心から後悔《こうかい》している。

問四　――2「子供だからできた芸当だった」とはどういうことですか。最もふさわしいものを次の中から選び、記号で答えなさい。

ア、子供だからこそ練習と訓練をくり返して達成できた技だということ。

イ、運動能力の高い子供だからこそ乗りこえられた苦行だということ。

ウ、大人になれば苦行から上手にのがれることができるということ。

エ、本当の危険や困難を知っている大人にはできない行動だということ。

問五　――3「山に入ってからが大変だった」とありますが、その具体的な原因として考えられるものを二つ、文章中よりそれぞれ漢字二字でぬき出しなさい。

問六　＝＝A・Bの言葉の意味として最もふさわしいものをそれぞれ選び、記号で答えなさい。

A「言葉を濁す」

ア、はっきりしたことを言わない

イ、迷っていろいろなことを言う

ウ、話題を変える

エ、冗談《じょうだん》を言ってはぐらかす

B「興ざめな気分」

ア、腹立たしい気持ち

イ、夢から覚めるような気持ち

ウ、つまらない気持ち

エ、泣きたい気持ち

問一　[Ⅰ]～[Ⅳ]にあてはまる最もふさわしいものを、次の中からそれぞれ選び、記号で答えなさい（同じ記号を二回使ってはいけません）。

ア、あやふやな　　イ、うかつな　　ウ、突飛《とっぴ》な

エ、無茶な　　オ、迷惑《めいわく》な　　カ、積極的な

キ、楽天的な　　ク、悲観的な　　ケ、おろかな

問二　〜〜〜a〜cについて、その語句中にある「さえ」のうち、次の文中の「さえ」と同じ意味で使われているものを一つ選び、記号で答えなさい。

> あなたが無事でさえいてくれれば、他には何もいりません。

問三　――1「しーちゃんは、私の言葉に目をしばたたいた」とありますが、この時のしーちゃんの心情として最もふさわしいものを次の中から選び、記号で答えなさい。

ア、そんな遠くに自転車で行けるはずがないのに、自分たち子供だけで出かけようと真剣《しんけん》に考えている「私」に対して、あきれると同時におどろきをかくせなかった。

イ、実は、「私」が新しい自転車を買ってもらい、その性能を試そうとしていることに感づいてはいたが、そのことには気づいていないふりをしないとかわいそうだと思った。

ウ、友だちの夢を叶えるために、そんなに遠くまで行こうとしてくれている「私」のやさしさが信じられないほどうれしかった。

エ、袴須は、とても遠い所だということだけはわかっているが、これから「私」と二人だけで旅に出ると思うと、不安と期待でいっぱいだった。

道すがら、老人は何度も振《ふ》り返りながら言った。私たちと話すのが楽しくてたまらないように、皺《しわ》くちゃな笑《え》みを絶やさなかった。

「ポンポンと手ぇ打ってお願いします……だけじゃ、あかんのだぞ。石を持って行かんとな」

「石？」

「そうだ。まずな、祠に着いたら、いっぺんさんにお参りするんじゃが、そん時にな、自分の願い事を叶えてくださいって頼むんだ。どんな願い事かは、そん時は言わんでええ。その後、祠のそばをな、どこでもええから掘《ほ》り起こすんだ。いっぺんさんがお前らの願いを聞いてくれるんなら、白くてきれいな石がきっと見つかる。それを家に持って帰って、誰《だれ》にも見せねぇように袋《ふくろ》に入れて、ずっと持ってろ。そんで毎日、その石が神様だと思って、自分の望みをお願いするんだ。そしたらいつか、必ず叶うから……ただし、いっぺんだけなぁ」

その話を聞いて、私は少しがっかりした。いっぺんさんなんて、いかにもな名前なのだから、一度お願いするだけで何でも願いが叶えられるのかと思っていたのだ。案外手間がかかる。

「おじいさん、もし、石が見つからなかったらどうするの？」

少しB 興ざめな気分になった私とは違って、しーちゃんはむしろ、

【　７　】

「それは、まぁ、今はまだ縁《えん》がなかったちゅうことだなぁ」

そう言って老人は、どこか底意地の悪そうな目で私を見て笑った。

やがて私たちは、山の斜面《しゃめん》に接した茶色い森の前に来た。

（　中略　）

私たちは森の中の道を、一列になって歩いた。かなり深い森で、太陽の光があまり届かず、ひどく陰気《いんき》な感じがした。［Ⅳ］方向に進んだら、そのまま遭難《そうなん》してしまいそうだった。

「うっちん、祠って、あれじゃないの？」

私がずいぶん心細くなり始めた頃、先を歩いていたしーちゃんが言った。彼が指さす方向を見ると、森の中にポツリと、その祠はあったのだった。

（朱川湊人『いっぺんさん』より
ただし一部改変があります）

は家から持ってきたお弁当を食べた。その路線はとっくに廃止《はいし》されていて、バス停の看板は錆《さび》にまみれ、b何と言う名前の停留所なのかさえわからなかった。

「外で食べると、何でもうまいなぁ」

そう言いながらしーちゃんは、アルミの弁当箱にご飯を詰《つ》め、海苔《のり》を敷いて醤油《しょうゆ》をかけただけのお弁当を食べていた。夜遅《おそ》くまで働いている母親を起こすのが悪くて、自分で作ったのだと言っていた。

「ところでさぁ……俺《おれ》は白バイのお巡《まわ》りさんになれますようにって頼《たの》むつもりだけど、うっちんは、どんなことを頼むんだい」

とりあえずは野球選手になれますようにと頼むつもりだったが、実はまだ、はっきりとは決めていなかった。cウルトラマンになれるように頼んだら、どうなるかな……などと考えてさえいた。実際、その時の私には、はっきりとした夢も希望もなかったのだ。

私がA言葉を濁《にご》すと、4しーちゃんはどこか悲しげな目で言った。

「いいなぁ、うっちんは……実は俺、本当はもう一つ、お願いしたいことがあるんだ」

「ちぇっ、欲張りだな。どんなお願いだい？」

「教えてもいいけど、笑わないか？」

私がうなずくと、しーちゃんは照れ臭《くさ》そうに呟《つぶや》いた。

「俺、早く大人になりたいんだ」

「何で？」

「ほら、大人になったら、父ちゃんが暴れても、母ちゃんや弟たちを守ってやれるだろう？　だから、早く大人になりたい」

変な願い事だったら思い切り笑ってやろうと準備していた私は、口をつぐむしかなかった。彼はきっと、ごく当たり前に生きている私なんかより、子供の無力をずっとずっと深く噛《か》みしめていたに違いない。

5母に作ってもらったお弁当をじっと眺《なが》めながら、私は考えた。

「じゃあさ、その二つを一緒《いっしょ》にしちゃうっていうのはどうだ？　早く大人になって、白バイのお巡りさんになりたいって頼むんだよ。それだったら、ちゃんと一つじゃないか」

「なるほど！　うっちん、頭いい！」

その時のしーちゃんの輝《かがや》いた顔は、今でも忘れることができない。

（中略）

「お前ら、どう聞いてきたかは知らんけど、ちゃんと6お願いのやり方、知っとるんかぁ？」

しい自転車を手に入れたばかりだった。十段変速ギアが付いたドロップハンドルのサイクリング車で、長い間ねだって、ようやく誕生日に買ってもらったのだ。実を言うとこの時の私には、その自転車の性能を試してみたい……という気持ちの方が強かった。

そうとは知らないしーちゃんは、1私の言葉に目をしばたたいた。がさつそうな見かけによらず、彼《かれ》は案外に感激屋なのだ。

「ありがとう、うっちん。やっぱり友だちっていいもんだな」

その言葉に、私は少し後ろめたいものを感じたけれど、本当にしーちゃんの夢が叶えばいいという気持ちも、やはり心のどこかにはあったのだ。

（中略）

「うっちん、そのいっぺんさんがどこにあるのか、ちゃんと知ってるんだろうな」

出発前に聞かれたが、私自身行ったことがないので、［Ⅱ］答えしかできなかった。祖母から何となく場所は聞いていたが、正確に把握《はあく》しているわけではない。袴須まで行けば、どうにかなるだろうと思っていたのだ。

「とにかく出発、出発！」

私が差し出した掌《てのひら》をしーちゃんが拳《こぶし》で叩《たた》き、彼が差し出した掌を私が叩いて、私たちは十二月の風の中を小さな旅に出た。

時間が流れた今、その冒険《ぼうけん》は美しいきらめきの中にある。

どれだけの道のりが待っていたかも知らず、ただ勢いだけの［Ⅲ］気持ちに支えられていた。地図で調べた直線距離《きょり》が思ったより近かったことも、私たちを呑気《のんき》にさせた一因だ。

だが実際は、まさしく苦行とも呼べるような道のりだった。その大半が、起伏《きふく》に富んだ山の中だったからだ。大人になった今なら、同じ道を自転車で走ろうとは絶対に思わない。あれは本当に、2子供だからできた芸当だったのだと思う。

町の中を走っている間は快調そのものだった。背後を走るしーちゃんの自転車の音が耳障《みみざわ》りだったが、しばらく聞いているうちに、私はその音に合わせてペダルを踏《ふ》むようになった。まるでしーちゃんと同じ自転車を漕《こ》いでいるような気がして、不思議と楽しく感じたものだ。

3山に入ってからが大変だった。町の中とは寒さが違《ちが》っていて肌《はだ》を刺《さ》す冷気の中に小さなガラスの芯《しん》があるように思えた。私もしーちゃんも薄《うす》っぺらなジャンパー姿だったので、その冷気はこたえた。

途中《とちゅう》、小さな屋根のあるバス停のベンチに腰《こし》を下ろして、私たち

問六 ――2「全く安泰というわけでもありません」とは、どういうことですか。主語を補い、「消滅」という言葉を使って、二十字以内で簡潔に説明しなさい。

問七 ――3について、世界中の人がはじめから世界共通語である英語だけを覚えて使えばいいと考える理由が書かれている文を二つ探し、それぞれその最初の五字をぬき出しなさい。

問八 ――4「世界中が全く同じ英語を使うようにはならないのではないかな、と思います」とありますが、そのように筆者が思う根拠《こんきょ》として最もふさわしい一文を文章中からぬき出し、その最初の五字を答えなさい。

問九 【　C　】にあてはまる最もふさわしい言葉を、次の中から選び、記号で答えなさい。

ア、今後に必要不可欠な議論ではないでしょうか
イ、検討する価値のある極論ではないでしょうか
ウ、これからの若者のための正論ではないでしょうか
エ、あまり意味のない暴論ではないでしょうか

五 **次の文章をよく読み、後の問いに答えなさい。ただし、最初に書かれているリード文を参考にすること。**

一度だけならどんな願いでも叶《かな》えてくれる神様「いっぺんさん」の話を祖母から聞いた私（うっちん）は、友人（しーちゃん）と「いっぺんさん」が祀《まつ》られている祠《ほこら》を探しに出かけることにする。そして、かつて祖母が住んでいた袴須《はかます》という遠い村に二人で向かうが、正確な祠の場所を知らなかったので道に迷ってしまう。しかし、ある一人の老人に案内をしてもらい、なんとかたどりつくことができた。

「でも袴須なんて、どうやって行くんだよ。今はもう、バスも通ってないんだろ」
「決まってるじゃないか、自転車だよ」
「自転車でって……ものすごく遠いんだろ？」
「大丈夫だよ。それで願い事が叶うなら、安いもんじゃないか」
今から思えば、確かに［Ｉ］話だった。
けれど子供の頃《ころ》というのは、a自転車さえあれば、どこにでも行けるような気がしていたものだ。特に私はその一ヶ月ほど前に、新

＊1　ユネスコ……教育、科学、文化の協力と交流を通じて、国際平和と人類の福祉《ふくし》の促進《そくしん》を目的とした国際連合の専門機関。

＊2　宗主国……植民地の内治・外交を管理する権力を持った国。

問一　Ⅰ～Ⅳにあてはまる最もふさわしいものを、次の中からそれぞれ選び、記号で答えなさい（同じ記号を二回使ってはいけません）。

ア、ところで　　イ、しかし　　ウ、たとえば

エ、むしろ　　オ、あるいは　　カ、そのため

問二　‖a、bの熟語について、同じ意味で使われている言葉を、それぞれ五字で文章中からぬき出しなさい。

問三　‖c、dのカタカナ語について、反対の意味で使われている言葉を、それぞれcは二字、dは四字で文章中からぬき出しなさい。

問四　【　A　】・【　B　】にあてはまる漢数字をそれぞれ答えなさい。

問五　――1「とりわけ深刻な危機に面しているのがアイヌ語で、すでに話者は数名しか残っていないと言われています」とありますが、このようになってしまった主な原因は何ですか。「～こと。」に続くかたちで文章中から十字でぬき出しなさい。

す。そのぶん日本語が使われる機会は減っているわけです。この流れがどんどん加速していったら、ちょうど平安時代の漢文のように、公的なことにはすべて英語が使われて、日本語は[c]プライベートなおしゃべりにしか使われないという日が来るかもしれません。

ならばいっそのこと、[3]世界中の人がはじめから英語だけを覚えて使えばいいじゃないか、という意見もあります。それも【 B 】理あるような気がしますね。日本でも小学校から英語を勉強するようになりました。もっと小さい頃《ころ》から、国語を全部やめて英語をやるようにすれば、もっと楽に上手に話せるようになるかもしれません。でも、たとえみんなで英語だけを使うようにしても、[4]世界中が全く同じ英語を使うようにはならないのではないかな、と思います。

今も、同じ英語圏であってもイギリス英語とアメリカ英語とオーストラリア英語は発音や語彙《ごい》が異なりますし、インドやシンガポールもそれぞれに特徴《とくちょう》的な英語が使われます。これ以外にも第二言語として英語を話す人々が世界中にいて、それぞれに自分の第一言語から影響《えいきょう》を受けて、クセや特徴のある英語を話します。Englishesと複数形で呼ばれることもあるように、英語はもはや一つの言語と言い切れないほどの[d]バリエーションがあります。世界に広がれば広がるほど、純粋《じゅんすい》な形を保つことは難しくなります。

でもこれは無理のないことなんですよね。自然環境《かんきょう》が違《ちが》い、社会のしくみが違い、文化や慣習が違う人たちは、違う言語を必要とするのです。それに、自分の考えや感覚にぴったりくる言葉を探し、それを親しい人と分かち合おうとする時、[Ⅳ] ほかの人にはわからない言葉で通じ合おうとするものです。みなさんも仲のいい友だちと、グループの中でしか通じない言い方をしたりしませんか。若者言葉を一生懸命マネしようとする大人はちょっと鬱陶《うっとう》しいと思ったりするでしょう。言語というものは、バリエーションが生まれていくことが自然なのです。

そうだとすれば、今ある言葉を全部やめて英語に統一してしまおうというのは、【 C 】。その土地の言語は、自然や文化と結びついた歴史を背負って存在していて、今生きている人たちの生活によって常に生まれ変わり続けています。一つの言語が消滅するということは、その言語が持っていた広がりと奥行《おくゆ》きのある世界がまるごと消えるということです。だから、多くの人が消滅の危機にある言語を何とかして守ろうとしているのです。

（仲島ひとみ 他、共著『国語をめぐる冒険《ぼうけん》』より
ただし一部改変があります）

四 次の文章を読んで、後の問いに答えなさい。

[*1]ユネスコは二〇〇九年、現在六千から七千ほどある世界の言語のうち、約二五〇〇の言語が消滅《しょうめつ》の危機にあると発表しました。そのうちの八つが日本で話されている言語で、アイヌ語、八重山《やえやま》語、与那国《よなぐに》語、八丈《はちじょう》語、奄美《あまみ》語、国頭《くにがみ》語、沖縄語、宮古《みやこ》語です。[1]とりわけ深刻な危機に面しているのがアイヌ語で、すでに話者は数名しか残っていないと言われています。

言語が消滅の危機にさらされる事情は様々です。極端《きょくたん》な場合、戦争などで話者が殺されて滅《ほろ》んでしまうという場合もあるでしょう。[Ⅰ]、植民地として[*2]宗主国《そうしゅこく》の言語を強制され、自分たちの言語を禁じられて継承《けいしょう》できなくなるということもあります。しかしそのように外からの力が加わった場合だけでなく、話者みずからがその言語を話さないことを選ぶことによって滅んでいく場合もあります。

日本でも明治以来、[a]方言は標準語よりも低い地位に置かれ、恥《は》ずかしいものであるという意識をうえつけられてきました。特にアイヌや沖縄の人々は就職などでも厳しい差別に直面したので、自分の言葉を隠《かく》し標準語を話そうとする圧力がはたらいたことでしょう。

社会的により高い地位をもつ言語を話せた方がその人の成功につながりやすいのは確かです。[Ⅱ]、特に若い世代がより威信《いしん》の高い言語に乗り換《か》えたり、親が子どもに自分の言語を継承させなかったりすることがあります。このようにして、地方の言語が衰退《すいたい》していくことになります。

国家の言葉になっていれば、国民がみなそれを学びます。日本語は日本の[b]国語ですし、一億人の話者を数える、世界で【 A 】指に入ろうという大言語ですから、すぐに消滅する心配はないでしょう。しかし、英語との関係で見れば、[2]全く安泰《あんたい》というわけでもありません。

現在、事実上の世界共通語は英語です。ビジネスでも政治でも学問でも、英語が使えなければ世界の人とわたりあっていけない。だから英語を勉強しなければだめだ、と大人にも言われるし、みなさんもそう思うでしょう。なかには、英語圏《けん》に生まれた人は何の苦労もなく身につけた言葉をそのまま使えるのに、自分は一生懸命《けんめい》勉強しなくてはいけないなんて不公平だ、と思う人もいるかもしれませんね。[Ⅲ]現実は現実です。実際、社内の公用語を英語にする企業《きぎょう》が出てきたり、一部の大学の講義が英語で行われたりしていま

2024年度

横須賀学院中学校

【国語】〈二次試験〉（五〇分）〈満点：一〇〇点〉

※ぬき出し問題や記述問題では、句読点や記号も一字と数えること。

一 次の――部について、漢字はひらがなに、カタカナは漢字に直しなさい。

1 世界を旅行してケンブンを広めた。
2 彼女はキショウの激しい人だ。
3 ウクライナは世界有数のコクソウ地帯だ。
4 アイデアを出し合い作戦をネる。
5 祖母直伝のレシピでカレーライスを作った。
6 お茶には解毒作用があるらしい。
7 大会への参加を強いる。
8 しっかりした友人を議長に推す。

二 次の1～4の（A）（B）には、それぞれひらがなで書くと同じ一字の言葉が入ります。それをそれぞれ適切な漢字に直して答えなさい。

1 努力が（A）を結んで試験に合格した。
相手の（B）になって考えなさい。
2 弟は冗談《じょうだん》を（A）に受けておこっていた。
遠足にお弁当を忘れるとは（B）がぬけている。
3 あまりの厳しい指導に選手たちは（A）をあげた。
口は悪いが（B）はやさしい人だとわかるはずだ。
4 彼は（A）の打ちどころのない人だ。
敗北は（B）を見るより明らかだ。

三 次の文の――部について、言葉の使い方が正しければ○を答え、まちがっている場合は正しい表現に改めなさい。

1 夕食は済ませたが、アイスクリームならまだ食べれる。
2 気の置けない仲間だから、いっしょにいるとくつろげる。
3 母は私のためにうでをならしてハンバーグを作ってくれた。
4 どうぞ、スープが冷めないうちにいただいてください。

2024年度

横須賀学院中学校　▶解説と解答

算　数　＜１次Ａ試験＞（50分）＜満点：100点＞

解　答

1 (1) 15.7　(2) 11100000　(3) 12　(4) 135　(5) 10　(6) 11　(7) $\frac{1}{2}$　(8) 1　2 (1) 17　(2) 8.8%　(3) 1時間45分　(4) 8.8秒　(5) $1\frac{11}{25}$倍　(6) 3　(7) 32cm^3　3 (1) 120通り　(2) 120通り　4 (1) 時速54km　(2) 20分間　5 (1) $5\frac{1}{2}$　(2) 115　6 (1) 48cm^2　(2) 10.28cm^2

解　説

1 四則計算，計算のくふう

(1) $3.12+3.13+3.14+3.15+3.16=(3.12+3.16)\times5\div2=15.7$

(2) $3\times4\times8\times25\times37\times125=(3\times37)\times(4\times25)\times(8\times125)=111\times100\times1000=11100000$

(3) $4\times(54-18)\div12=4\times36\div12=12$

(4) $37\times43-46\times9+18\times37-28\times61=37\times(43+18)-46\times9-28\times61=37\times61-28\times61-46\times9=(37-28)\times61-46\times9=9\times61-46\times9=9\times(61-46)=9\times15=135$

(5) $17-\{56-(4\times3+18)-125\div25\}\div3=17-\{56-(12+18)-5\}\div3=17-(56-30-5)\div3=17-21\div3=17-7=10$

(6) $8\times2.75\div1\frac{3}{4}-2.75\times\frac{4}{7}=8\times2.75\times\frac{4}{7}-2.75\times\frac{4}{7}=(8-1)\times2.75\times\frac{4}{7}=7\times2.75\times\frac{4}{7}=4\times2.75=11$

(7) $\frac{1}{3}\times0.25+\frac{2}{7}\div\left(1.4-\frac{5}{7}\right)=\frac{1}{3}\times\frac{1}{4}+\frac{2}{7}\div\left(\frac{7}{5}-\frac{5}{7}\right)=\frac{1}{12}+\frac{2}{7}\div\left(\frac{49}{35}-\frac{25}{35}\right)=\frac{1}{12}+\frac{2}{7}\div\frac{24}{35}=\frac{1}{12}+\frac{2}{7}\times\frac{35}{24}=\frac{1}{12}+\frac{5}{12}=\frac{6}{12}=\frac{1}{2}$

(8) $\frac{3}{4}\times\left\{2\frac{1}{40}-\left(0.125-\frac{1}{10}\right)\right\}\div1\frac{1}{2}=\frac{3}{4}\times\left\{2\frac{1}{40}-\left(\frac{5}{40}-\frac{4}{40}\right)\right\}\div\frac{3}{2}=\frac{3}{4}\times\left(2\frac{1}{40}-\frac{1}{40}\right)\div\frac{3}{2}=\frac{3}{4}\times2\times\frac{2}{3}=1$

2 逆算，濃度《のうど》，速さ，平均，割合と比，分数の性質，体積

(1) 36÷18＝2より，200－6×□＋2＝100，200－6×□＝100－2＝98，6×□＝200－98＝102　よって，□＝102÷6＝17

(2) 4％の食塩水200gにふくまれる食塩の重さは，200×0.04＝8（g），12％の食塩水300gにふくまれる食塩の重さは，300×0.12＝36（g）である。よって，これらの食塩水を混ぜ合わせると，食塩水の重さは，200＋300＝500（g），食塩の重さは，8＋36＝44（g）になるから，濃度は，44÷500×100＝8.8（％）となる。

(3) 6.3km（6300m）の道のりを分速60mで歩くと，6300÷60＝105（分）かかる。これは，105÷60＝1余り45より，1時間45分である。

(4) 5人の記録の合計は，8.4＋9.2＋8.8＋8.1＋9.5＝44（秒）だから，平均は，44÷5＝8.8（秒）とわ

かる。

⑸　(みのるさんの貯金額)×$\frac{1}{6}$＝(なおみさんの貯金額)×$\frac{24}{100}$と表すことができるから，みのるさんとなおみさんの貯金額の比は，$\frac{6}{1}$：$\frac{100}{24}$＝$\frac{36}{6}$：$\frac{25}{6}$＝36：25である。よって，みのるさんの貯金額は，なおみさんの貯金額の，36÷25＝$1\frac{11}{25}$(倍)となる。

⑹　$\frac{18}{11}$＝18÷11＝1.636363…より，小数点以下は奇数《きすう》番目が６，偶数《ぐうすう》番目が３になる。よって，小数第30位の数字は３とわかる。

⑺　底面の台形の面積は，（５＋３）×２÷２＝８(cm^2)だから，この四角柱の体積は，８×４＝32(cm^3)と求められる。

3　場合の数

⑴　Ａに使う色は５通り，Ｂに使う色は残りの４通り，Ｃに使う色は残りの３通り，Ｄに使う色は残りの２通り，Ｅに使う色は残りの１通りになるから，５色全部を使ってぬり分ける方法は，５×４×３×２×１＝120(通り)ある。

⑵　はじめに{赤，青，緑}の３色を使ってぬり分ける方法を考える。Ａに赤を使う場合は下の図の４通りあるから，Ａに青，緑を使う場合も４通りずつある。そこで，{赤，青，緑}の３色を使ってぬり分ける方法は，４×３＝12(通り)とわかる。次に，５色の中から３色を選ぶ方法を考える。これは，５色の中から使わない２色を選ぶ方法と同じだから，$\frac{5 \times 4}{2 \times 1}$＝10(通り)となる。よって，３色を使ってぬり分ける方法は全部で，12×10＝120(通り)ある。

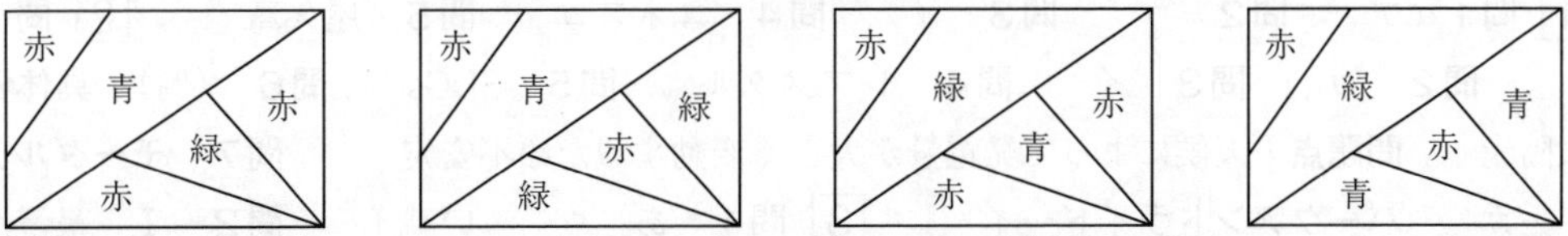

4　流水算，つるかめ算

⑴　船Ｐは，Ａ町からＢ町まで上るのに60分(１時間)かかったので，船Ｐの上る速さは時速，48÷１＝48(km)である。また，船Ｐの上る速さと下る速さの比は４：５だから，下る速さは時速，48×$\frac{5}{4}$＝60(km)となる。よって，静水での速さは，上る速さと下る速さの平均になるから，時速，(48＋60)÷２＝54(km)と求められる。

⑵　⑴より，川の流れの速さは時速，54－48＝６(km)である。また，この日はＢ町からＡ町まで下るのに，126－60＝66(分)かかっている。そこで，船Ｐは時速60kmと時速６kmの速さで進み，合わせて66分で48km進んだことになる。時速60kmで66分進んだとすると，60×$\frac{66}{60}$＝66(km)進むことができ，実際よりも，66－48＝18(km)長くなる。時速60kmのかわりに時速６kmで進むと，進む距離《きょり》は１時間で，60－６＝54(km)短くなるから，時速６kmで進んだ時間は，18÷54＝$\frac{1}{3}$(時間)とわかる。よって，60×$\frac{1}{3}$＝20(分)より，エンジンが止まっていたのは20分間とわかる。

5　数列

⑴　それぞれの式を計算すると，１番目は，$\frac{3}{3}$＝１，２番目は，$\frac{6}{4}$＝$1\frac{1}{2}$，３番目は，$\frac{10}{5}$＝２，４番目は，$\frac{15}{6}$＝$2\frac{1}{2}$になる。よって，計算結果は$\frac{1}{2}$ずつ増えるから，10番目の式を計算すると，１＋$\frac{1}{2}$×(10－１)＝$5\frac{1}{2}$になる。

⑵ ⑴より，20番目の式を計算すると，$1+\frac{1}{2}\times(20-1)=10\frac{1}{2}$になるので，１番目から20番目までの式をすべて足すと，$1+1\frac{1}{2}+2+\cdots10\frac{1}{2}=\left(1+10\frac{1}{2}\right)\times20\div2=115$になる。

6 平面図形―面積

⑴ 右の図１のように色のついた部分を分けると，アの面積は，$8\times7\div2=28(\text{cm}^2)$，イの面積は，$4\times10\div2=20(\text{cm}^2)$になる。よって，色のついた部分の面積は，$28+20=48(\text{cm}^2)$とわかる。

図１

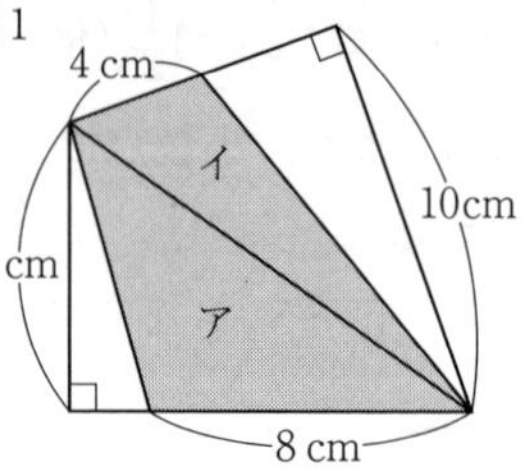

図２

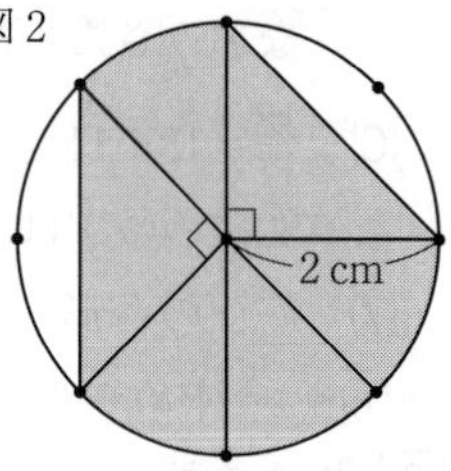

⑵ 右の図２のように，円の中心から直線を引くと，色のついた部分は，直角二等辺三角形２つと，中心角が，$360\div8=45$(度)のおうぎ形４つになる。直角二等辺三角形１つの面積は，$2\times2\div2=2(\text{cm}^2)$，おうぎ形１つの面積は，$2\times2\times3.14\times\frac{45}{360}=1.57(\text{cm}^2)$だから，色のついた部分の面積は，$2\times2+1.57\times4=10.28(\text{cm}^2)$と求められる。

社　会 ＜１次Ａ試験＞（40分）＜満点：75点＞

解　答

1 **問１** ア　**問２** ウ　**問３** イ　**問４** ユネスコ　**問５** 屋久島　**2** **問１** オ　**問２** ウ　**問３** イ　**問４** レアメタル　**問５** SDGs　**問６** （例）**具体例**…太陽光　**問題点**…天候によって発電量が大きく変動するため不安定。　**問７** **モーダルシフト**…カ　**パークアンドライド**…イ　**3** **問１** **あ** ウ　**い** イ　**問２** Ⅰ 最澄，Ｅ　Ⅱ 伊能忠敬，Ｉ　Ⅲ 徳川吉宗，Ｉ　Ⅳ 陸奥宗光，Ｊ　Ⅴ 北条政子，Ｆ　**問３** イ　**問４** イ　**問５** ウ　**問６** 三・一独立運動　**問７** 治安維持法　**4** **問１** **1** オ　**2** ア　**3** ク　**4** ウ　**問２** **A** ウ　**B** ア　**C** イ　**D** エ
5 **問１** ウ　**問２** （例）酸性雨（オゾン層の破壊）（砂漠化）（熱帯林の減少）　**問３** インド　**問４** 岸田文雄　**問５** （例）日本では30歳代の女性の労働力が低下している一方，スウェーデンでは生産年齢人口のいずれの年代も労働力が低下することがない。また，スウェーデンは，夫婦そろって育児を行おうとする意識が高く，男性の育休取得率も高い。以上の点から子育て環境が高評価を得られている。　**問６** ウ　**問７** 基本的人権　**問８** （例）審議を慎重に行い，他の院の行き過ぎを防ぎ，国民の意思を政治に反映させるため。　**問９** ア　**問10** ア　**問11** 緑のダム

解　説

1 日本の世界自然遺産などについての地理の問題

問１ 白神山地は，秋田県と青森県の境にある山地で，ぶなの原生林が広がっている（ア…○）。

問２ 昼夜間人口比率は，昼間に周辺から人が集まる東京都などは100を超え，逆に，昼間は近くの大都市へ移動する人が多い埼玉県や神奈川県などは100を下回る。北海道は，他の都府県と接し

ておらず，人々の移動も基本的には北海道内で行われるため，昼間の人口と夜間の人口はほぼ等しく，人口比率は100.0となる(ウ…○)。なお，アは埼玉県，イは神奈川県，エは東京都である。

問３　マングローブとは，熱帯や亜熱帯地域の汽水《きすい》(川の水と海水が混じるところ)部分に形成される常緑の木々や植物の総称である。満潮時には，海の上に木が生えているように見える(イ…○)。なお，アはヤシの木，ウはスギの木，エはバナナの木の写真である。

問４　世界遺産を登録し保護する国連教育科学文化機関をカタカナでユネスコと表す。なお，アルファベットではUNESCOとなる。

問５　2024年２月現在，日本には５か所の世界自然遺産が存在し，文章中の「白神山地」，「知床」，「小笠原諸島」，「奄美《あまみ》大島，徳之《とくの》島，沖縄本島北部及び西表《いりおもて》島」のほか，鹿児島県の「屋久島」がある。

２　発電やエネルギー資源，環境についての地理の問題

問１　①は，全国各地の沿岸部にあり，特に東京湾や伊勢湾，大阪湾などの大都市近くにあることから，火力発電の分布であるとわかる。②は，福井県の若狭《わかさ》湾や福島県の沿岸部などに分布していることから，原子力発電所であると判断できる。③は，沿岸部ではなく山間部にあり，特に中部地方に多く分布しているので，水力発電所の分布である(オ…○)。

問２　日本はエネルギーの元となる石油，石炭，天然ガスのほとんどを外国からの輸入に頼っており，国内で自給できるのは水力発電，太陽光や風力などの再生可能エネルギーによる発電と原子力発電であり，自給率は約11％となっている(ウ…○)。

問３　ロシアやアメリカ，そしてサウジアラビアなどの中東(西アジア)地域の円が大きいことから，原油の産出量を表した図である(イ…○)。なお，原油の産出量はアメリカ，ロシア，サウジアラビア，中国，イラクの順に多い(2021年)。また，石炭は中国，インドの産出量が多く(2020年)，鉄鉱石はオーストラリア，ブラジル，中国の順に多い(2018年)。天然ガスはアメリカ，ロシア，イラン，中国の順である(2021年)。

問４　産出量が少なく，技術的に取り出すことが難しい金属をレアメタル(希少金属)という。近年，日本近海の海底にレアメタルが多く存在することがわかり，注目を集めている。

問５　2015年９月の国連サミットで採択された，17のゴールと169のターゲットで構成されている「持続可能な開発目標」のことを，SDGsという。世界全体でよりよい社会をつくるための国際的な目標として定められた。なお，最後の文字は小文字のｓで表す。

問６　自然の力で再生することができ，半永久的に使用できるエネルギーを再生可能エネルギーという。その例として，太陽光や風力，地熱などが挙げられる。問題点として，太陽光や風力は天候や季節によって発電量が変動して不安定なこと，地熱は国立公園の敷地内にあることが多いため発電所の建設場所に制限が多いこと，全般《ぜんぱん》的に発電コストが高く，効率が悪いことなどを書くとよい。

問７　モーダルシフトとは，排気ガスなど環境への影響が大きい自動車の輸送を減らし，鉄道や船などによる輸送を利用することをいう(…カ)。また，パークアンドライドとは，自宅から近くの駅などまで自家用車で行ったあと，そこから都心部や中心市街までは公共交通機関を利用して移動することをいう(…イ)。なお，アは環境アセスメント，ウはエネルギー革命，エはインフレーション，オはナショナルトラスト運動の説明である。

３　原始時代から現代の歴史についての問題

問１　**あ**　663年の白村江《はくそんこう》の戦いは，日本が，唐と新羅《しらぎ》の連合軍に敗れた戦いである(ウ…○)。**い**　1945年８月14日，日本はポツダム宣言を受諾《じゅだく》し，アジア・太平洋戦争が終結した(イ…○)。なお，アのサンフランシスコ平和条約は1951年，ウのポーツマス条約は1905年，エのマルタ宣言は1989年の出来事である。

問２　Ⅰ　「伝教大師」とも呼ばれ，天台宗を開いたのは最澄であり，平安時代初期の人物である(…Ｅ)。　Ⅱ　江戸時代の19世紀前半，全国を測量して「大日本沿海輿地《よち》全図」の作成に関わった人物は伊能忠敬である(…Ｉ)。　Ⅲ　江戸時代の18世紀前半，享保の改革で目安箱の設置や公事方御定書の制定などを行ったのは第８代将軍の徳川吉宗である(…Ｉ)。　Ⅳ　明治時代の1894年，日英通商航海条約を締結《ていけつ》して治外法権(領事裁判権)の撤廃《てっぱい》に成功したのは陸奥宗光である(…Ｊ)。　Ⅴ　鎌倉時代前半の1221年，後鳥羽上皇によって承久の乱が起こると源頼朝の妻の北条政子が演説を行い，御家人の結束を訴えた(…Ｆ)。

問３　57年，倭《わ》の奴国《なこく》王が後漢(中国)の光武帝《こうぶてい》から金印を授《さず》けられたが，このことは，『後漢書』東夷《とうい》伝に記されている(イ…○)。なお，『漢書』地理志は紀元前１世紀につくられた歴史書で，日本に百余りの国があることが記されている(ア…×)。『魏史』倭人伝は，邪馬台国や女王卑弥呼について記されている３世紀の歴史書である(ウ…×)。『宋書』倭国伝は，５世紀の倭の五王について記されているものである(エ…×)。

問４　894年，菅原道真の提案により遣唐《けんとう》使が廃止されると，かな文字で書かれた文学作品など，日本独自の文化が発達した。この文化を国風文化という(イ…○)。なお，中大兄《なかのおおえの》皇子による政治改革は飛鳥時代中期の646年から(ア…×)，戦国大名による分国法(家法)の制定は16世紀半ばから後半(ウ…×)，運慶らによって東大寺南大門金剛《こんごう》力士像が彫《ほ》られたのは鎌倉時代のことである(エ…×)。

問５　資料１より，輸出品は生糸や茶，食料品が中心だが，輸出額は1865年から1867年にかけて減少している(ａ…誤)。資料２より，米や生糸，蚕卵紙《さんらんし》の価格が上昇し，江戸・大坂(大阪)で打ちこわしが発生していることから，貿易による品不足で物価が上昇し，人びとの不満の原因になったことが推測できる(ｂ…正)。よってウが選べる。

問６　第一次世界大戦が終結した翌年の1919年，当時日本の植民地だった朝鮮では，日本からの独立を求める運動が行われた。これを三・一独立運動という。

問７　1925年，普通選挙法が制定されて満25歳《さい》以上の全ての男子に選挙権が与えられた。同時に，資本主義を否定する労働運動や，社会主義者の取り締まりを目的とする治安維持法が制定された。

4　税金や歳出についての政治の問題

問１　**１，２**　税負担者と納税者が同じ税を直接税といい(…オ)，異なる税を間接税という(…ア)。なお，直接税は収入に応じて税率や控除などが設定され，納税者の経済的な負担能力によって納税額が決定される。よって国税のうち所得税や法人税，相続税などがこれにあたり，地方税では住民税，固定資産税，自動車税などがあたる。それに対し，能力に関係なく一律に税率が定まっているものが間接税であり，消費税や酒税などがこれにあたる。　**３**　直接国税の１つである所得税は，所得が多いほど税率も高くなる累進《るいしん》課税制度が採用されている(…ク)。　**４**　間接税には，物やサービスにかかる消費税のほか，酒税や関税，揮発油《きはつゆ》税などがある(…ウ)。

問２　2021年度の歳出のうち，全体の３分の１以上を占めるのは社会保障費で(Ａ…ウ)，次いで国《こく》債《さい》費（Ｂ…ア），地方交付税交付金などの地方財政費（Ｃ…イ）と続く。戦前は歳出の半分近くを占めていたが，現在５％前後なのは防衛関係費である（Ｄ…エ）。

5 環境問題や人口，人権などに関する政治・国際的な問題

問１　湿《しめ》った風が山地を超え，乾燥した高温の風となって吹き下りることで，風下側の気温が上がる現象をフェーン現象という。この現象により，風下の日本海側では，夏は40℃前後の危険な暑さとなり，熱中症や農産物の品質の低下などの影響がある（ウ…○）。なお，ペルー沖合など南太平洋の海水温が平年より高くなるとエルニーニョ現象，低くなるとラニーニャ現象といい，世界的な異常気象の原因となる（ア，エ…×）。また，ヒートアイランド現象とは都市部の気温が周辺部よりも高くなる現象を指す（イ…×）。

問２　温暖化以外の地球環境問題として，窒素《ちっそ》酸化物や硫黄《いおう》酸化物による酸性雨やフロンガスによるオゾン層の破壊，放牧や耕作のしすぎによる砂漠《さばく》化，木材の伐採や焼畑による熱帯林の減少などがある。

問３　2023年半ばの推計で，インドの人口は約14億3000万人となり，これまで１位だった中国を上回って最多となったことが発表された。なお，インドは今後も人口が増えると予測されている。

問４　2023年，日本の出生数は約76万人なのに対し死亡者数は約160万人と人口減少に歯止めがかからないなか，政府は同年６月に「異次元の少子化対策」として「こども未来戦略方針」を閣議決定した。この時の内閣総理大臣は，2021年10月に就任した岸田文雄《ふみお》である。

問５　日本と比較《ひかく》して，スウェーデンの子育てをめぐる環境が高評価を得られている理由を，資料からわかることを元に記述する。資料１より，日本では30歳代の働いている女性の割合が下がる一方，スウェーデンでは下がることなく高い割合であること，資料２と３より，スウェーデンでは妻も夫も同じように育児を行うと答えた割合や，男性の育休取得率が日本と比較して高いことについて述べるとよい。

問６　新型コロナウイルスへの対応など，健康を保ち，感染症への対応などを行っている国連の機関は世界保健機関であり，英語の頭《かしら》文字をとってWHOと表す（ウ…○）。なお，UNHCRは国連難民高等弁務官事務所（ア…×），UNICEFは国連児童基金（イ…×），EUはヨーロッパ（欧州）連合である（エ…×）。

問７　全ての人間が生まれながらにもっている，だれもうばうことのできない権利を基本的人権という。なお，日本国憲法の三大原則とは，国民主権・基本的人権の尊重・平和主義である。

問８　日本の国会は，衆議院と参議院の２つの議院で構成されており，これを二院制（両院制）という。二院制がとられている理由として，審議《しんぎ》を慎重に行えることや，国民の意思を政治に反映させやすいこと，片方の院の行き過ぎを防ぐことなどが挙げられる。

問９　2024年７月に，フランスのパリで夏季オリンピック大会が開催される（ア…○）。なお，パリでは1900年と1924年にもオリンピックが開催された。また，ロサンゼルスでは1932年と1984年に開催され，2028年の開催予定地である（イ…×）。ローマは1960年の開催地（ウ…×），北京は2008年と2022年（冬季）の開催地である（エ…×）。

問10　東京は，降水量が夏に多く，冬は少ない太平洋側の気候である（ア…○）。なお，イは降水量が年間を通して安定し，気温も穏やかな西岸海洋性《せいがんかいようせい》気候，ウは一年中気温が高く，降水量も多い熱帯雨林気候である。エは１月や２月の気温が最も高いことから南半球の雨温図である。

問11　森林の土《ど》壌《じょう》は，降った雨をたくわえ，地下水となってからゆっくりと河川などに流出する。洪水や水枯れを起こさないはたらきを持つことから，「緑のダム」といわれる。

理 科　＜１次Ａ試験＞（40分）＜満点：75点＞

解 答

1　**問１**　ウ　**問２**　ア　**問３**　ウ　**問４**　ウ　**問５**　イ　**問６**　ウ　**2**　**問１**　エ　**問２**　エ　**問３**　（例）　夏にレールが温められてぼう張したときに，レールが曲がってしまうのを防ぐため。　**問４**　**とける金属**…アルミニウム　**発生する気体**…水素　**問５**　**アルミニウム**…$2.7\,g/cm^3$　**鉄**…$7.9\,g/cm^3$　**3**　**問１**　バイオテクノロジー　**問２**　エ　**問３**　ウ　**問４**　は虫　**問５**　（例）　⑤　歯がある　⑥　つめがある　⑦　骨がある　**問６**　オ　**問７**　エ　**問８**　進化　**4**　**問１**　ウ　**問２**　イ　**問３**　クレーター　**問４**　①　東　②　南　③　西　**問５**　**満月**…キ　**下げんの月**…ア　**三日月**…エ　**問６**　ウ　**問７**　上げんの月　**問８**　（例）　月の自転と公転の周期が同じだから。

解 説

1　**ふりこについての問題**

問１　ふりこが１往復するのにかかる時間(周期)は，ふりこの長さによって決まり，ふれはばやおもりの重さによって変わることはない。よって，図１と同じ周期となるふりこは，糸の長さが同じ１ｍのウのふりこである。

問２　ふりこが１往復するのにかかる時間は，ふりこの長さが長いほど長くなる。図２では，くぎの右側では糸の長さが１ｍのふりこ，くぎの左側では糸の長さが0.5ｍのふりことしてふれるので，周期は図１のふりこより短くなる。

問３　ふりこのおもりは糸の長さやふれはばに関係なく，ふりはじめと同じ高さまであがる。よって，くぎを通り過ぎたあとの最高点もＡと同じ高さになる。

問４　ふりこの周期は，ふりこの長さによって決まるので，図３のようにふれはばを小さくしても，周期は図１のふりこと変わらない。

問５　ふりこの最下点での速さは，ふりはじめの高さが高いほど速くなる。図１と図３を比べると，図３の方がふれはばが小さく，ふりはじめの高さが低いので，図３のふりこの方が，最下点，つまり，天じょうから最もはなれた地点を通過する速さがおそくなる。

問６　物体にはたらく重力(天体が物体を引く力)の大きさは，その天体の重さが重くなるほど大きくなる。そのため，月面では，月がふりこを引く力が地球上で地球がふりこを引く力より小さくなり，ふりこの周期が長くなると考えられる。

2　**金属の性質についての問題**

問１　金属には，みがくと特有の光たくがある，たたくとうすく広がり，引っ張るとのびる，電気や熱をよく伝えるという性質がある。なお，常温で液体の金属として水銀があり，一部の金属を除き，金属のふっ点，ゆう点は非常に高い。

問２　①　鉄の方がアルミニウムよりもぼう張率が低いので，鉄の方が印の動きは小さくなる。

②　同じように冷やしても，鉄の球はアルミニウムの球ほど小さくならない。そのため，鉄の球は金属製の輪を通りぬけることができないと考えられる。

問３　鉄道のレールは鉄でできているので，夏の暑い日には温度が上がってぼう張し，レールどうしが接触《せっしょく》して曲がってしまうことがある。それを防ぐために，レールとレールのつぎ目に十分なすき間をつくるなどの工夫をしている。

問４　アルミニウムは水酸化ナトリウム水よう液にとけて水素を発生させる。いっぽう，鉄は水酸化ナトリウム水よう液とは反応しない。

問５　密度は，(重さ)÷(体積)で求められる。よって，アルミニウムの密度は，100÷37.0＝2.70…より，$2.7\,\mathrm{g/cm^3}$，鉄の密度は，100÷12.7＝7.87…より，$7.9\,\mathrm{g/cm^3}$と求められる。

3　科学技術と生物の進化についての問題

問１　下線部Ａのような技術をバイオテクノロジーといい，生物をあらわす「バイオ」と技術をあらわす「テクノロジー」を合わせた言葉である。

問２　バイオテクノロジーを用いたものとしては，トウモロコシなどの農作物の品種改良，遺伝子を組み替《か》えて作られる青いバラ，糖尿《とうにょう》病の治療《ちりょう》薬などの製造，生物資源を原料とした燃料(バイオマスエタノール)の製造などがある。なお，リチウムイオンバッテリーは充電することでくり返し使用できる電池で，バイオテクノロジーではなく化学反応が利用されている。

問３　親から子へ形質(形や性質)を伝える設計図の役割をもつ物質をDNAといい，DNAの中にある遺伝情報を伝える部分を遺伝子という。

問４　恐竜《きょうりゅう》は，背骨をもち，陸上に殻《から》のある卵を産むトカゲやワニと同じ，は虫類のなかまに分類されている。

問５　始祖鳥は，最も古い鳥類の一種で，は虫類と鳥類の両方の特ちょうをもっている。図の⑤～⑦は現在の鳥類と異なる部分で，⑤のくちばしにはするどい歯が生えており，⑥のつばさにはつめのある指をもち，⑦の長い尾《お》には先まで骨がある。

問６　アフリカ中央にあるチャド共和国で，700万年前の地層から，大昔の人類のものとされる頭がい骨やあごの骨，歯などが発見された。このことから，人類の祖先はアフリカで誕生したと考えられている。

問７　およそ400万年前の猿人《えんじん》(人類の祖先)であるアウストラロピテクスの頭がい骨は，エのように口やあごは前にほとんどつき出さず，頭がい骨の真下に位置している。アはゴリラなどの類人猿の頭がい骨で，アウストラロピテクスのものよりも犬歯が発達していて，あごがつき出した形になっている。ウは現在のヒトの頭がい骨で，アウストラロピテクスよりも脳の大きさが非常に大きくなっている。なお，イはウマなどの草食動物，オは肉食恐竜の頭がい骨である。

問８　長い時間をかけて，生物が生息する環境《かんきょう》により適したすがた・かたちに変わっていくことを進化という。

4　月についての問題

問１　月の直径は地球の直径の約$\frac{1}{4}$倍で，重力は地球の約$\frac{1}{6}$倍である。

問２　月は自分で光を出さず，太陽の光を反射して光っている。そのため，月・地球・太陽の位置関係が変わると，満ちたり欠けたりする。

問３　月などの天体の表面に見られる大小の円形のくぼみをクレーターという。クレーターは，過去にいん石が衝突《しょうとつ》してできたものである。

問４　地球が西から東に向かって自転しているため，北半球では，月は東からのぼり，南の空高くを通り，西の地平線にしずむ。

問５　**満月**…地球から見て月の太陽に照らされている面全体が見えるキの位置に月があるとき，満月が見られる。　**下げんの月**…下げんの月は，南中したときに左半分が光っている半月で，月がアの位置にあるときに見られる。　**三日月**…三日月は，月がウの位置にあるときの新月から３日目の月で，南中したときに右側がわずかに光って見える。太陽の少し左（東）にあり，太陽を追いかけるようにしずんでいく月で，エの位置にあるときに見られる。

問６　日食は，ウの位置に月がきて，太陽―月―地球がこの順で一直線に並ぶとき，太陽の一部，あるいは全部が月にかくされる現象である。

問７　夕方に南中する月は，太陽が西にあるときに南にある月だから，南中したときに右半分が光って見える月である。そのような月は上げんの月とよばれる。

問８　月は自転しながら，地球のまわりを公転していて，月の自転周期と公転周期，自転の向きと公転の向きは同じになっている。そのため，地球からは常に月の同じ面が見えることになる。

国語　＜２次試験＞（50分）＜満点：100点＞

解答

一　１～４　下記を参照のこと。　５　じきでん　６　げどく　７　し（いる）　８　お（す）　二　１　Ａ　実　Ｂ　身　２　Ａ　真　Ｂ　間　３　Ａ　音　Ｂ　根　４　Ａ　非　Ｂ　火　三　１　食べられる　２　○　３　ふるって　４　めし上がって　四　問１　Ⅰ　オ　Ⅱ　カ　Ⅲ　イ　Ⅳ　エ　問２　a　地方の言語　b　国家の言葉　問３　c　公的　d　純粋な形　問４　Ａ　十（五）　Ｂ　一　問５　厳しい差別に直面した（こと。）　問６　（例）　日本語が消滅する可能性があるということ。　問７　社会的によ／ビジネスで　問８　自然環境が　問９　エ　五　問１　Ⅰ　エ　Ⅱ　ア　Ⅲ　キ　Ⅳ　イ　問２　a　問３　ウ　問４　エ　問５　起伏／冷気　問６　Ａ　ア　Ｂ　ウ　問７　エ　問８　ごく当たり前に生きている私　問９　まずな，祠～するんだ。　問10　ア　問11　イ　六　問１　ウ　問２　(1)　ア，ウ　(2)　人間活動の影響　問３　ウ　七　（例）　わたしは，新型コロナウィルス感染症が拡大したときに，家族の大切さを学んだと思っています。それまでは，家族といっしょにいる時間が少なかったですが，自宅で過ごす時間が増え，それまでは気づかなかった家族の一面に気づくことができたからです。家から出られないことはもう嫌ですが，貴重な体験をしました。

●漢字の書き取り

一　１　見聞　２　気性　３　穀倉　４　練（る）

解説

一　漢字の書き取りと読み

１　見たり聞いたりしたことによって得た知識や経験。　２　生まれつきの気質。　３　「穀倉地帯」は，穀物がたくさんとれる地域。　**4**　音読みは「レン」で，「練習」などの熟語がある。　**5**　秘伝などを先生が弟子に直接教えて授《さず》けること。　**6**　体内に入った毒の作用をなくすこと。　**7**　音読みは「キョウ」「ゴウ」で，「強力」「強引」などの熟語がある。ほかの訓読みには「つよ(い)」がある。　**8**　音読みは「スイ」で，「推進」などの熟語がある。

二　ことばの知識

1　**A**「実を結ぶ」は，良い結果になること。　**B**「相手の身になる」は，相手の立場になること。　**2**　**A**「真に受ける」は，本当だと思うこと。　**B**「間がぬける」は，大切なことがぬけ落ちていること。　**3**　**A**「音をあげる」は，弱音をはくこと。　**B**「根はやさしい」の「根」は，生まれつきの性質。　**4**　**A**「非の打ちどころがない」は，欠点として非難するところが全くないこと。　**B**「火を見るより明らか」は，はっきりしていて疑いようのないこと。

三　ことばの用法

1「食べる」に，「〜できる」という可能の意味を表す言葉をつける場合は，「れる」ではなく，「られる」をつけるのが正しい。　**2**「気の置けない」は，相手に遠りょや気配りをしなくてよいことなので，「いっしょにいるとくつろげる」関係の仲間に用いるのは正しい。　**3**「うでが鳴る」は，力を発揮したくてじっとしていられないでいること。ここでは，母が「私」に料理を作るという日常のことについて書かれているので，力を十分に発揮する，という意味の「うでをふるう」とするのが合う。　**4**　相手に対してスープをすすめているので，謙譲語《けんじょうご》の「いただく」ではなく，尊敬語の「めし上がる」を用いて「めし上がって」とするのがよい。

四　出典：仲島《なかじま》ひとみ，渡部泰明《わたなべやすあき》，平野多恵《ひらのたえ》，出口智之《でぐちともゆき》，田中洋美《たなかひろみ》『国語をめぐる冒険《ぼうけん》』。消滅《しょうめつ》の危機にある言語について，世界共通語といえる英語についてもふれながら，様々な論点で述べられている。

問１　Ⅰ「言語が消滅の危機にさらされる事情」について，戦争などで「話者」が滅《ほろ》んでしまう場合や植民地として「宗主国《そうしゅこく》の言語を強制され」て「自分たちの言語を禁じられて」しまう場合などがあると述べられている。よって，同類のことがらを並べ立て，いろいろな場合があることを表す「あるいは」が入る。　Ⅱ「社会的により高い地位をもつ言語を話せた方がその人の成功につながりやすい」から，若い世代の人たちが「より威信《いしん》の高い言語に乗り換《か》え」る，と述べられているので，前のことがらを理由として，後のことがらが起こるときに用いる「そのため」が合う。
Ⅲ　英語圏《えいごけん》に生まれていないので英語を「一生懸命《いっしょうけんめい》勉強しなくてはいけない」のは「不公平だ」と思う人もいるかもしれないが，「現実は現実」だと続いているので，前のことがらを受けて，それに反する内容を述べるときに用いる「しかし」が入る。　Ⅳ「自分の考えや感覚にぴったりくる言葉」を親しい人と分かち合おうとするとき，共通の言葉よりも「ほかの人にはわからない言葉で通じ合おうとする」という文脈になるので，二つのことを並べて，前のことがらより後のことがらを選ぶ気持ちを表す「むしろ」が合う。

問２　**a**「方言」はその地方だけで使われる言葉のこと。日本では明治以来，方言を話す人が厳しい差別に直面したので，方言が受けつがれなくなったと述べられている。これらをふまえてまとめた次の段落の最後に「地方の言語」とある。　**b**　ここでは，その国の公用語のこと。直前の一文に「国家の言葉」とあるのが同意である。

問３　ｃ「プライベート」は個人的という意味なので，同じ文にある「公的」が反対の意味。　ｄ「バリエーション」は，元の形からの変化という意味。反対の意味で使われている言葉は，直後の文にある「純粋《じゅんすい》な形」である。

問４　Ａ「十指に入る」は，上位から数えて十番目以内に入るくらい優《すぐ》れていること。より際立《きわだ》っていることを表す「五指に入る」という表現もある。　Ｂ「一理ある」は，一応は道理にかなっているということ。

問５　続く部分で，「言語が消滅の危機にさらされる」理由が述べられている。二つ後の段落で，日本では方言が「恥《は》ずかしいもの」だという意識をうえつけられ，「アイヌや沖縄の人々」については，就職などで「厳しい差別に直面した」ため，自分の言葉を隠《かく》して標準語を話さなければならないとする圧力を感じたことが説明されているので，これが原因だといえる。

問６　「安泰《あんたい》」は心配がなく安心なこと。次の段落の内容に注目する。世界でわたりあえるように英語を勉強し，使えるようにしなければならないので，「日本語が使われる機会は減って」きている。だから，英語との関係で見てみると，日本語も消滅する可能性があることになる。

問７　英語が「事実上の世界共通語」であることが説明された前の段落で，最初から二文目に，「ビジネスでも政治でも学問でも，英語が使えなければ世界の人とわたりあっていけない」という，英語の重要性が書かれている。また，空らんⅡの直前の，「社会的により高い地位をもつ言語を話せた方がその人の成功につながりやすいのは確かです」も，英語だけ使えればいいという理由になる。

問８　次の段落で，英語は話す人や場所に影響《えいきょう》を受けて変化し，今では「一つの言語と言い切れないほど」の種類があると述べられている。そして次の段落で，それは「無理のないこと」であり，「自然環境《かんきょう》が違《ちが》い，社会のしくみが違い，文化や慣習が違う人たちは，違う言語を必要とする」という理由が示されている。

問９　前の段落で，言語には「バリエーション」が生まれるのが自然だと述べられているので，「今ある言葉を全部やめて英語に統一」するというのは，道理に合わない意味のない意見だといえる。

五　**出典：朱川湊人《しゅかわみなと》『いっぺんさん』**。「私」は，友だちのしーちゃんと共に，一度だけならどんな願いでも叶《かな》えてくれる神様「いっぺんさん」が祀《まつ》られているところを自転車で目指す。

問１　Ⅰ　子ども二人だけで，正確な場所も知らない遠い所まで自転車で行くというのは，大人になった今の「私」からすると，「無茶な」話だったといえる。　Ⅱ　しーちゃんに「いっぺんさん」の場所を聞かれたが，「私」は行ったことがないので「あやふやな」答えしかできなかったのである。　Ⅲ　直後に「呑気《のんき》にさせた」とあることに注目すると，「私たち」が，先のことを深く考えずに「ただ勢いだけ」の気楽な気持ちでいたことが読み取れるので，「楽天的な」が合う。　Ⅳ　よく考えないで変な方向に進んだら，「そのまま遭難《そうなん》してしまいそうだった」という文脈になると考えられるので，「うかつな」がふさわしい。

問２　「あなたが無事でさえいてくれれば」と，ａの「自転車さえあれば」の「さえ」は，直前のことばを強調する意味で使われている。なお，ｂの「さえ」は，例を一つあげることでそのほかの場合を考えさせる意味，ｃの「さえ」は，付け加える意味を表している。

問３　「目をしばたたく」は，しきりにまばたきをすること。直後に，しーちゃんが「感激屋」だとあり，「私」に感謝していることに着目する。遠くても，願い事が叶うならいいという「私」のやさしい言葉をうれしく思っているのである。

問４　通ったのは「苦行」ともいうべき山の中の道で，大人になった今は「同じ道を自転車で走ろうとは絶対に思わない」というのだから，考えが深くない子どもだからこそできたのだといえる。

問５　直後に，町の中とは「寒さ」が違っていて，「冷気」が肌《はだ》を刺《さ》したという描写《びょうしゃ》がある。また，ぼう線２をふくむ段落で，山の中の道が「起伏《きふく》」に富んでいたので，「苦行とも呼べるような道のりだった」とある。

問６　**Ａ**「言葉を濁《にご》す」は，はっきり言わずにあいまいにごまかすこと。　**Ｂ**「興ざめな気分」は，楽しさや興味がうすれる気持ち。

問７　直後のしーちゃんの言葉に注目する。「私」をうらやんだしーちゃんは，「白バイのお巡《まわ》りさんになれますように」に加えて，もう一つお願いがあると言い，しかもそれは「早く大人になりたい」という，母や弟を父の暴力から守りたいという切実な気持ちから生じたものだった。だから，自分の願いを持たずに生きていられる「私」がうらやましく，それによって自分を悲しくさせたと考えられる。

問８　波線ｂの後にえがかれていたしーちゃんの弁当は，夜遅《おそ》くまで働いている母親を起こすのが悪いという理由から自分で作った簡素なもので，その生活が決して楽ではないということが象徴《しょうちょう》されていた。それに対して，当然のように母に作ってもらった「私」の弁当は，直前の一文にあるように，「ごく当たり前に生きている私」を象徴している。

問９　老人は，ただ手を打ってお願いするだけではだめだと言い，「祠《ほこら》」に着いてから何をするのか細かく説明し始めた。そして，「祠のそば」から見つかった「白くてきれいな石」を持ち帰ってから，毎日「その石が神様だと思って，自分の望みをお願いするんだ」と，家でやるべきことも教えている。

問10　直前に「むしろ」とあることをふまえて考える。「私」は，願いが叶えられるまでに「手間がかかる」ので興味がうすれたが，しーちゃんは「私とは違って」，「手間がかかる」からこそ信じられると感じていたのである。

問11　これまでみてきたように，「私」は子どもの頃《ころ》の自転車での旅を回想し，家庭環境にめぐまれていなかった友人のしーちゃんのようすもふり返っているので，イがふさわしい。

六　会話文の読み取り

問１　直後の先生の会話文から読み取る。地層や化石を調べることも重要だが，「長い地球の歴史を議論する」ための「共通の言語が必要」なので，「地質に残る特徴《とくちょう》に応じて区分」したのである。

問２　⑴　直前の先生の会話文から，アの「地殻変動《ちかくへんどう》」やウの「生物の絶滅」は，これまでの地層や化石からわかるものだといえる。なお，ぼう線２より後の先生の会話文から，「プルトニウムなどの核《かく》実験による放射性物質」，「化石燃料を燃やすことで生じるブラックカーボン」，「マイクロプラスチック」の検出が，「人新世」の提案の根拠《こんきょ》になる「人類の痕跡《こんせき》」としてあげられている。

⑵　最後の先生の会話文に注目する。これまでは「環境や生物相の変化」で「地質年代」を区分してきたが，「人新世」は「人間活動の影響」を根拠に区分しようという考え方なので，まだ認めるかどうか意見が分かれているのである。

問３　最初の部分の先生と生徒Ｂの会話文で，現在は「新世代・第四紀・完新世・メガラヤン期」

であり，「人新世」に変わる可能性がある「世」の区分は「完新世」であることがわかる。

七　作文

新型コロナウィルス感染症《かんせんしょう》が拡大した時期のことをふり返り，どのような経験をしたかや，どのようなことを考えたか，どのような変化があったか，などを思い出して，具体的に書くとよい。その中からテーマを一つに決め，自分の思いを制限字数内で簡潔に書く。主語と述語はきちんと対応しているか，誤字・脱字《だつじ》はないか，文脈にねじれはないかといったことにも気をつける。

2024 年度

横須賀学院中学校

【算　数】〈1次B試験〉(50分)〈満点：100点〉

《注　意》○単位は解答用紙に記入されているものを使うこと。
○3以降は途中式等も書くこと。
○円周率は3.14として計算すること。

1 次の計算をしなさい。

(1) $81 - 8.18$

(2) $16 \div 3 + 1$

(3) $2024 \div (8 \times 6 - 4)$

(4) $\left(1.6 + \frac{1}{6}\right) \times 30$

(5) $4.44 \times 4.4 + 2.22 \times 6.6 + 1.11 \times 9.2$

(6) $123 \div \left\{\left(1 - \frac{7}{16}\right) \div \left(1 - \frac{1}{4}\right)\right\}$

(7) $\left\{\left(1.2 + 3\frac{4}{5}\right) \times 6.78\right\} \div 9$

(8) $30 \times \left(\frac{1}{2 \times 3} - \frac{1}{3 \times 4} + \frac{1}{4 \times 5} - \frac{1}{5 \times 2}\right)$

2 次の □ にあてはまる数を答えなさい。

（１） 12 ÷ 3 + (□ − 4) × 5 = 6

（２） 2けたの整数の中で，8でわって3あまる数は □ 個あります。

（３） Aさん，Bさん，Cさんの3人が算数のテストを受けたところ，AさんとBさんの点数の合計が153点，BさんとCさんの点数の合計が168点，CさんとAさんの点数の合計が □ 点のとき，3人の点数の合計は236点です。

（４） 2kmの道のりを，はじめに分速80mで □ mを歩き，残りの道のりを分速180mで走ったところ，20分かかりました。

（５） 7.5％の食塩水100gと12％の食塩水 □ gをまぜると，10％の食塩水ができます。

（６） 縮尺 $\frac{1}{12500}$ の地図上で，たて1cm，横0.6cmの長方形の土地の実際の面積は □ m^2 です。

（７） 右の図の四角形ABCDが正方形であるとき，色のついた角の大きさは □ °です。

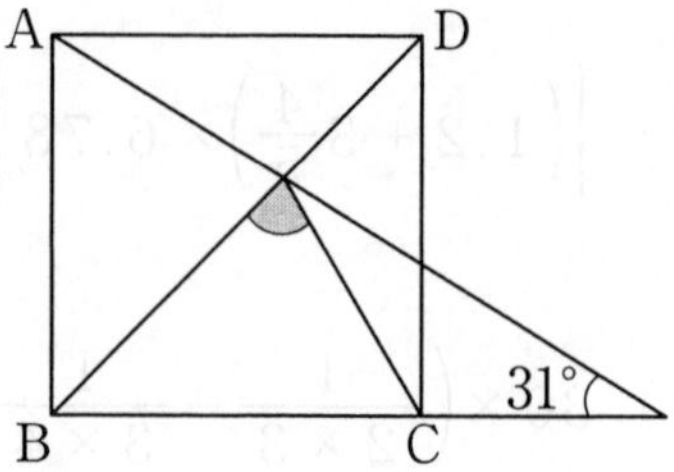

3 あるおかし屋さんでは，1袋《ふくろ》に5枚入りのクッキーと8枚入りのクッキーを売っています。次の問いに答えなさい。

(1) 1丁目の町内会の子どもたちは67人います。1人に1枚ずつクッキーを配るとき，クッキーが余らないように買うためには，5枚入りのクッキーと8枚入りのクッキーをそれぞれ何袋買えばよいですか。

(2) 2丁目の町内会の子どもたちにも1枚ずつ配ろうとしたら，5枚入りのクッキーと8枚入りのクッキーをそれぞれ何袋買ってもクッキーが余ってしまうことが分かりました。2丁目の子どもたちはもっとも多くて何人いると考えられますか。

4 [1]，[2]という2種類のカードが5枚ずつあり，これらのカードのうちの何枚かを並べて，カードに書かれた数字の合計を考えます。例えば，合計が3になるのは，

① [1][1][1]　② [1][2]　③ [2][1]

の3通りの並べ方が考えられます。次の問いに答えなさい。

(1) 合計が5になる並べ方は，何通りありますか。

(2) 合計が8になる並べ方は，何通りありますか。

5 みのるさんはいつも朝8時に家を出て分速60mで歩いて学校へ向かいます。ある日，歩き始めて9分たったところでお弁当を忘れたことに気がついて，分速80mで引き返しました。一方，お弁当を忘れたことに気がついたお母さんは，分速200mで自転車で追いかけたところ，引き返してきたみのるさんと出会ってお弁当を渡しました。お弁当を受け取ったみのるさんは，そのまま分速80mで学校に向かったところ，いつもと同じ時刻に学校に着くことができました。お母さんが家を出てから戻るまでに5分かかっているとき，次の問いに答えなさい。ただし，お母さんの自転車の速度は一定とします。

(1) みのるさんがお母さんと出会ったのは，家から何mのところですか。

(2) 家から学校までの道のりは何mですか。

6 次の問いに答えなさい。

（１）下の図は半径が６cm の円の周上に６等分した点をとったものです。
色のついた部分の面積を求めなさい。

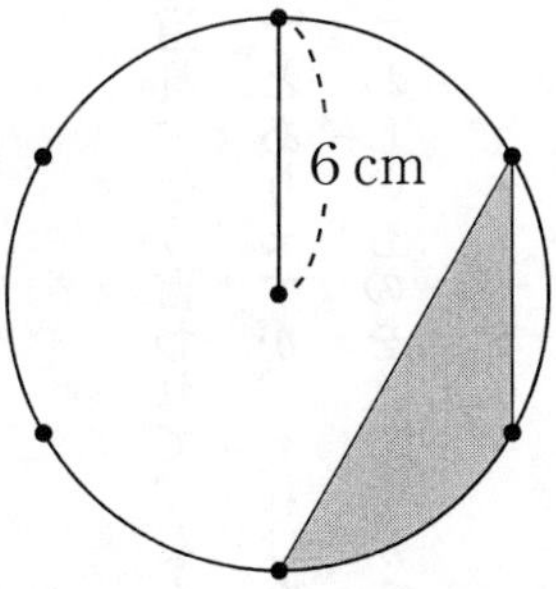

（２）下の図は直角三角形ＡＢＣと正方形を組み合わせたもので，正方形の各頂点は直角三角形ＡＢＣの周上にあります。正方形の１辺の長さが20cm，辺ＡＢと辺ＢＣの長さの和が81cm であるとき，色のついた部分の面積の合計を求めなさい。

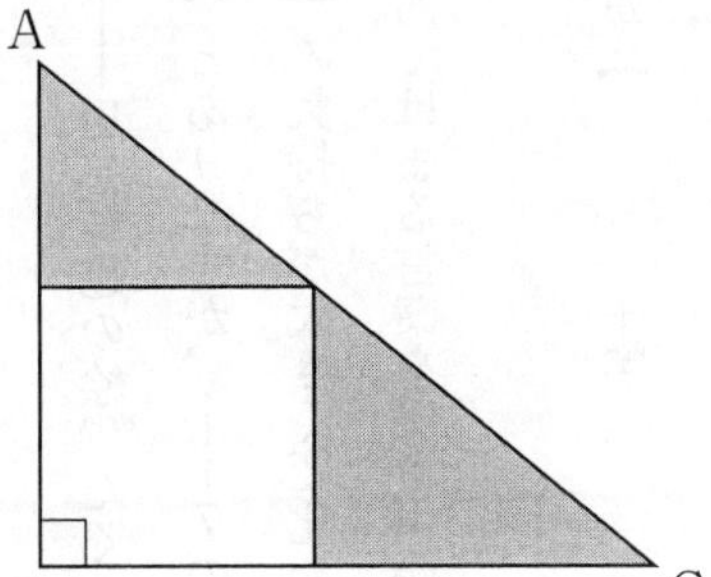

問十二　――12「たしかに本にもこんなのが載っていたけど、私はてっきり撮影用のプロが使うものだと思っていた」とありますが、「たしかに」は次のア～ケのどこにかかりますか。最もふさわしいものを選び、記号で答えなさい。

たしかに　ア本にも　イこんなのが　ウ載っていたけど、　エ私は
オてっきり　カ撮影用の　キプロが　ク使うものだと　ケ思っていた。

問十三　――13「合った道具。そう言われて、なんとなく自分が慰められた気がした」とありますが、それはなぜですか。その理由として最もふさわしいものを次の中から選び、記号で答えなさい。

ア、道具にも向き不向きがあり、ある場面ではダメなものが別の場面では優秀なこともあるという輝也の話を聞き、自分のことと重ねて安心したから。

イ、自分は今まで家事全般《ぜんぱん》について不器用だと思っていたが、料理も掃除《そうじ》も洗濯も道具しだいで上手にこなせるという自信を得ることができたから。

ウ、調理器具や料理のコツについてやさしく教えてくれた輝也のことを心から頼《たの》もしく思い、輝也と結婚したことの幸せを改めてかみしめているから。

エ、卵焼きがうまくできなかった原因は道具にあったことが判明し、道具の使いわけさえ習得すれば料理でも輝也に負けないと思い、満足したから。

問十四　――14「輝也の絵、たくさんの人に見てもらえるといいね」とありますが、――7のときと比べて、このように「朝美」の気持ちが大きく変化したのはなぜですか、次の空らんにあてはまる言葉を文章中から十字でぬき出しなさい。

輝也が【　　十字　　】から。

六

近年は、手紙を書くことが減ったといわれています。メールやスマートフォンアプリでのメッセージのやりとりが普及《ふきゅう》する中、紙とペンを使って手紙を書くという文化は今後も必要だと思いますか。百五十字以内であなたの意見を述《の》べなさい（句読点や記号も一字と数えること）。

り、自分の大嫌いな家事と自信のない育児を今度はきっと自分に押《お》しつけてくるだろうと不安になったから。

イ、今までは自分が家計を支えているという自負があったが、輝也がデイトレードで利益を上げ、さらに絵が売れるようになれば、輝也や拓海にとって自分がこの家にいる意味がなくなってしまうのではないかとこわくなったから。

ウ、自分は子どものころから一生懸命勉強して、今も会社で一生懸命仕事をして、ずっと優秀だと言われ続けてきたのに、輝也が画家として優秀であるということが認められたならば、自分の優秀さがかすんでしまうから。

エ、今までは自分が働いて家計を支えることで、売れない画家である輝也の心を引きとめておくことができていたのに、輝也の絵が売れ始めたら彼は調子に乗ってしまい、自分から心が離れてしまうのではないかと思ったから。

問八　――8「ボロボロの卵の群れが、突然報われてほほえんでいるように見える」とありますが、「朝美」にとって「ボロボロの卵の群れ」と見えていたものが、「拓海」にはどのように見えていましたか。文章中から五字以上十字以内でぬき出しなさい。

問九　――9「ダメなの！　卵焼きじゃなきゃ。去年、幼稚園でもらった拓海のバースデーカードに、好きな食べものは卵焼きって書いてあったでしょ。卵焼きがないと絶対がっかりするよ」とありますが、このような思いから卵焼きづくりにはげむ「朝美」の性格を「輝也」はどのようにとらえていますか。文章中から六字でぬき出しなさい。

問十　――10「輝也がピシャリと私を制した」とありますが、「輝也」が「朝美」を制したのはなぜですか。次の空らんにあてはまる言葉を文章中から十字以内でぬき出しなさい。

朝美が自分のことを【　十字以内　】と言ったから。

問十一　――11「身をすくめる」の言葉の意味として最もふさわしいものを次の中から選び、記号で答えなさい。

ア、体の力をゆるめる

イ、緊張《きんちょう》で体が動かなくなる

ウ、恐怖心《きょうふしん》から体を後ろに引く

エ、しみじみと心に感じる

問四 ――4「その言葉に私はがっくりと脱力し、無言で新しい卵をボウルに割る」から読み取ることができる「朝美」の気持ちとして最もふさわしいものを、次の中から選び、記号で答えなさい。

ア、思うように卵焼きが焼けず、がっかりしている横で、こちらの気も知らずに陽気に遊んでいる拓海を見ていらだっている。

イ、自分の作った失敗作の卵焼きを見た拓海に、それを卵焼きだとわかってもらえず、落ち込み泣きたい気持ちになっている。

ウ、崩れた卵焼きを見て「うわー!」と声を上げた拓海の失礼な言動に腹が立ち、こみあげる怒《いか》りを必死にこらえている。

エ、自分の崩れた卵焼きを見て、何だかわからなかった拓海を見返してやろうと無言のうちに集中力を高めようとしている。

問五 ――5「シャカシャカ、シャカシャカ」のような表現技法を何といいますか。三字で答えなさい(ひらがなが混じってもかまいません)。

問六 ――6「なんで、なんで。なんで卵焼きくらい満足に作れないのだろう」とありますが、このときの「朝美」の気持ちとして**ふさわしくないもの**を次の中から選び、記号で答えなさい。

ア、卵焼き一つ満足に作れないでいるダメな自分の姿を夫の輝也に知られたくないという気持ち。

イ、苦手な家事と自信のない育児を輝也に一切まかせて仕事に逃げてきた自分に対する情けなさ。

ウ、みんながなんでもなくできることができないという劣等感から仕事に逃げてきた後ろめたさ。

エ、仕事なら何でもできる自信があるのに料理だけはどうしても輝也に勝てないというくやしさ。

問七 ――7「どうしよう、輝也の絵が売れるようになったら。どうしよう、家にいてくれなくなったら。絵なんか売れないで。誰にも認められないで」とありますが、このとき「朝美」はなぜこのように思ったのですか。その理由として最もふさわしいものを次の中から選び、記号で答えなさい。

ア、輝也の絵が世間で認められ、売れるようになったとしたら、輝也は展覧会や仕事などで家を離《はな》れることが多くな

気がつくとキッチンに拓海が入り込んでいて、「これ食べていい？」と問いかけてきた。私の腰《こし》のあたりで、さらさらしたまるい頭のキューティクル*7が光る。できそこないの卵焼きを指さしている。その小さな手は、菜の花にとまったモンシロチョウみたいだった。

(青山美智子『木曜日にはココアを』より
ただし一部改変があります)

*1 レシピ…料理や菓子《かし》の作り方を書いたもの。
*2 コンプレックス…ここでは劣等感《れっとうかん》の意味。
*3 クライアント…仕事の依頼人《いらいにん》、顧客《こきゃく》、おとくいさま。
*4 デイトレード…一日のうちに売買を終えて利益を得ようとする株式売買の方法。
*5 テフロン…フッ素系の合成樹脂《じゅし》。熱に強い。フライパンの面にはりつけると、こげないようにする効果がある。
*6 ボーダー添島さん…同じ幼稚園に通う添島瑠々《るる》ちゃんのママ。ボーダーシャツ(横しま模様のTシャツ)を着ていたことからそう呼んでいる。
*7 キューティクル…三層構造からなる毛髪《もうはつ》の最も外側を構成する物質。

問一 ――1「卵がフライパンにひっついてきれいに巻けない」とありますが、その原因は何だと考えられますか。次の空らんにあてはまる語句を、文章中の表現を用いて、適切な書き言葉に整えて答えなさい。

フライパンが〔　　　　　〕から。

問二 ――2「そんなことを輝也に電話して聞くのも憚られた」とありますが、「そんなこと」とはどのようなことですか、文章中の言葉を用いて十字で答えなさい。

問三 ――3「無邪気」の言葉の意味として最もふさわしいものを次の中から選び、記号で答えなさい。

ア、素直で悪気がないこと。
イ、人の気持ちを考えないこと。
ウ、幼くてかわいらしいこと。
エ、物分かりが悪いこと。

長方形のフライパン。12たしかに本にもこんなのが載《の》っていたけど、私はてっきり撮影《さつえい》用のプロが使うものだと思っていた。

「最初によーく熱して。卵を落としたときにじゅって音がするくらいだよ。調味料は塩ひとつまみでＯＫ。油は少量、直接じゃなくて、キッチンペーパーに含《ふく》ませて引いて。たぶん、ひっくり返すタイミングがちょっと早いんだと思う。待ってるから、ちょっとやってみ」

私はいったんスマホを食器棚《しょっきだな》の端《はし》に置き、輝也の指示をたどった。その四角いフライパンは軽くて扱《あつか》いやすくて、信じられないくらいきれいな卵焼きが生まれた。角にうまく卵を押し当てると、形も整えやすい。百点とはいえないけどそこそこ合格だった。

「な、なんか、できたみたい」

「でしょ」

四角いフライパンは、卵焼きを皿に移してもまだすべすべで、いっさいのこびりつきがない。

「なんて優秀なフライパン。丸いほうだと、ぜんぜんダメだったのに」

「いや、丸いのも優秀なんだよ。深くてどっしりしてて、すごく使いやすいんだ。炒《いた》めものとか麻婆豆腐《マーボーどうふ》作るときなんか、それが一番。ちょっとパスタ茹《ゆ》でたりもできるしね。いくら新しくて小回り利いても、卵焼き器に中華《ちゅうか》なんて任せられない。合った道具があるんだ」

13合った道具。そう言われて、なんとなく自分が慰《なぐさ》められた気がした。奮闘《ふんとう》してくれた大きな丸いフライパンを私はそっと愛《め》でる。輝也と話せてよかった。ありがとうね、と言おうとしたら、先を越《こ》された。

「がんばったね。素敵なお母さんじゃないか、ちっともダメじゃないよ。朝美のそういうまじめで純粋《じゅんすい》なところ、好きだよ」

さっきぽっかり空いてしまった穴が、じわじわと埋《う》まって満たされていく。輝也のその言葉が、私の居場所を作ってくれたように思えた。

私はゆっくりと言った。

14「輝也の絵、たくさんの人に見てもらえるといいね」

ちょっとずつ、家事もできるようにがんばってみるね。そんな言葉も浮《う》かんだけど、今日のところはとりあえず、胸にしまっておくことにした。まずは明日の朝、幼稚園でボーダー*6添島《そえじま》さんに会ったら、私から「おはようございます」と挨拶《あいさつ》しよう。

と、輝也だった。

「お父さんだから、出て」

私は拓海にスマホを渡《わた》す。拓海ははしゃぎながら電話に出た。もしもし、おとーさん！　うん、うん、そうなの、ハンバーグ食べたよ。拓海の声をぼんやり聞きながら動かしていた菜箸が、次の言葉で止まった。

「すごいんだよ。おかあさん、お料理してるの。あのね、菜の花畑みたいなの。すっごくきれいでおいしそう！」

はっと顔を上げる。菜の花畑？　黄緑色の皿を使ったから、拓海にはそんなイメージが湧《わ》いたのかもしれない。8ボロボロの卵の群れが、突然《とつぜん》報われてほほえんでいるように見える。

拓海は「おかあさん、おとうさんが代わってって」とスマホを差し出した。

「朝美？　すごいじゃん、何作ってるの」

輝也のやさしい声に、私はこらえきれず息を漏《も》らした。拓海に聞かれないように奥《おく》の部屋に移り、小さな声でしゃくりあげながら伝える。

「卵焼き……お弁当の。ぜんぜんうまくできないよ。ちゃんと形にならないし、なんかべとべとしてるし」

「明日のために練習してるの？　卵焼きじゃなくてもいいじゃん、炒《い》り卵でもゆで卵でも」

9「ダメなの！　卵焼きじゃなきゃ。去年、幼稚園でもらった拓海のバースデーカードに、好きな食べものは卵焼きって書いてあったでしょ、卵焼きがないと絶対がっかりするよ」

「しないでしょう、がっかりなんて」

「する！　するよ。ちゃんと本のとおりにやっているつもりなのに、なんでぜんぜん違うのができちゃうの？　卵焼きも作れないこんなダメなお母さんじゃ、拓海がかわいそうだよっ」

「朝美」

10輝也がピシャリと私を制した。珍《めずら》しく怒《おこ》ったのかと、私は11身をすくめる。でも輝也は、穏《おだ》やかに言った。

「どのフライパン使ってる？」

「え？　壁《かべ》にかけてあった赤くて丸いの……」

「それ、古くてテフロン*5はがれちゃってるから卵がくっつくでしょ。場所がちょっと違うからわかんなかったと思うけど、卵焼き用の四角いのがあるんだ。買い替《か》えたばっかりだから使いやすいと思う。シンクの下の扉《とびら》開けてみて。青い柄《え》だよ」

言われるままキッチンに戻り、扉を開けたら、あった。小ぶりの、

リビングでテレビを見ていた拓海がやってきて「うわー!」と声をあげ、3無邪気にこう言った。

「これ、なんていうお料理?」

4その言葉に私はがっくりと脱力《だつりょく》し、無言で新しい卵をボウルに割る。

テレビからアニメの主題歌が流れてきた。拓海は歌いながらあやしいダンスを始め、ぴょんと飛び跳《は》ねると「ぶーん」と飛行機になってリビングに戻《もど》った。

菜箸《さいばし》で卵を混ぜる。5シャカシャカ、シャカシャカ。どれくらい混ぜればいい? どれくらい焼けばうまくなる? 視界いっぱいの黄色がだんだんぼやけてきて、自分が泣いているのだと知って驚《おどろ》いた。

6なんで、なんで。なんで卵焼きくらい満足に作れないのだろう。子どものころから一生懸命《いっしょうけんめい》勉強して、大学生になったら一生懸命就職活動して、会社に入ったら一生懸命仕事して、ずっと優秀だ優秀だと言われてきたのに。

仕方ない、私はずっと、逃《に》げてきた。大嫌《きら》いな家事と自信のない育児を輝也に一切まかせて、仕事に逃げてきた。みんながなんでもなくできることができない*2コンプレックスから逃げてきた。

仕事ならどれだけでもやれる。*3クライアントの名前や顔は一度会ったら絶対に忘れないし、どんな大企業《だいきぎょう》の重役と会っても緊張《きんちょう》しないで堂々と意見を言える。みんなをあっと驚かせる企画《きかく》を出すことも、大勢の人の前でプレゼンすることも、部下のミスのフォローも、私は誰《だれ》よりもうまくこなせる自信がある。

だけど、私にはママ友ひとりいない。拓海の同級生のお母さんたちの輪がこわい。幼稚園の先生の名前すら間違《まちが》える。りんごの皮を剝《む》けば食べるところがなくなってしまうし、ゴミは全部燃えるとしか思えないし、洗濯《せんたく》ものを折り紙みたいに形よくたたむなんて難しい芸当、私にはできない。

唯一《ゆいいつ》、家計を支えているという自負がこれまではあった。でもそれももう、私を安心させてはくれない。輝也が*4デイトレードでどれほどの利益を上げているのかは知らないけど、私が収入をなくしたとしてもきっと大丈夫《だいじょうぶ》なのだ。輝也にとって、拓海にとって、私がこの家にいる意味ってなんなんだろう。

7どうしよう、輝也の絵が売れるようになったら。どうしよう、家にいてくれなくなったら。絵なんか売れないで。誰にも認められないで。ずっと私と拓海のそばにいて。

涙《なみだ》がつつっと流れ落ちた瞬間《しゅんかん》、スマホが鳴った。画面表示を見る

ア、叔父さんは、コペル君の考え方が地動説的な立場から天動説的な立場に変わったと考えており、それは他者の視点から自己を中心としたものの見方に変わったことを意味し、とても大切なことであると述べている。

イ、他者を中心に物事を見る生き方は、いつも他人の目を気にしたり、他人の持ち物や境遇《きょうぐう》をうらやましく思ったりすることにつながり、結果として自分の欲望を追求することばかりに意識が向かい、欲望の奴隷となってしまうのである。

ウ、コペル君のように、自分たちの地球が広い宇宙の天体の一つであるというようなコペルニクス的なものの見方がふだんの日常の中にあることに気づき、欲望に振りまわされている自分を見つめ直すことは大切なことである。

エ、対立や争い、貧困や飢餓、内戦などの絶えない世の中を生きぬくためには、赤ん坊のように生きる意欲に満ちていることが重要であり、自分の意志をしっかりと持って、自分が正しいという信念を疑わず前に進むことが重要である。

オ、叔父さんは、コペル君の考え方が天動説的な立場から地動説的な立場に変化したと考えており、それは自分の視点から他者を中心としたものの見方に変わったことを意味し、とても大切なことであると述べている。

五 次の文章を読んで、後の問いに答えなさい。

朝美《あさみ》の夫である輝也《てるや》は家で絵を描《か》きながら主夫をしている。幼稚園《ようちえん》に通う息子、拓海《たくみ》の送迎《そうげい》と弁当づくりもふだんは輝也の仕事だ。ところが、輝也の描く絵が評価されて、京都のギャラリーで開かれる展覧会に出展することになった。輝也はその準備と打ち合わせのために京都に行くことになり、朝美は初めて幼稚園の送迎と弁当づくりをすることになった。

拓海と一緒にファミレスで夕食をすませて帰宅したあと、私はキッチンに立ち、フライパンを片手に特訓に入った。「卵焼きの作り方」は、本でもネットでもたくさん見て頭に入れたはずなのに、どうしてだかうまくいかない。ふっくらせずぺたんこだし、1卵がフライパンにひっついてきれいに巻けない。おまけに、レシピ*1によって卵に入れるのは塩だったり砂糖だったり醤油《しょうゆ》だったり、あるいは片栗粉《かたくりこ》や牛乳と書いてあったりもして、うちの卵焼きはどうなのかわからない。2でもそんなことを輝也に電話して聞くのも憚《はばか》られた。

キッチン台の上に、崩《くず》れまくった卵焼きがどんどん並んでいく。

問八 ――7「タイショウ」と――部が同じ漢字を用いるものを、次の中から一つ選び、記号で答えなさい。

ア、このおもちゃのタイショウ年齢《ねんれい》は五歳《ごさい》以上だ。
イ、ふたごの姉妹はタイショウ的な性格だ。
ウ、タイショウ的な二つの図形。
エ、相手チームにタイショウした。

問九 ――8「わたしたちはここで立ちどまって考えなければならないと思います」とありますが、吉野源三郎がその実現を目指して努力するということも含めて「君たちはどう生きるか」と問いかけたのは、どのようなことですか。文章中から十五字以上二十字以内でぬき出しなさい。

問十 ――9「『君たちはどう生きるか』という本との関わり」とありますが、次の文章Xは、『君たちはどう生きるか』の中で、叔父さんがコペル君にあてて書いたメッセージの一部です。本文と文章Xについて述《の》べたものとして正しいものを**二つ**選び、記号で答えなさい。

【文章X】

コペルニクス（＊十六世紀、ポーランドの天文学者）のように、自分たちの地球が広い宇宙の中の天体の一つとして、その中を動いていると考える（地動説）か、それとも、自分たちの地球が宇宙の中心にどっかりとすわりこんでいると考える（天動説）か、この二つの考え方というものは、実は、天文学ばかりのことではない。世の中とか、人生とかを考えるときにも、やっぱり、ついてまわることだ。

（吉野源三郎『君たちはどう生きるか』より
ただし一部改変があります）

問三　――2「そういう人」とはどういう人ですか。「～をする人」に続くかたちで文章中から十一字でぬき出しなさい。

問四　――3「大きな視点から見る」とは、具体的にどういうことですか。次の中から**ふさわしくないもの**を一つ選び、記号で答えなさい。

ア、人間や地球全体のことを考え、あるべき未来の姿について考えてみること。

イ、ニュースや書物からはば広い知識を得ることへのこだわりを重視すること。

ウ、自分だけのせまい視点ではなく、他の人の立場から物事をとらえること。

エ、差別や偏見で苦しむ人々や、内戦などに苦しむ人々のことを考えること。

問五　――4「それは非常に大切なことです」と言っているのはなぜですか。次の中から**ふさわしくないもの**を一つ選び、記号で答えなさい。

ア、赤ん坊が母親のお乳を求めるように、自分が生きようとする意欲がまずなければ、動物の子も人間の子も生きることができないから。

イ、生きようとする意欲に満ちていることがさまざまな興味や関心を呼び起こし、よりよいものを目指す向上心が成長の支えとなるから。

ウ、厳しい世の中を生きぬくためには自分の利益だけを追求することも必要であり、欲望の追求を最優先することは悪いことではないから。

エ、生きる意欲があるから人はそれぞれの道において自分の作品や仕事に取り組み、それを通して家族や社会のために貢献《こうけん》しようと努力するから。

問六　――5「消費者」の対義語を漢字三字で答えなさい。

問七　[6] にあてはまる言葉を文章中から漢字二字でぬき出しなさい。

な視点から見ることが大切なのだということを言いましたが、たとえば欲望に振《ふ》りまわされている自分を見つめ直すこともその一つだと言えるでしょう。差別や偏見《へんけん》で苦しむ人々や、内戦などのために生きる術《すべ》を失ったり、命を落としたりした人々のことを考えることもとても大切なことです。それも大きな視点から見ることの一例になるでしょう。

（藤田正勝『はじめての哲学』より
ただし一部改変があります）

＊１　同心円…中心が同じで、半径がちがう二つ以上の円。
＊２　哲学…人生や世界、ものごとの根本となる原理を、考えることを通して探究する学問。
＊３　グローバル化…世界的規模、地球的規模になること。

問一　[A]～[D]にあてはまる最もふさわしいものを、次の中からそれぞれ選び、記号で答えなさい（同じ記号を二回使ってはいけません）。

ア、しかし　イ、たとえば　ウ、もちろん
エ、なぜなら　オ、したがって　カ、それも

問二　――１「コペル君の叔父さんは～たいへん大切なことだと考え」とありますが、叔父さんは、コペル君の語ったことのどのような点を大切なことであると考えたのですか。次の中から最もふさわしいものを選び、記号で答えなさい。

ア、世の中を大きな海にたとえれば、自分などは小さな水の分子にすぎないと自信をなくしている点。
イ、世の中を大きな海に、自分を水の分子とたとえるという表現が、詩的で文学的にもすぐれている点。
ウ、世の中を大きな海に、自分を水の分子にたとえたことが、科学的に正確な上に謙虚《けんきょ》さを備えている点。
エ、世の中という視点から自分を見つめ直すことで、今までとは異なるものの見方をすることができた点。

ツでも音楽でも、少しでもうまくなりたい、少しでも力をつけたいと考えるようになります。このよりよいものをめざす向上心がわたしたちを支えています。

　わたしたちはわたしたちのなかにある生きる意欲に衝《つ》き動かされ、さまざまなことに取り組みます。さまざまなことにチャレンジし、自分の可能性を実現し、自分の世界を広げていきます。それは社会に出てからも変わりません。芸術の道に進んだ人は、自分の作品を通して、できるだけ多くの人に感動を与えたいと思うでしょう。農業に携《たずさ》わる人は、より品質の高いものを5消費者に届けたいと努力しますし、会社に入って営業に携わる人はより多くの製品を販売《はんばい》して成績をあげたいと考えます。このようにして自分自身が、そして家族が豊かな生活を送れるようにがんばります。また自分の作品や仕事を通して社会に貢献《こうけん》したいと考えます。

　このように日々努力することはとても尊いことです。［Ｄ］ここに一つの大きな落とし穴が待ちうけています。わたしたちの生きる意欲が、［６］に変わってしまう可能性があるのです。生きる上でさしあたって必要でないものでも、目の前にあればそれを手に入れたい、それだけでなく、できるだけ多くのものを手に入れたいと思うようになっていきます。欲望の特徴《とくちょう》は、いったんその7タイショウになっているものを手に入れても、すぐにより多くのものを、より大きなものを追い求めようとする点にあります。欲望はいったん刺激《しげき》されると、かぎりなく大きくなっていきます。わたしたちは欲望の連鎖《れんさ》のなかに簡単にはまり込《こ》んでしまうのです。

　欲望の連鎖のなかにはまり込んでしまうと、頭のなかが欲望追求のことでいっぱいになって、自分自身の中身が空っぽになってしまいますし、他の人を顧《かえり》みる余裕《よゆう》もなくなってしまいます。要するに欲望の奴隷《どれい》になってしまうのです。自分を（あるいは自分だけを）中心にしてものごとを見ることの負の面がここに現れてきます。

　それはわたし一人だけの問題ではありません。現代は*3グローバル化の時代です。欲望の追求が世界規模でなされています。なりふりかまわない利益追求で富を得る人とそうでない人のあいだに格差が生まれています。あるいは利益の獲得《かくとく》をめぐって対立するグループのあいだに争いが生まれたりしています。自分の利益を守るために、自分のグループ以外の人たちを非難したり、排斥《はいせき》したり、あるいは攻撃《こうげき》したりすることも多くなっています。そのような対立や争いの結果、世界のあちこちで貧困や飢餓《きが》、迫害《はくがい》などで苦しむ人が増えています。

　いま世界ではそういったことが大きな問題になっています。8わたしたちはここで立ちどまって考えなければならないと思います。

　先ほど9『君たちはどう生きるか』という本との関わりで、大き

きデパートの屋上から霧雨《きりさめ》の降る町並み、道路の上を走る車や歩行者を眺《なが》めながら、世の中を大きな海に喩《たと》えれば、人間というのは「水の分子」かもしれない、と語ったことをたいへん大切なことだと考え、ノートにコペル君へのメッセージを書き記します。かいつまんで言うと、自分を中心にして、自分の目に映るものだけを見ていては、ものごとの本質が見えなくなってしまう、大きな真理は2そういう人の目には決して映らない、というのがそのメッセージです。

コペル君の経験に即《そく》して言えば、大きな海から自分を（一つの水の分子として）見つめ直すと、自分のいままで見えていなかった面が見えてくるということでしょう。それができたコペル君に、叔父さんはその大切さを強調したかったのだと思います。自分の思っていることや考えていること、あるいは自分の存在そのものを自分の視点からだけではなく、3大きな視点から見ることがわたしたちにとって何より大切なのだというのは、作者である吉野自身の考えであったとも言えます。

その「大きな視点から見る」というのは、具体的に言うと、どういうことを指すのでしょうか。おそらくそれは、単により多くのことを知るということではないと思います。また、ただ詳《くわ》しく知ればよいということでもないと思います。他の人の立場に立って考えるということでもありますし、人間全体のことを（場合によっては地球全体のことを）考えて、どういう未来を作っていったらよいかを考えることでもあると思われます。 B それは知識の問題でもありますが、それにとどまらず、自分の生き方そのものにも関わっています。よりよい生き方や、よりよい社会のあり方について深く考え、その実現をめざして努力するということも含《ふく》めて、吉野は「君たちはどう生きるか」と問いかけたのだと思います。

この「どのように生きるか」という問いは、哲学《てつがく》*2にとっても非常に大きな問題の一つです。そしてむずかしい問題です。簡単に答には行きあたりません。

先ほど、自分を中心にしてものごとを見ているだけでは、その本質が見えなくなってしまうと言いましたが、 C 、自分を中心にしてものごとを見ること自体が悪いわけではありません。4それは非常に大切なことです。動物の子であれ、人間の子であれ、赤ん坊は生まれてすぐに母親のお乳《ちち》を求めます。生きようとする意欲に満ちています。この自分のなかからわきあがってくる意欲がわたしたちの成長を支えています。少し大きくなれば、子どもは言葉を覚えることにとても大きな興味を示します。小学校に入学したときのことを覚えているでしょうか。子どもはそこで学ぶものに大きな関心を示し、次々に吸収し、自分の世界を広げていきます。やがてスポー

問三　――3「こんな仕打ち」について、次の問いに答えなさい。

(1) 富太郎が教授から受けた「仕打ち」とはどのようなことですか。次の空らんＡにあてはまるように、文章中から十二字でぬき出しなさい。

富太郎が教授に（　Ａ　十二字　）と言われたこと。

(2) 教授が富太郎に具体的にやめてもらいたいと要求したことを、次の空らんＢ・Ｃにあてはまるように、文章中から十二字と四字で二つぬき出しなさい。

（　Ｂ　十二字　）をやめてもらいたい。

（　Ｃ　四字　）をやめてもらいたい。

四　次の文章を読んで、後の問いに答えなさい。

吉野源三郎《よしのげんざぶろう》という名前をご存知でしょうか。戦後、雑誌編集者・評論家として活躍《かつやく》し、平和運動にも力を尽《つ》くした人ですが、その吉野が一九三七年に少年少女向けに『君たちはどう生きるか』という本を発表しています。この本は当時から、そしていまに至《いた》るまでたいへんよく読まれており、手にされた方も多いのではないでしょうか。

これはコペル君というあだ名の中学生の物語です。この本のなかで作者がとくに問題にしたのは、自分を中心としてものごとを考えたり、判断したりする自己中心的なものの見方です。わたしたちはふだん、[A]お肉は好物で毎日でも食べたいが、野菜は口にしたくないとか、いつも楽しく話しかけてくれるあのクラスメートは好きだが、わたしのやることにいつも文句を言ってくるあの子とはもう顔をあわせたくないし、口もききたくないとか、自分を中心にすべてのことを見ています。地理にしても、わたしたちは自分の家を中心に、身近な周りの家々、住んでいる町や市などを同心円*1的に配置し、学校などの自分にとって必要な場所を結びつけた地図を頭のなかに入れています。

――1この小説に登場するコペル君の叔父《おじ》さんは、コペル君があると

失われることは、国家の損失《そんしつ》」と新聞に書かれ、富太郎はつねづね「本と標本と心中する」と言っていました。

標本は、なぜそんなに大切なのでしょうか。

植物に学名をつけて発表するときに、その植物の特ちょうをよく表した標本がしょうことして必要になります。学名のしょうことなる標本はただ1つとされ、永久に保存することが決められています。また、同じ植物でも季節や生えている場所によってちがいがあり、それをくらべるためにも標本が欠かせません。

標本は乾燥《かんそう》していますが、必要な部分をお湯でやわらかくすると、解剖《かいぼう》してくわしく調べることもできます。状態がよければ＊2ＤＮＡ《ディーエヌエー》を取り出すこともできます。

標本の中には、絶滅《ぜつめつ》してしまったものもあります。今、姿を見ることができない植物でも、見て確かめることができるタイムカプセルのような働きもあります。

＊1　牧野富太郎…一八六二年～一九五七年。植物学者。多数の新種植物の発見と命名を行い、日本植物学の父と呼ばれた。

＊2　ＤＮＡ…デオキシリボ核酸《かくさん》。遺伝子を構成している二重らせん構造を持つ物質。

問一　――1「自分の（　）をうたがいました」の（　）に適切な漢字一字を入れて、「信じられない」という意味の慣用句を作りなさい。

問二　――2「標本」について記したもので、本文の内容と照らし合わせたときに、**ふさわしくないもの**を次の中から一つ選び、記号で答えなさい。

ア、植物に学名をつけて発表する際に、その植物の特徴《とくちょう》をよく表した証拠《しょうこ》として必要となるものである。

イ、同じ植物であっても、季節や生えている場所によって違《ちが》いがあるので、それを比較《ひかく》するために不可欠なものである。

ウ、標本は乾燥しているが、必要な部分をお湯でやわらかくすると、解剖してくわしく調べることができる。

エ、標本の中には絶滅してしまった植物もあるが、ＤＮＡを取り出すことで、それを現代によみがえらせることができる。

三 次の【A】【B】は、『はじめて読む科学者の伝記 牧野富太郎《まきのとみたろう》*1【日本植物学の父】』の中の文章です。よく読んで、後の問いに答えなさい。

【A】

「牧野くん、とつぜんだが、これからは、きみに大学の本や標本を見ることをえんりょしてもらいたい」

「えっ……。先生、それはいったいどういうことでしょうか」

富太郎はあまりのことに、1自分の（　）をうたがいました。

教授《きょうじゅ》は淡々《たんたん》と続けます。

「きみが近ごろ自費で出しているという、あの『日本植物志図篇《しずへん》』という本だがね。あれはかなり、この大学の2標本や本を使ってできたものだろう。じつはこの教室でも前々から、同じような本を出そうと考えていたものでね。きみの方では、本の出版もえんりょしてもらいたいのだ」

「あれは、自分のためではなく、日本の植物学のためにやっているのです。この教室の標本や文献《ぶんけん》なしに、わたしのような者は何もすることができません。どうかお願いです。わたしの志《こころざし》をとげさせてください」

「きみがきみのやり方を変えず、大学に協力しないのであれば、大学への出入りを禁止することもやむをえないね。大学には、きみにはわからない秩序《ちつじょ》というものがあるんだ」

あまりのことに、富太郎は言葉を失いました。六年前、心よく出入りをゆるしてくれた矢田部《やたべ》教授から、3こんな仕打ちを受けるとは、思いもよらないことでした。なっとくできない富太郎はその夜《よる》、教授の家をたずね、もう一度心からの願いを伝えました。

「日本の植物学は、まだ世界にはほど遠いのです。先生のような大先輩《だいせんぱい》がわたしたちを伸《の》ばしてくださることが、植物学の将来につながるのではないでしょうか。わたしのためではなく、学会のためにお願いいたします」

しかし、教授の気持ちは変わりませんでした。

【B】

富太郎が一生をかけて集めた標本は四〇万枚ともいわれ、現在は東京都立大学の標本館に、大切に保管されています。

富太郎がお金にこまって標本を売ろうとしたときに「この標本が

問二　次の１〜４の熟語の二つの漢字は、その意味上、どのような関係がありますか。後の【選択肢《せんたくし》】ア〜エの中からふさわしいものをそれぞれ選び、記号で答えなさい。

１　勤務

２　公私

３　養蚕

４　絹糸

【選択肢】

ア、反対や対《つい》になる意味の字を組み合わせたもの。（例…大小）

イ、同じような意味の字を組み合わせたもの。（例…絵画）

ウ、上の字が下の字を修飾《しゅうしょく》（くわしく説明）しているもの。（例…北風）

エ、下の字から上の字に返って読むと意味がよくわかるもの。（例…登山）

問三　次の（　　）にあてはまる言葉を指定の条件に従って入れ、左に書かれた意味になる慣用句や四字熟語を完成させなさい。

１　二階から（　漢字二字　）

…思い通りにいかず、じれったいこと。

２　（　漢字一字　）のない所に煙《けむり》は立たぬ

…まったく事実のないところには、うわさは立たない。

３　（　ひらがな三字　）のぼり

…（物価や成績・温度などが）みるみるうちにぐんぐん上がること。

４　言語道（　漢字一字　）

…ことばも出ないほどひどいこと。

2024年度 横須賀学院中学校

【国　語】〈一次Ｂ試験〉（五〇分）〈満点：一〇〇点〉

※ぬき出し問題や記述問題では、句読点や記号も一字と数えること。

一　次の――部について、漢字はひらがなに、カタカナは漢字に直しなさい。

1　神奈川県に大雨ケイホウが発令された。
2　その日からゲキテキに運命が変わった。
3　センデン用のパンフレットを配布する。
4　多くの人が集まって初日の出をオガむ。
5　絵巻物にかかれた鎌倉時代の人々の姿。
6　母は若いころ専門学校で洋裁を学んだ。
7　幕府の江戸城が明治元年、皇居となった。
8　私は恐《おそ》ろしさに身の縮む思いであった。

二　次の問いに答えなさい。

問一　次の1〜4の（　）にあてはまるものを、後の［　］の中からそれぞれ選び、漢字一字に直しなさい。その際、1と2は「対義語（反対や対《つい》の意味の語）」に、3と4は「類義語（意味のよく似た語）」になるようにしなさい。ただし［　］の中の選択肢《せんたくし》は一度だけしか使うことができません。

【対義語】　1　生存↔死（　）
【対義語】　2　定例↔（　）時
【類義語】　3　出生＝（　）生
【類義語】　4　苦言＝（　）告

［たん・きん・りん・ちゅう・てい・ぼう・せん・しゅん］

2024年度

横須賀学院中学校 ▶解説と解答

算　数　＜１次Ｂ試験＞（50分）＜満点：100点＞

解　答

[1] (1) 72.82　(2) $6\frac{1}{3}$　(3) 46　(4) 53　(5) 44.4　(6) 164　(7) $3\frac{23}{30}$　(8) 1　[2] (1) 4.4　(2) 12個　(3) 151点　(4) 1280m　(5) 125g　(6) 9375m^2　(7) 76度　[3] (1) **5枚入り**…7袋，**8枚入り**…4袋　(2) 27人　[4] (1) 8通り　(2) 26通り　[5] (1) 500m　(2) 780m　[6] (1) 18.84cm^2　(2) 410cm^2

解　説

[1] 四則計算，計算のくふう

(1) $81-8.18=72.82$

(2) $16\div 3+1=5\frac{1}{3}+1=6\frac{1}{3}$

(3) $2024\div(8\times 6-4)=2024\div 44=46$

(4) $\left(1.6+\frac{1}{6}\right)\times 30=1.6\times 30+\frac{1}{6}\times 30=48+5=53$

(5) $4.44\times 4.4+2.22\times 6.6+1.11\times 9.2=4.44\times 4.4+2.22\times 2\times 3.3+1.11\times 4\times 2.3=4.44\times 4.4+4.44\times 3.3+4.44\times 2.3=4.44\times(4.4+3.3+2.3)=4.44\times 10=44.4$

(6) $123\div\left\{\left(1-\frac{7}{16}\right)\div\left(1-\frac{1}{4}\right)\right\}=123\div\left(\frac{9}{16}\div\frac{3}{4}\right)=123\div\left(\frac{9}{16}\times\frac{4}{3}\right)=123\div\frac{3}{4}=123\times\frac{4}{3}=164$

(7) $\left\{\left(1.2+3\frac{4}{5}\right)\times 6.78\right\}\div 9=\{(1.2+3.8)\times 6.78\}\div 9=(5\times 6.78)\div 9=33.9\div 9=\frac{339}{10}\times\frac{1}{9}=\frac{113}{30}=3\frac{23}{30}$

(8) $30\times\left(\frac{1}{2\times 3}-\frac{1}{3\times 4}+\frac{1}{4\times 5}-\frac{1}{5\times 2}\right)=30\times\left(\frac{1}{6}-\frac{1}{12}+\frac{1}{20}-\frac{1}{10}\right)=30\times\left(\frac{10}{60}-\frac{5}{60}+\frac{3}{60}-\frac{6}{60}\right)=30\times\frac{2}{60}=1$

[2] 逆算，約数と倍数，和差算，速さ，濃《のう》度《ど》，相似，角度

(1) 12÷3＝4より，4＋(□－4)×5＝6，(□－4)×5＝6－4＝2，□－4＝2÷5＝0.4　よって，□＝0.4＋4＝4.4

(2) 8でわって3余る数は，8×□＋3と表せる。8×1＋3＝11，(99－3)÷8＝12より，□には1から12までの12個の整数があてはまるから，8でわって3余る2けたの整数は12個ある。

(3) 3人の合計が236点で，AさんとBさんの合計が153点だから，Cさんの点数は，236－153＝83(点)になる。同様に，Aさんの点数は，236－168＝68(点)なので，CさんとAさんの合計は，83＋68＝151(点)とわかる。

(4) 分速180mで20分進むと，180×20＝3600(m)進むことができ，実際よりも，3600－2000＝1600(m)長くなる。分速180mのかわりに分速80mで進むと，1分あたり，180－80＝100(m)短くなるから，分速80mで進んだ時間は，1600÷100＝16(分)とわかる。よって，分速80mで進んだ道のりは，80×16＝1280(m)である。

(5)　右の図１のように表すことができ，ア：イ＝(10−7.5)：(12−10)＝2.5：２＝５：４だから，100ｇ：□ｇ＝$\frac{1}{5}$：$\frac{1}{4}$＝４：５である。よって，12％の食塩水の重さは，□＝100×$\frac{5}{4}$＝125(ｇ)となる。

図１

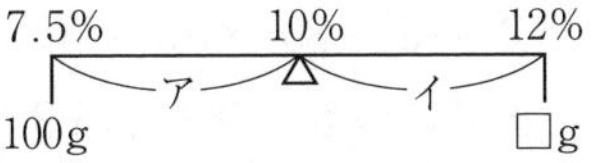

(6)　縮尺$\frac{1}{12500}$の地図上で，１cmの実際の長さは，１×12500＝12500(cm)＝125(m)であり，0.6cmの実際の長さは，0.6×12500＝7500(cm)＝75(m)になる。よって，この土地の実際の面積は，125×75＝9375(m^2)となる。

図２

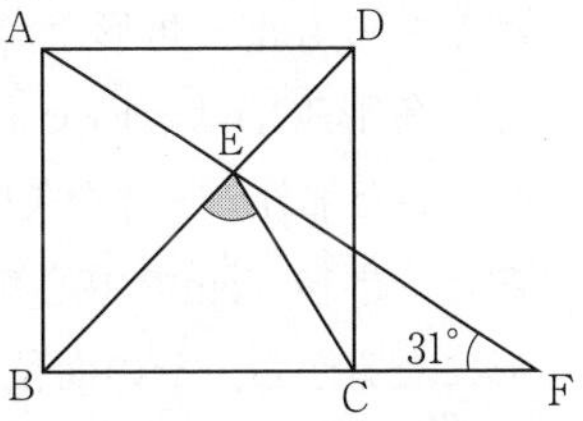

(7)　右の図２の四角形ABCDは正方形だから，角ABDの大きさは45度である。また，角BAFの大きさは，180−90−31＝59(度)なので，角BEAの大きさは，180−45−59＝76(度)と求められる。すると，BDは正方形の対角線だから，三角形BEAと三角形BECは合同であり，角BECの大きさは角BEAの大きさと等しく76度とわかる。

3　調べ

(1)　５枚入りを□袋《ふくろ》，８枚入りを△袋とすると，５×□＋８×△＝67と表せる。(５×□)の値の一の位は５か０だから，(８×△)の値の一の位は２か７になる。ただし，(８×△)の値の一の位が７になることはないので，一の位は２であり，△＝４とわかる。よって，５×□＝67−８×４＝35より，□＝35÷５＝７だから，５枚入りは７袋，８枚入りは４袋買えばよい。

(2)　子どもたちの人数を右の図のように表すと，太線で囲んだ部分は５か８の倍数だから，太線の人数には余りなく配ることができる。また，太線より下の人数は，５か８の倍数に８を足していくことで作れるから，かげをつけた部分の人数にはすべて余りなく配ることができる。よって，図より，余りなく配ることができない最大の人数は27人なので，２丁目の子どもたちはもっとも多くて27人いる。

1	2	3	4	5	6	7	8
9	10	11	12	13	14	15	16
17	18	19	20	21	22	23	24
25	26	27	28	29	30	31	32
33	34	35	36	37	38	39	40
⋮	⋮	⋮	⋮	⋮	⋮	⋮	⋮

4　場合の数

(1)　合計が５になるカードの組み合わせは，｛1，1，1，1，1｝，｛1，1，1，2｝，｛1，2，2｝になる。｛1，1，1，1，1｝の並べ方は１通り，｛1，1，1，2｝の並べ方は４通り，｛1，2，2｝の並べ方は３通りだから，全部で，１＋４＋３＝８(通り)ある。

(2)　合計が８になるカードの組み合わせは，｛1，1，1，1，2，2｝，｛1，1，2，2，2｝，｛2，2，2，2｝になる。｛1，1，1，1，2，2｝の並べ方は，$\frac{6 \times 5}{2 \times 1}$＝15(通り)，｛1，1，2，2，2｝の並べ方は，$\frac{5 \times 4}{2 \times 1}$＝10(通り)，｛2，2，2，2｝の並べ方は１通りだから，全部で，15＋10＋１＝26(通り)ある。

5　旅人算

(1)　お母さんが家を出てからみのるさんと出会うまでに，５÷２＝2.5(分)かかったから，２人が出会ったのは家から，200×2.5＝500(m)のところである。

(2)　みのるさんが引き返したのは家から，60×９＝540(m)のところだから，２人が進んだようすは右のグラフのようになる。グラフで，９分後から□分後ま

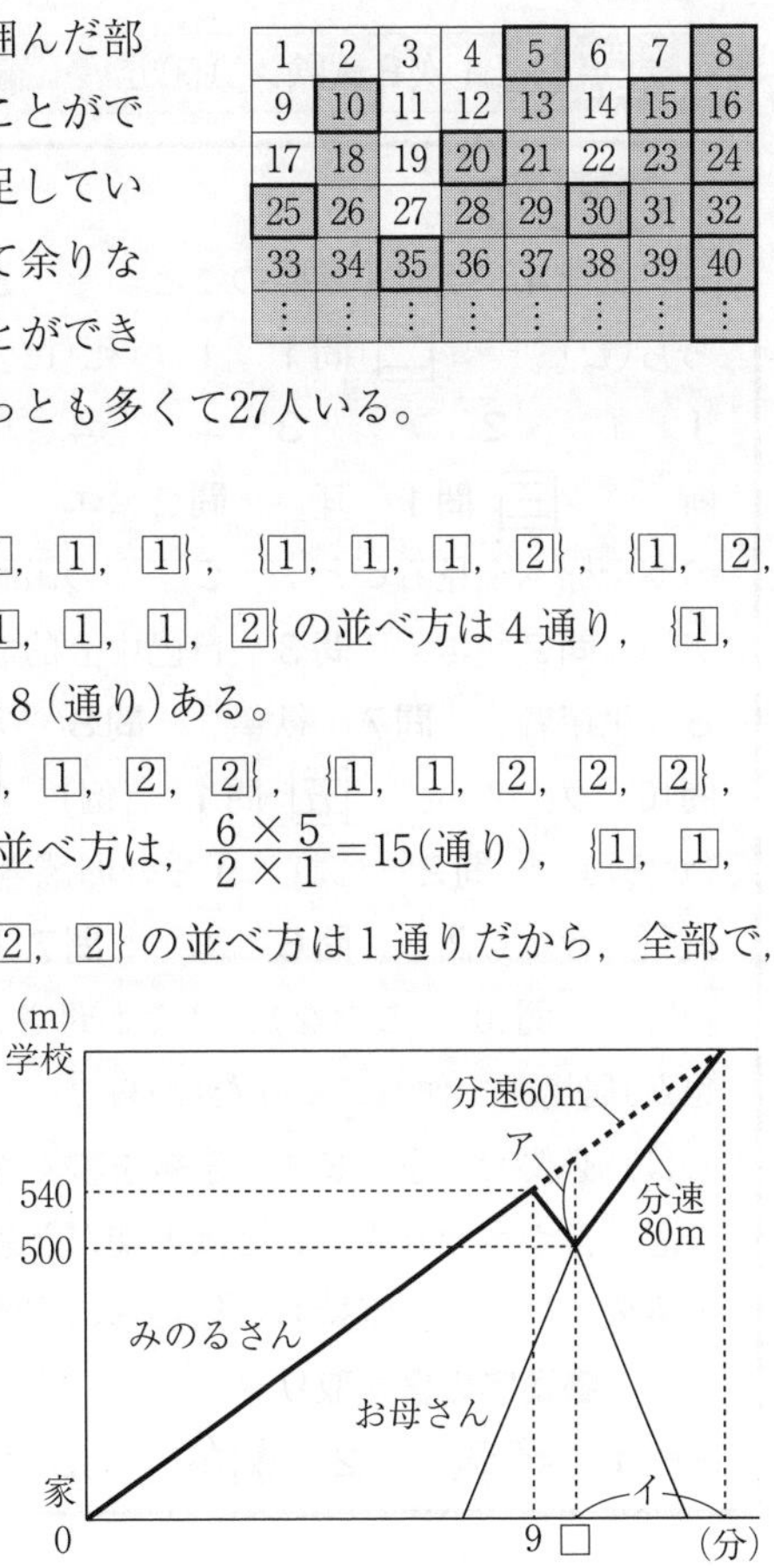

でにみのるさんは，540－500＝40(m)戻《もど》ったから，その時間は，40÷80＝0.5(分)である。すると，ア＝(60＋80)×0.5＝70(m)なので，イ＝70÷(80－60)＝3.5(分)となり，みのるさんは家から学校までいつも，９＋0.5＋3.5＝13(分)かかることがわかる。よって，家から学校までの道のりは，60×13＝780(m)である。

6 平面図形─面積，相似

図１

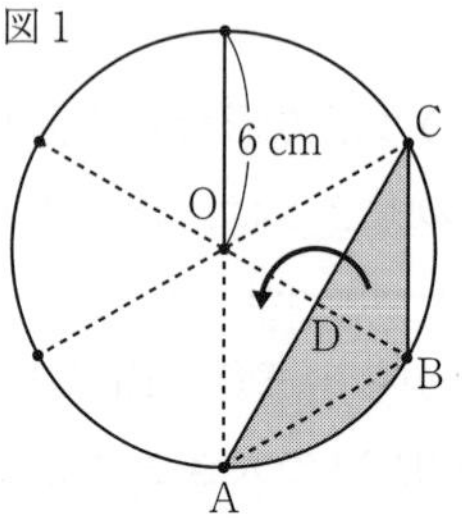

図２

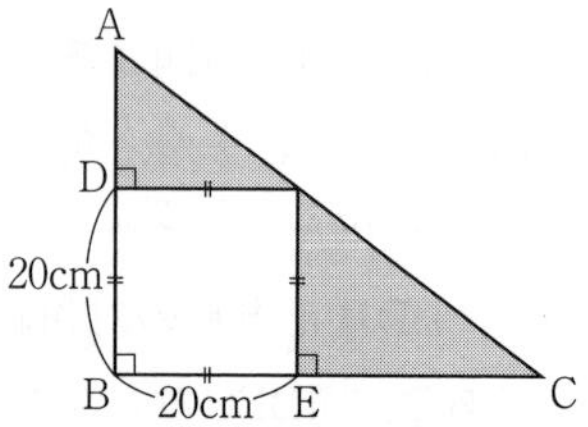

⑴　右の図１で，三角形OABと三角形OBCはどちらも正三角形だから，三角形OADと三角形BCDは合同である。そこで，色のついた部分の一部を矢印のように移動すると，半径６cmで中心角が60度のおうぎ形になるから，その面積は，６×６×3.14×$\frac{60}{360}$＝18.84(cm^2)とわかる。

⑵　右上の図２で，ABとBCの長さの和が81cmだから，ADとECの長さの和は，81－20×２＝41(cm)になる。すると，色のついた部分の面積の合計は，AD×20÷２＋EC×20÷２＝(AD＋EC)×20÷２＝41×20÷２＝410(cm^2)と求められる。

国 語　＜１次Ｂ試験＞（50分）＜満点：100点＞

解 答

一　**1～4**　下記を参照のこと。　**5**　えまきもの　**6**　ようさい　**7**　こうきょ　**8**　ちぢ(む)　二　**問1**　**1**　(死)亡　**2**　臨(時)　**3**　誕(生)　**4**　忠(告)　**問2**　**1**　イ　**2**　ア　**3**　エ　**4**　ウ　**問3**　**1**　目薬　**2**　火　**3**　うなぎ　**4**　断　三　**問1**　耳　**問2**　エ　**問3**　⑴　大学への出入りを禁止する　⑵　**B**　大学の本や標本を見ること　**C**　本の出版　四　**問1**　**A**　イ　**B**　オ　**C**　ウ　**D**　ア　**問2**　エ　**問3**　自己中心的なものの見方(をする人)　**問4**　イ　**問5**　ウ　**問6**　生産者　**問7**　欲望　**問8**　ア　**問9**　よりよい生き方や，よりよい社会のあり方　**問10**　ウ，オ　五　**問1**　(例)　(フライパンが)古くてテフロンがはがれてしまっている(から。)　**問2**　(例)　うちの卵焼きの作り方(レシピ)　**問3**　ア　**問4**　イ　**問5**　擬(ぎ)音(声)語　**問6**　エ　**問7**　イ　**問8**　菜の花畑みたい(なの)　**問9**　まじめで純粋　**問10**　(こんな)ダメなお母さん　**問11**　イ　**問12**　ウ　**問13**　ア　**問14**　(輝也が)居場所を作ってくれた(から。)　六　(例)　わたしは，紙とペンを使って手紙を書くことは，必要だと思います。手紙を書くさいに，相手のことを考えて紙やインクを選んだり，相手を思い浮かべたりすることは大切だと思うからです。手紙は，単に知らせたい内容を伝えるだけのものではなく，気持ちと気持ちの交流のためのものでもあると，わたしは考えています。

●漢字の書き取り

一　**1**　警報　**2**　劇的　**3**　宣伝　**4**　拝(む)

解　説

一　漢字の書き取りと読み

1　災害や危険がせまったとき，人々に注意させるために出す知らせ。　**2**　大きく変化するさま。　**3**　理解してもらえるように広く伝え知らせること。　**4**　音読みは「ハイ」で，「拝礼」などの熟語がある。　**5**　巻物に物語などを場面ごとに絵でえがいた作品。　**6**　布から洋服を作ること。　**7**　天皇の住まい。　**8**　音読みは「シュク」で，「縮小」などの熟語がある。

二　対義語・類義語の完成，熟語の組み立て，慣用句・四字熟語の完成

問１　**1**「生存」は，生きていること。対義語は，死ぬことを意味する「死亡」。　**2**「定例」は，定期的に行われること。対義語は，必要のあるそのときどきに行うことを意味する「臨時」。　**3**「出生」と「誕生」は，生まれ出ること。　**4**「苦言」と「忠告」は，相手のために欠点などを注意する言葉。

問２　**1**「勤」も「務」も「つと(める)」と読み，同じような意味。　**2**「公」と「私」は，反対の意味を表す漢字。　**3**「養蚕」は，下の字から上の字に返って「蚕」を「養う」という意味。　**4**「絹糸」は，「絹」からできている「糸」という意味。

問３　**1**「二階から目薬」は，思いどおりにいかなかったり，回りくどかったりして，もどかしいこと。　**2**「火のない所に煙《けむり》は立たぬ」は，“うわさが立つからには何らかの事実があるはずだ”という意味。　**3**「うなぎのぼり」は，数値や評価などがぐんぐん上がること。　**4**「言語道断」は，ことばで表現できないほどひどいこと。

三　出典：清水洋美《しみずひろみ》，里見和彦《さとみかずひこ》『牧野富太郎《まきのとみたろう》【日本植物学の父】』。

「日本植物学の父」と呼ばれるようになった牧野富太郎の若いころのことや，植物学における標本について述べられている。

問１　「耳をうたがう」は，聞いたことが信じられない，という意味。

問２　「標本」については，Ｂの文章で説明されている。標本の状態がよければ「DNAを取り出すこと」はできるが，その植物を「現代によみがえらせることができる」とは書かれていないので，エが誤り。

問３　(1)　富太郎は，教授からとつぜん「大学の本や標本を見ることをえんりょしてもらいたい」と言われ，また「本の出版もえんりょしてもらいたい」と言われた。さらに，大学に協力しないのならば「大学への出入りを禁止する」と言われ，富太郎はショックを受けている。　(2)　教授が富太郎に「えんりょしてもらいたい」と言ったのは，「大学の本や標本を見ること」と「本の出版」の二つである。

四　出典：藤田正勝《ふじたまさかつ》『はじめての哲学《てつがく》』。

吉野源三郎《よしのげんざぶろう》の著書『君たちはどう生きるか』の内容をもとに，どのような生き方をするべきか，ということなどについて述べられている。

問１　**A**「自己中心的なものの見方」を説明するために，「お肉は好物で毎日でも食べたいが，野菜は口にしたくない」などの例があげられているので，具体的な例をあげるときに用いる「たとえば」が入る。　**B**　前では，「大きな視点から見る」というのは，「他の人の立場に立って考えるということ」でもあるし，「人間全体」のことを考えて「どういう未来を作っていったらよいかを考えること」でもあると述べられている。後では，それは「知識の問題」にとどまらず「自分の生き方そのもの」にも関わっていると述べられている。よって，前のことがらを受けて，順当に次の

ことが起こるさまを表す「したがって」が入る。　**C**「自分を中心にしてものごとを見ているだけでは～本質が見えなくなってしまう」が，当然のことながら，「自分を中心にしてものごとを見ること自体が悪いわけでは」ない，という文脈になる。よって，“いうまでもなく”という意味の「もちろん」が合う。　**D**　前では，さまざまなことに「日々努力することはとても尊いこと」だと述べられていて，後では，「ここに一つの大きな落とし穴が待ちうけて」いると述べられている。よって，前のことがらを受けて，それに反する内容を述べるときに用いる「しかし」が入る。

問２　叔父《おじ》さんはコペル君に，「自分を中心にして，自分の目に映るものだけを見ていては，ものごとの本質が見えなくなってしまう」というメッセージを記している。そして，コペル君は「大きな海」から自分を「一つの水の分子」として見つめ直し，「自分のいままで見えていなかった面が見えてくる」ということができたので，叔父さんはその「大切さ」を強調したかったのだと述べられている。この内容に合うのはエである。

問３「そういう人」とは，同じ段落の「自分を中心にして，自分の目に映るものだけを見て」いる人である。これは，前の段落にあった「自己中心的なものの見方」をしている人だといえる。

問４　次の段落に「大きな視点から見る」というのは，「単により多くのことを知るということではない」とあるので，イが誤り。なお，アとウは，同じく次の段落で説明されている内容と合う。エは，この文章の最後の二文で述べられている。

問５　生物にとって「生きようとする意欲に満ちて」いることは大切なことであり，その意欲が「興味」や「関心」を呼び起こして成長させる。よって，アとイは正しい。また，次の段落では，成長して「自分の世界」が広がれば，自分の仕事などを通して「社会に貢献《こうけん》したい」と考えるようになるとも説明されている。よって，エも正しい。その次の段落以降では，「意欲」ではなく「欲望」を追求することの「落とし穴」について述べられているので，ウがふさわしくない。

問６「消費者」は，商品やサービスを使ってなくす人。対義語は，商品やサービスを作り出す人，という意味の「生産者」。

問７　直後で，「さしあたって必要でないものでも～手に入れたい」，「できるだけ多くのものを手に入れたい」と思うようになると，それはもはや「意欲」ではなく「欲望」だと述べている。

問８　本文中とアの「タイショウ」は，働きかけが向けられるもの，という意味で「対象」と書く。なお，イは，二つの物を比べることや，ちがいがはっきりすることを表す「対照」。ウは，二つの点・線・形がある一つのところに対して向き合った位置にあるさまを表す「対称」。エは，圧倒的《あっとうてき》に勝つことという意味の「大勝」である。

問９　直後で，『君たちはどう生きるか』という本との関わりで，「大きな視点から見ることが大切」だと述べたとふり返っているので，それについて述べられた，文章の前半部分に再度着目する。ぼう線３をふくむ部分で，「大きな視点から見る」ことの大切さが吉野の考えだったと述べられ，次の段落で「大きな視点から見る」ことについて説明されている。その段落の最後の部分で，「よりよい生き方や，よりよい社会のあり方」について深く考え，その「実現を目指して努力するということも含めて」，吉野は「君たちはどう生きるか」と問いかけたと述べられている。

問10【文章Ｘ】から，自己中心的なものの見方が「天動説」であり，大きな視点から自分の存在を見つめ直す見方がコペルニクスの「地動説」であることがわかる。ぼう線９の直後で，ウの内容が述べられている。また，問２でみたように，叔父さんは，コペル君が天動説的な立場から地動説的な立場に変化したと考えているので，オは正しい。

五 **出典：青山美智子《あおやまみちこ》「きまじめな卵焼き」（『木曜日にはココアを』所収）**。幼稚園《ようちえん》に通う息子（拓《たく》海《み》）のために初めて弁当づくりをする朝美《あさみ》は，卵焼きを作る特訓を始める。

問１ 文章の後半で，電話で話している夫の輝也《てるや》が，朝美の使っていたフライパンについて「それ，古くてテフロンはがれちゃってるから卵がくっつくでしょ」と指てきしている。

問２ 直前に注目すると，卵焼きのレシピによって卵に入れるものがいろいろちがい，「うちの卵焼きはどうなのかわからない」，つまり作り方がわからないことをなげいていることがわかる。

問３ 「無邪気《むじゃき》」は，いつわりなどがなく素直なこと。

問４ 朝美は，自分では卵焼きを作っていたつもりだったが，拓海が「なんていうお料理？」と聞いたことで，自分の作っているものが何であるのかさえもわかってもらえなかったと知り，気持ちが落ち込《こ》んでしまっている。

問５ 「シャカシャカ」のように，音や声などを言語で表した語を擬音語《ぎおんご》，また擬声語という。

問６ 朝美は，卵焼きをうまく作れない自分のことが情けなく思われるものの，わざわざその作り方を輝也に電話して聞くのはためらっていた。また，ぼう線６より後で，朝美が「大嫌《だいきら》いな家事と自信のない育児を輝也に一切まかせて，仕事に逃《に》げてきた」こと，「みんながなんでもなくできることができないコンプレックスから逃げてきた」ことが明かされている。エの「料理だけはどうしても輝也に勝てないというくやしさ」は読み取れない。

問７ 朝美は，家事や育児を輝也にまかせっきりにしていることに負い目を感じていたが，「家計を支えているという自負」はあった。しかし，輝也がデイトレードで利益を上げ，さらに絵が売れるようになってしまうと，自分の存在する意味がなくなってしまうのではないかと，朝美はこわくなっている。

問８ 拓海が電話で輝也に，朝美の作った卵焼きのことを，「菜の花畑みたい」で，「すっごくきれいでおいしそう！」と言った。拓海がそのように見てくれたので，朝美は報われた気持ちになった。

問９ 朝美は，拓海が「卵焼きがないと絶対がっかりする」と思って，必死に卵焼きの練習をしている。輝也は，無事に卵焼きができた後，「朝美のそういうまじめで純粋《じゅんすい》なところ」が好きだと言っている。

問10 朝美は，卵焼きも作れないような「ダメなお母さん」では拓海がかわいそうだと，自分を責めて泣いている。輝也は，朝美が「まじめで純粋」な性格だと知っているので，どんどん否定的になっていく朝美を助けたいと思い，いったん言葉を制し，電話でアドバイスを聞いてもらおうとしているのである。

問11 「身をすくめる」は，“驚《おどろ》きや緊張《きんちょう》のために体がこわばって動かなくなる”という意味。

問12 言葉のかかり受けでは，直接つなげてみて，意味がわかりやすく通じるかどうかを確認する。この文では，「たしかに」→「載《の》っていたけど」とすると，意味がわかりやすい。

問13 輝也は，料理それぞれに「合った道具がある」と教えてくれた。その話を聞いた朝美は，自分の技量のせいで卵焼きを作れなかったのではなかったのだと安心するとともに，自分にも家族での役割があると，なぐさめられたような気がしたのである。

問14 輝也の絵が売れると，自分の役割がなくなってしまうような不安を感じていた朝美だったが，輝也の言葉が「私の居場所を作ってくれた」ように思われたので，今は輝也の絵が売れてほしいと素直に思えるようになったのである。

六 作文

「紙とペンを使って手紙を書く」という文化の必要性について，まず自分の考えを整理する。自分が見聞きしたことや体験したことも思い出して，具体的に書くとよい。意見の根拠《こんきょ》は，はっきりと書く。主語と述語はきちんと対応しているか，誤字・脱字《だつじ》はないか，文脈にねじれはないかといったことにも気をつける。

2023 年度 横須賀学院中学校

【算　数】〈１次Ａ試験〉（50分）〈満点：100点〉

《注　意》○単位は解答用紙に記入されているものを使うこと。
○3以降は途中式等も書くこと。
○円周率は3.14として計算すること。

1 次の計算をしなさい。

（1） $123 - 4.56$

（2） $2023 \div (7 \times 17)$

（3） $20 \div 5 \times 2 + 2$

（4） $(20.23 \times 250 - 202.3 \times 7.5 + 2023 \times 0.25) \div 2$

（5） $0.4 \div \frac{1}{4} - 1\frac{1}{3}$

（6） $(6 - 0.75) \div 1\frac{3}{4} + 1$

（7） $\frac{1}{2} - \frac{3}{4} \div \left(\frac{5}{6} + \frac{7}{8}\right) \div 9$

（8） $4 \times \left(\frac{1}{1} - \frac{1}{1 \times 2} + \frac{1}{1 \times 2 \times 3} - \frac{1}{1 \times 2 \times 3 \times 4}\right) \div 3$

2 次の □ にあてはまる数を答えなさい。

（１）１＋（７－ □ ÷５）×４＝９

（２）$\frac{920}{989}$を約分してもっとも簡単な分数にすると □ になります。

（３）123×456×789を10でわったときのあまりは □ になります。

（４）兄は1260円，弟は280円を持っています。お母さんが２人に □ 円ずつ渡したので，兄の持っている金額は弟の持っている金額の３倍になりました。

（５）６％の食塩水250ｇから □ ｇの水を蒸発させると，８％の食塩水ができます。

（６）6000円でりんごを90個仕入れました。１個100円で売って利益を得ようとしましたが，売れ行きが良くありませんでした。そこで， □ 個売った時点で１個80円に値下げしたところ全部売ることができましたが，当初見こんでいた利益よりも$\frac{1}{6}$だけ減りました。

（７）右の図は円すいの展開図で，この円すいの表面積は □ cm^{2}です。

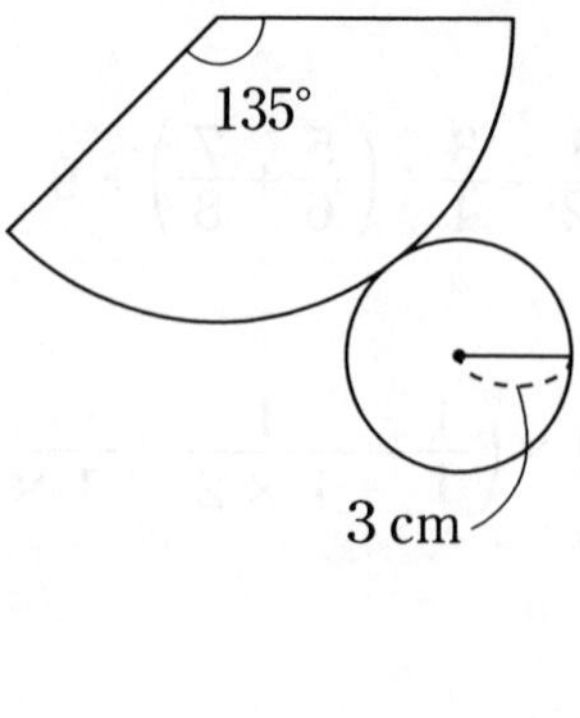

3 あるスーパーでは２Ｌの水のペットボトルが定価125円，１．５Ｌのジュースのペットボトルが定価200円で売られています。消費税を８％とするとき，次の問いに答えなさい。

（１）40人の子どもに水とジュースを300mLずつ渡すとき，合計金額は消費税を入れていくらになりますか。

（２）水とジュースのペットボトルをあわせて20本買って全部で36．５Ｌあったとき，合計金額は消費税を入れていくらになりますか。

4 数字の１と４だけを使って整数を作り，下のように小さい方から並べます。

1，4，11，14，41，44，111，…

次の問いに答えなさい。

（１）1414は小さい方から数えて何番目ですか。

（２）４けたの整数をすべてたすといくつですか。

5 右の図は公園にある円形の池を上から見たもので，円の直径にあたる場所に長さ200 mの橋がかかっています。P地点からAさんは分速80 m，Bさんは分速60 mで同時に池の周りを歩き始めるとき，次の問いに答えなさい。ただし，橋の幅《はば》は考えないものとします。

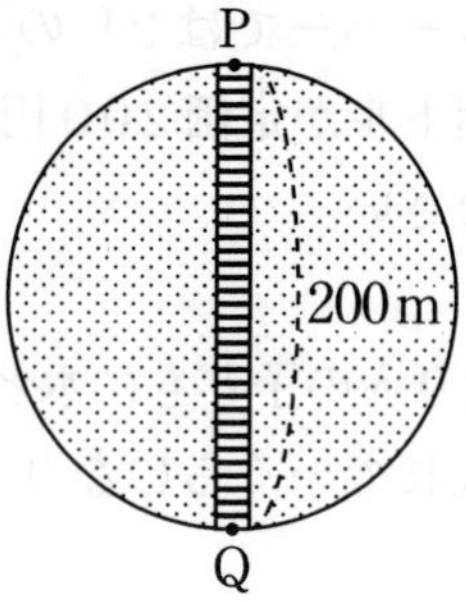

（1） 2人が時計回りに1周歩きます。Aさんが P地点に戻ってきたとき，Bさんは P地点まで，あと何 mの地点にいますか。

（2） 2人が時計回りに出発し，Aさんは1周を歩き，Bさんは Q地点まで歩いてから橋を渡って P地点に戻ってきました。このとき，どちらが何秒先に P地点に戻ってきましたか。

6 次の図の色のついた部分の面積を求めなさい。

（1）

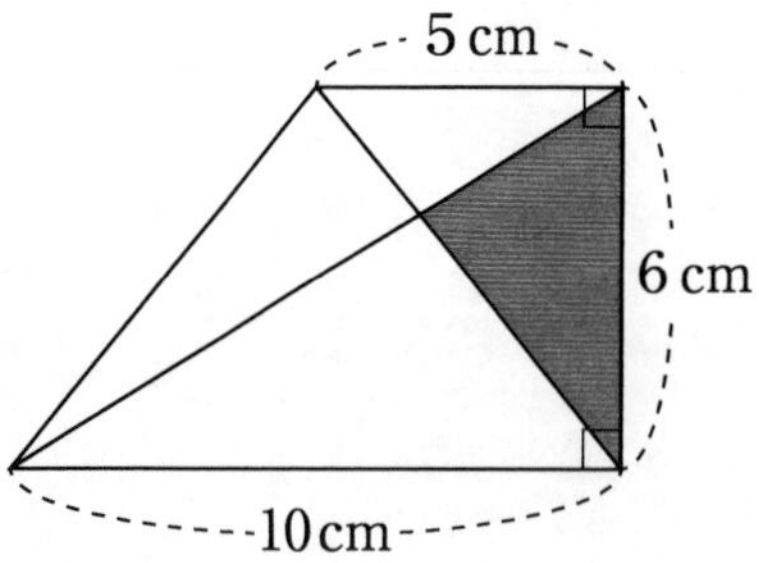

（2）

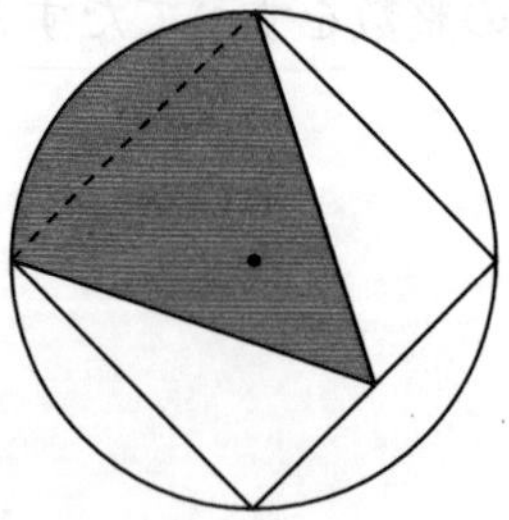

正方形の各頂点は半径10cmの円の円周上にある

【社　会】〈１次Ａ試験〉(40分)〈満点：75点〉

1　次の文章を読み、以下の各問に答えなさい。

日本は、地震《じしん》や火山の噴火《ふんか》が多い国といえる。世界の中で、これらの活動が活発なところはおもに山地や山脈がつらなっている（a）造山帯に属している。日本もこの造山帯に属しており、（b）国土面積の大部分を山地が占《し》める。本州の中央部には、（c）飛騨山脈《ひださんみゃく》、木曽《きそ》山脈、赤石山脈がそびえ、そのすぐ東には（　d　）と呼ばれる本州を南北にのびるみぞ状の地形が存在する。（　d　）の西の端《はし》の（　e　）県糸魚川《いといがわ》市から、諏訪《すわ》湖を通って静岡県にいたる。（　d　）を境にして東と西では地形や地質などが大きく異なっている。

【地図Ⅰ】

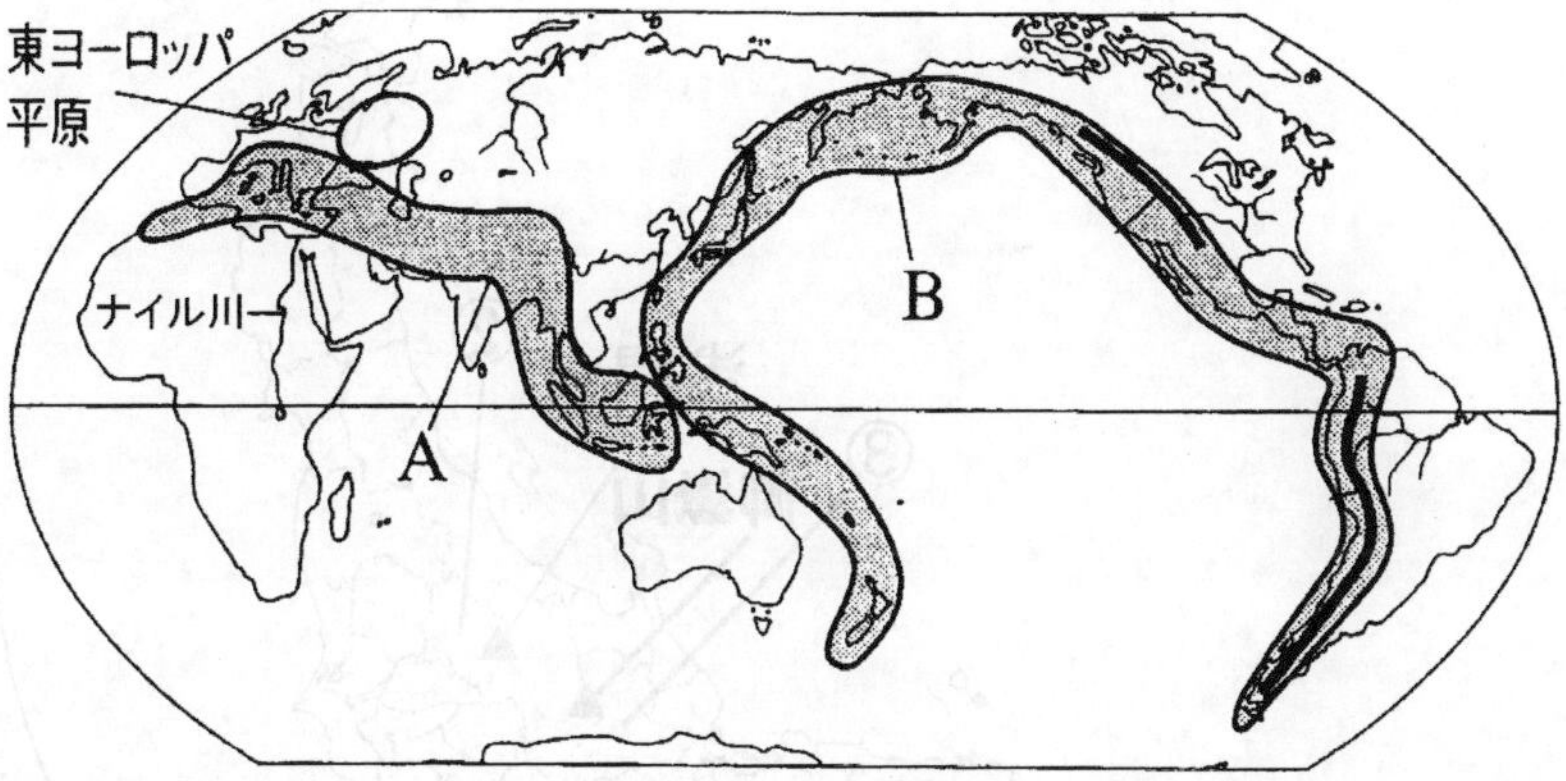

問１　下線部（a）について、上の【地図Ⅰ】中のA･Bの名称をそれぞれ答えなさい。

問２　下線部（b）の山地が国土面積に占める割合を、次から一つ選び、記号で答えなさい。

ア、約３分の２　　イ、約５分の３　　ウ、約４分の３　　エ、約５分の４

問３　下線部（c）について、日本の中央部に位置するこれらの山脈をまとめて何と呼ぶか、答えなさい。

問４　空欄《くうらん》（　d　）を何というか、答えなさい。

問５　空欄（　e　）にあてはまる都道府県名を答えなさい。

問６　日本の火山とその分布について、次の各問に答えなさい。

(1)　火山は自然災害の原因ともなるが、恩恵《おんけい》ももたらす。火山の恩恵としてあきらかに**間違っている**ものを次から一つ選び、記号で答えなさい。

ア、地熱エネルギー　　イ、温泉　　ウ、美しい景観　　エ、火力発電

(2)　下の【地図Ⅱ】は、今も活動し続けている火山の一例である。
【地図Ⅱ】の中の都道府県①～⑤のうち、①～②は都道府県庁所在地、③～⑤は都道府県名を答えなさい。
※地図中の①～⑤と、以下の文中の①～⑤には同じ名称が入る。

【地図Ⅱ】

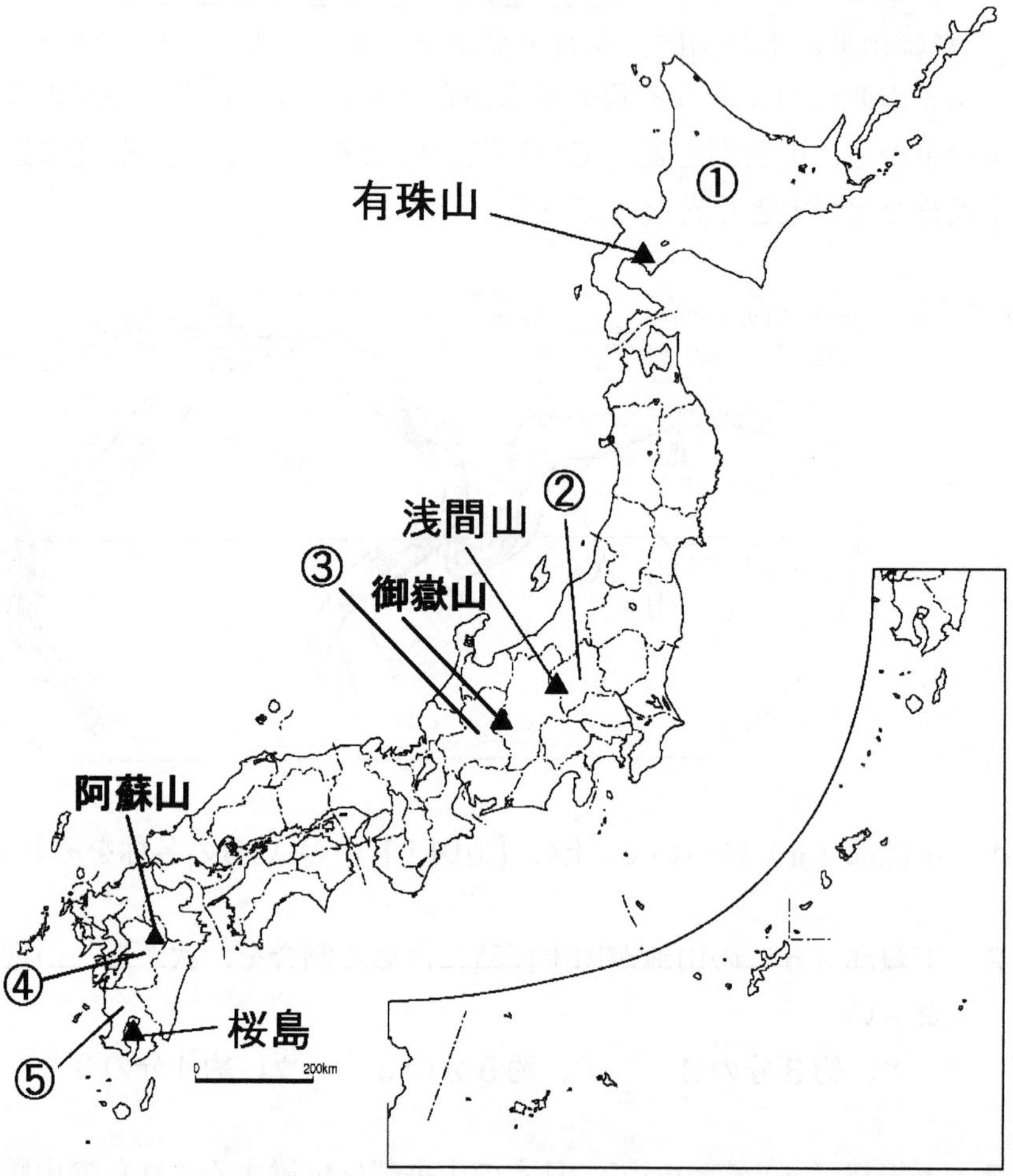

●有珠山《うすざん》－（　①　）の洞爺湖《とうやこ》の南に位置する活火山。2000年の噴火で被害《ひがい》を受けた災《さい》害《がい》遺構《いこう》が保存されている。

●浅間山－（　②　）と長野県にまたがる火山。江戸《えど》時代に噴火したことで有名。

●御嶽山《おんたけさん》－長野県と（　③　）にまたがる火山。2014年に戦後最大の噴火被害が起こったことで有名。

●阿蘇山《あそさん》－（　④　）に位置し、2021年にも噴火が確認され、現在も活動が盛んである。2015年にはユネスコジオパークとして認定された。

●桜　島－（　⑤　）にあり、大隅半島《おおすみはんとう》と陸続きである。現在も活発な活動を続けており、しばしば市街地に降灰がみられる。

(3)　【地図Ⅱ】の中の①の地域の気候を表す雨温図を、次から一つ選び、記号で答えなさい。

ア、

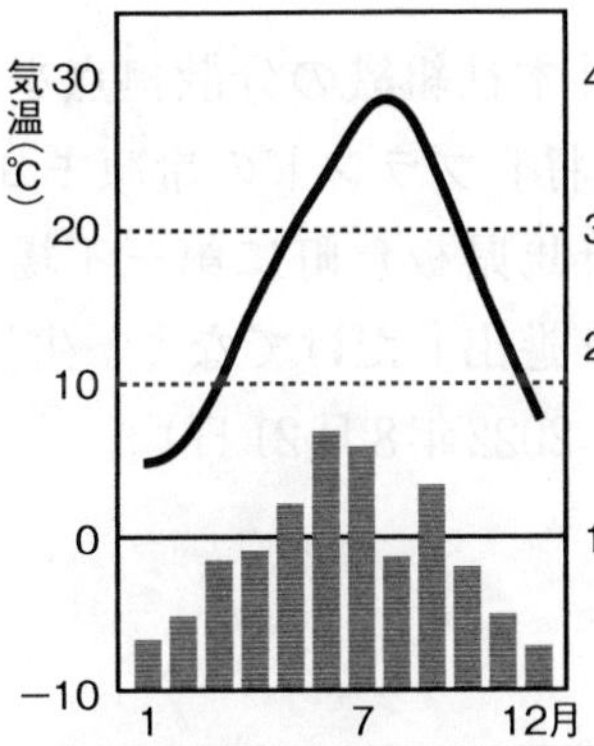

年平均気温:16.2℃
年間降水量:1105.9㎜

イ、

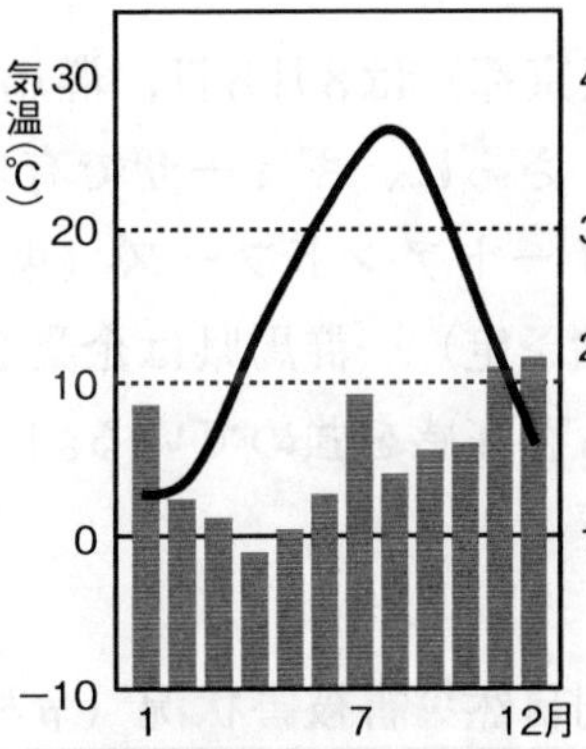

年平均気温:13.9℃
年間降水量:1821㎜

ウ、

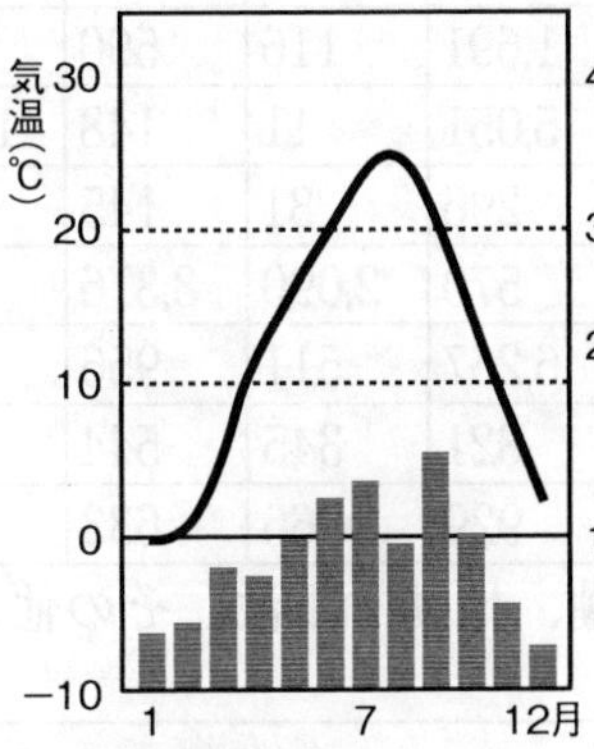

年平均気温:11.8℃
年間降水量:1031㎜

エ、

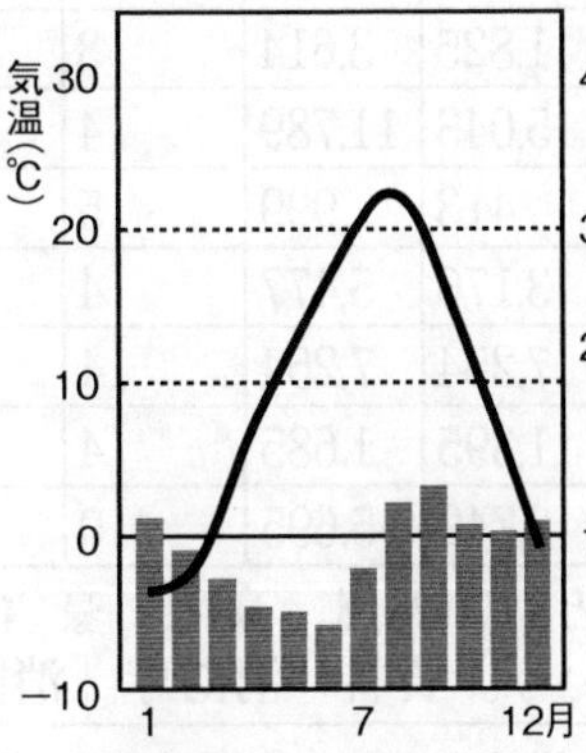

年平均気温:8.9℃
年間降水量:1106.5㎜

(4)　火山に関して述べた文のうち、**間違っている**ものを次から一つ選び、記号で答えなさい。

ア、火山周辺には火山活動で形成された大きなくぼみであるツンドラと呼ばれる地形が広がる。

イ、火山灰が降り積もってできたシラス台地では、水はけのよい土壌《どじょう》の特《とく》徴《ちょう》から野菜や茶が栽培《さいばい》されている。

ウ、火山周辺の「マグマだまり」を熱源として、地熱エネルギーを利用した地熱発電が行われている。

エ、火山周辺の地熱地帯では、発電以外にも、暖房《だんぼう》、施設園芸《しせつえんげい》、浴用など各温度段階で様々に利用されている。

問７　次の資料を読み、群馬県が企業《きぎょう》や人々の移転先として注目されている要因について、あなたの考えを書きなさい。

【資料１】

「NTT（東京都）は8月8日、群馬県高崎《たかさき》市に「本社組織の分散拠点《きょてん》を設置」することを発表。さらに、ギョーザで有名な「大阪王将」ブランドの冷凍《れいとう》ギョーザを生産・販売《はんばい》するイートアンドフーズ（東京都）も、群馬県板倉町に第三工場を建設中（10月操業開始予定）…群馬県は企業などの「移転・進出」だけでなく、生活者の「移住」先としても存在感を強めている。」（「朝日新聞」2022年8月21日）

【資料２】

都道府県別自然災害被害状況（令和元年）

都道府県	※ り災 世帯数	り災 者数	人的被害（人）		建物（住家）被害（棟）				その他	
			死者,行 方不明者	負傷者	全壊	半壊	床上 浸水	床下 浸水	河川 （箇所）	崖くずれ （箇所）
全国	48,343	86,149	159	1,350	3,705	34,479	8,776	29,885	10,612	2,418
茨城	1,825	3,614	3	45	150	1,691	116	590	155	55
栃木	5,043	11,789	4	24	82	5,051	11	148	1,302	308
群馬	413	999	5	16	22	296	31	145	328	21
埼玉	3,176	5,477	4	45	107	570	2,090	3,376	133	162
千葉	7,254	7,254	14	118	476	6,267	511	956	158	−
東京	1,395	1,685	4	19	56	821	345	544	192	90
神奈川	2,742	5,695	10	57	67	929	966	633	152	512

自然災害とは、暴風、豪雨、豪雪、洪水、高潮、地震、津波、その他の異常な自然現象をいう。資料　消防庁「消防白書」

※　り災…災害にあい、損害をこうむること。　（「総務省統計局2019」）

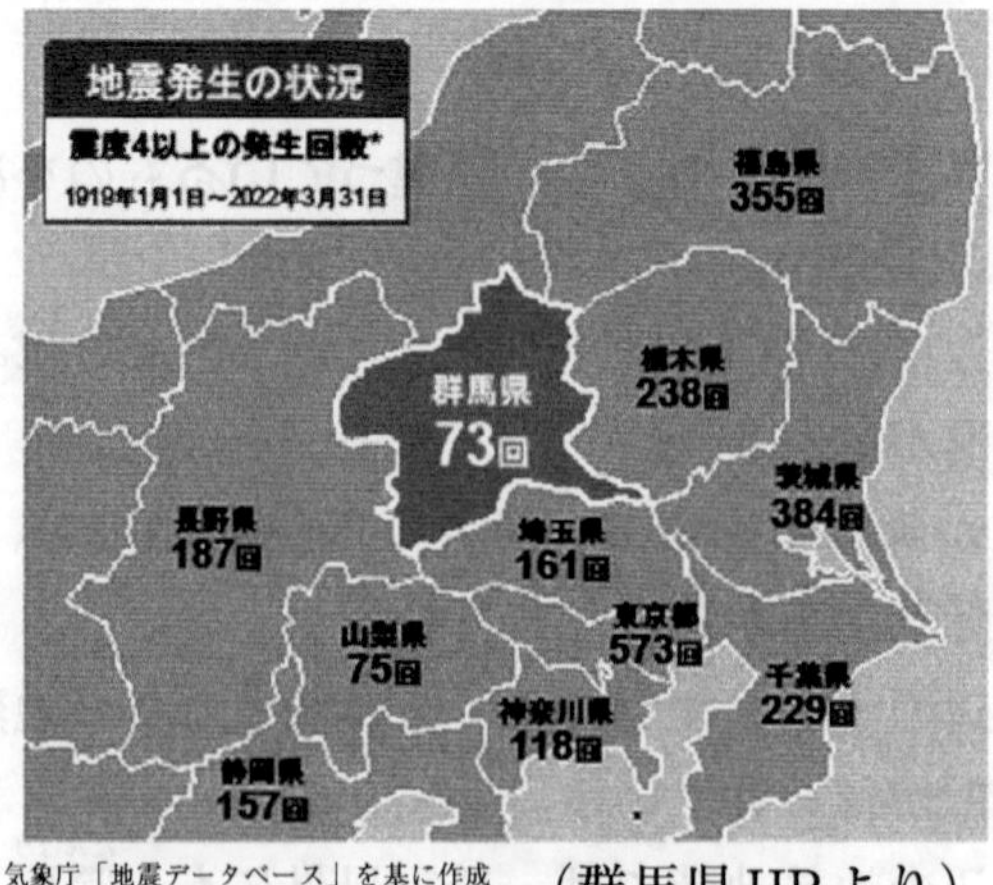

気象庁「地震データベース」を基に作成　（群馬県HPより）

【資料３】

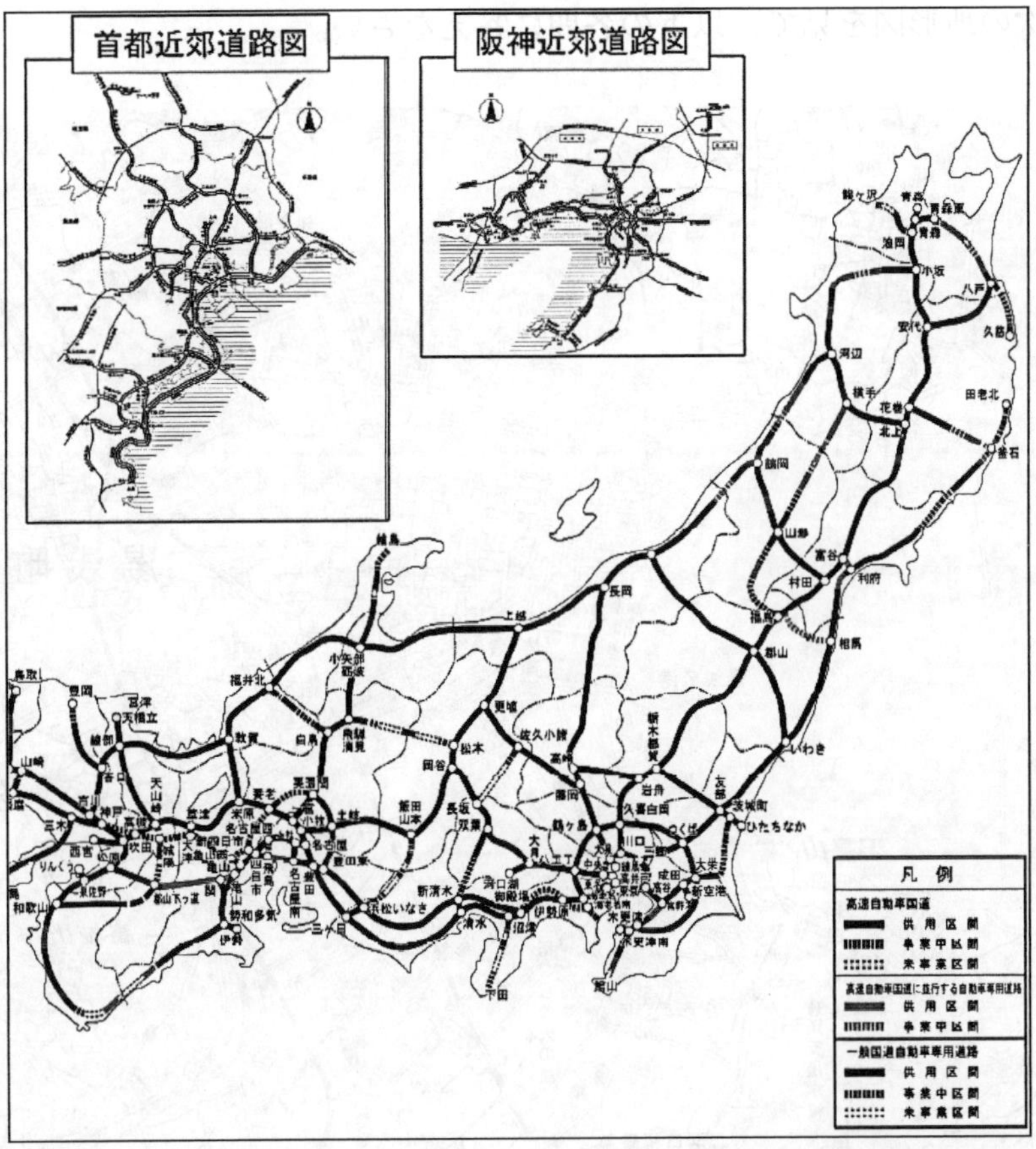

（「交通政策白書 2019」）

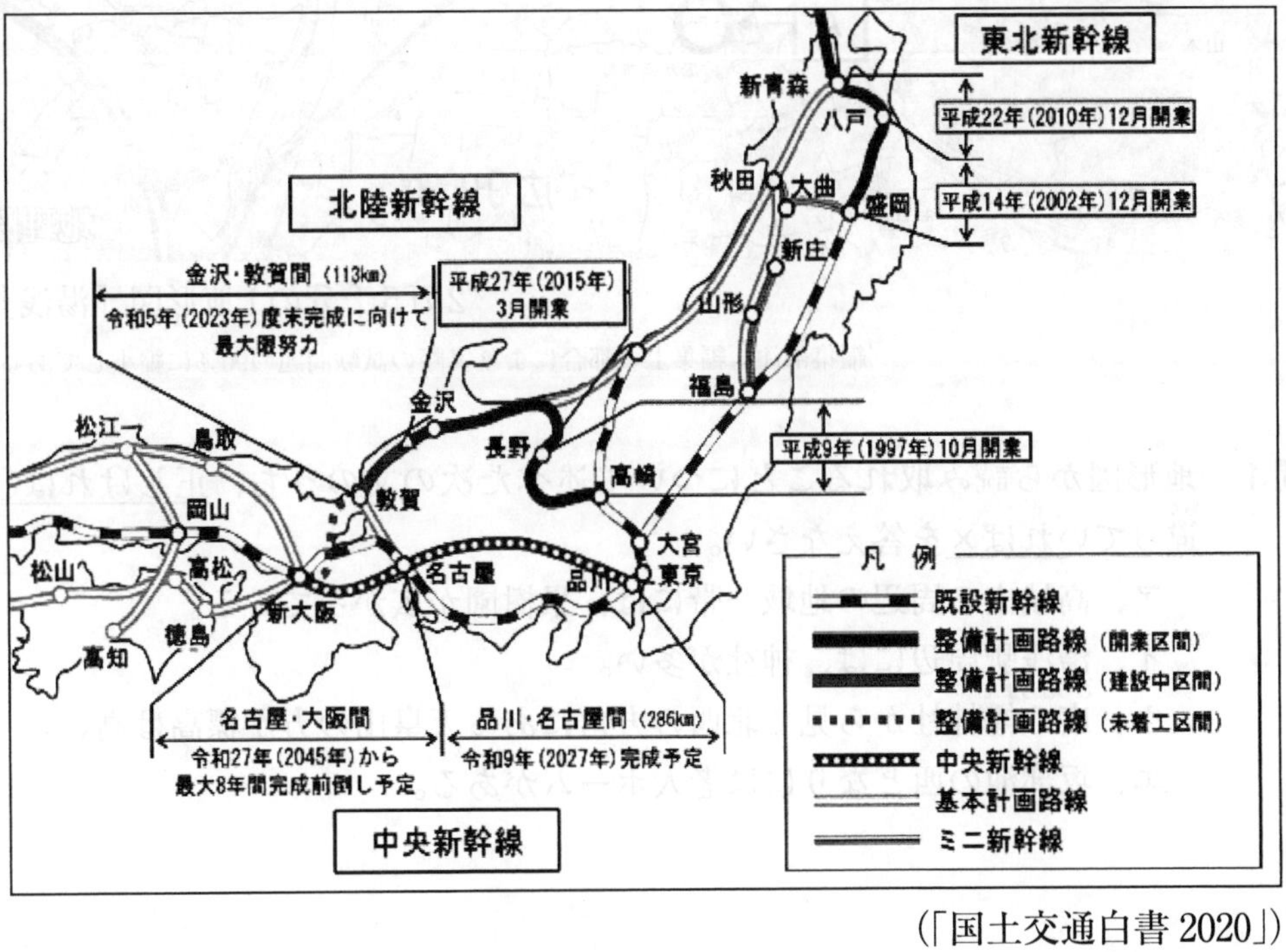

（「国土交通白書 2020」）

2 次の地形図を見て、以下の各問に答えなさい。

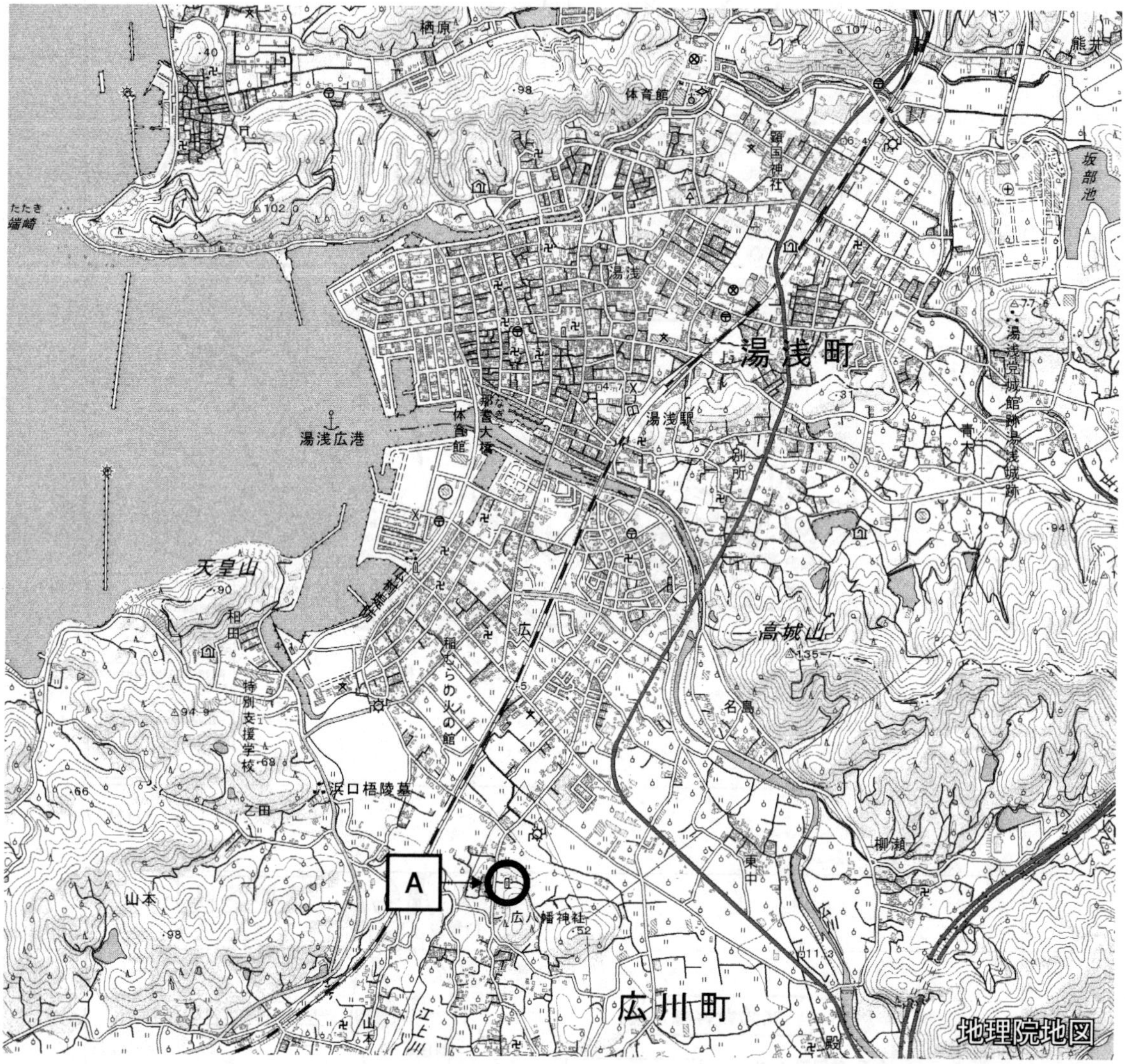

2万5千分の1地形図「湯浅」より

〈編集部注：編集上の都合により実際の試験問題の90%に縮小してあります。〉

問1 地形図から読み取れることについて述べた次の文のうち、正しければ○、間《ま》違《ちが》っていれば×を答えなさい。

ア、高城山の周辺の地域一帯には、果樹園が広がっている。

イ、湯浅駅周辺には、神社が多い。

ウ、広八幡《ひろはちまん》神社から見て北西の方角にある天皇山の方が標高は高い。

エ、坂部池の西となりには老人ホームがある。

問２　地形図中の広村堤防《ていぼう》から高城山までの直線距離《きょり》は地図上で５㎝である。実際の距離を答えなさい。

問３　地図中のＡの地図記号は、最も新しく追加されたものである。この地図記号があらわすものは次のうちどれか、一つ選び、記号で答えなさい。

【地図記号Ａ】

ア、風車　　イ、記念碑《ひ》　　ウ、史跡《しせき》　　エ、自然災害伝承碑

問４　この地形図の地域において発生する自然災害としてあてはまらないものを次から一つ選び、記号で答えなさい。

ア、やませによる不作　　イ、大雨による土砂崩《くず》れ
ウ、地震による津波《つなみ》災害　　エ、洪水《こうずい》による浸水《しんすい》被害

問５　自然災害から身を守るために作成された地図を何というか、答えなさい。

問６　防災に関する次の文章を読み、以下の各問に答えなさい。

「防災の日」が制定されたのは1960年です。９月１日に決まったのは、今から100年前の①関東大震災《だいしんさい》が起こった日であることや、その後の伊勢湾《いせわん》台風に代表されるように、９月１日前後は１年で最も台風が多く上陸する時期であることに由来しています。1982年以降は、９月１日をふくむ１週間が「防災週間」と定められ、国民全体で災害への備えを充実《じゅうじつ》・強化する期間になっています。

そして、もう一つ大切な防災の日があります。11月５日の「津波防災の日」「世界津波の日」です。これは、1854年に起こった「②安政南海地震」による津波が和歌山県をおそった際の「稲《いな》むらの火」にちなんでいて、2015年には、③国連総会で「世界津波の日」として採択《さいたく》されました。

さらに、④東日本大震災が起こった３月11日を「防災教育と災害伝承の日」にしようという動きがあります。

(1)　下線部①・④の自然災害について説明した文章を、次からそれぞれ一つずつ選び、記号で答えなさい。

ア、死者・行方不明者10万人以上にのぼる、日本史上最悪と呼ばれる地震災害。昼食の準備で火を使っていたことや、強風がふいていたことから火災による被害が拡大した。

イ、淡路島《あわじしま》北部を震源《しんげん》とする地震で、6000人以上の死者・行方不明者が出た。道路・鉄道・電気・水道・ガス・電話などのライフラインが寸断された。これ以降、都市型災害および地震対策において、ライフラインの早期の復旧、活断層などへの配慮《はいりょ》などの行政の対策などが注目されるようになった。

ウ、伊豆《いず》から四国までの広範《こうはん》な地帯で立て続けに起こった地震により死者数千名、倒壊《とうかい》家屋３万軒《けん》以上という被害が出た。この災害時に、浜口梧《はまぐちご》陵《りょう》が津波から村人を救った話は、ラフカディオ・ハーン（小《こ》泉《いずみ》八雲《やくも》）によって広く人々に知られるものとなった。

エ、三陸沖《おき》を震源とした震度《しんど》7の巨大《きょだい》地震による津波や火災によって、1万8000人以上の死者・行方不明者が出た。震度5を観測した首都圏《けん》では交通機関が止まったため多くの帰宅困難者が発生した。

(2) 下線部②が起こった時代には、日本各地で大きな地震が立て続けに発生した。その後、当時の人々によって描《か》かれた「なまず絵」が流行した。当時は、なまずが地震を起こすといわれ、この絵には、なまずをこらしめる様子がマンガ仕立てで描かれている。次のなまず絵を見て、**読み取れないもの**を一つ選び、記号で答えなさい。

「国立国会図書館所蔵」

なまず：「アメリカはいろいろな国から人が集まるので、食べ物が不足し、日本まで米や大根を求めてくるが、早く立ち去れ」

人物Ａ（図の右側の人物）
：「アメリカは、昨日は職人でも見いだされて王となる国だ」

ア、なまずは、アメリカの来航によって日本の社会が混乱したことを語っている。

イ、人物Ａは、この絵が描かれた時代に日本に来航したペリーであると考えられる。

ウ、人物Ａは、アメリカでは身分に関《かか》わりなく大統領が選ばれることを語っている。

エ、なまずが人物Ａと手を結んで、日本を支配しようとしている。

(3) 下線部③について述べた文として、**誤っているもの**を次から一つ選び、記号で答えなさい。

ア、国際平和と安全をになう国際連合の機関は安全保障理事会である。

イ、国連総会の議決は、出席投票国の３分の１以上の賛成で成立する。

ウ、安全保障理事会の常任理事国には拒否権《きょひけん》が与《あた》えられ、1か国でも反対すれば否決される。

エ、国連にはUNESCOなどの専門機関があるとともに、国際紛争《ふんそう》の平和的な解決のためにPKOが行われている。

3 次の年表を見て、以下の各問に答えなさい。

時代・年代	出来事	時期区分
縄文時代	狩りや漁が行われた	A
弥生時代	稲作が本格的に始められた 邪馬台国の女王【　あ　】が魏《ぎ》に使いを送った	B
古墳時代	渡来人により大陸の技術や文化が伝えられた 【　い　】から仏教が伝わった	C
飛鳥時代	天皇中心の政治のしくみがつくられ、仏教中心の文化が栄えた 607年　【　う　】が遣隋《ずい》使として派遣された	D
奈良時代	律令によって政治を整え、中国の影響をうけた文化が栄えた 720年　日本の歴史書である【　え　】が完成した	E
平安時代	遣唐使が停止され、日本風の文化が発達した 【　お　】が摂政の位につき、政治の実権をにぎった	F
鎌倉時代	武士の政権である鎌倉幕府が開かれた 1281年　【　か　】(蒙古襲来)が起こった 1333年　鎌倉幕府が滅亡した	G
室町時代	足利尊氏により室町幕府が開かれた 15世紀初めに日明貿易が始まった 1467年　【　き　】が起こり、戦乱の世になった	H
安土・桃山時代	織田信長が室町幕府を再興した 1592年　豊臣秀吉が【　く　】を起こした	I
江戸時代	1603年　徳川家康が江戸に幕府を開いた 1854年　アメリカと【　け　】条約を結び、開国した 1867年　大政奉還がなされた	J
明治時代	1889年　大日本帝国憲法が制定された 1894年　日清戦争が起こった 1910年　韓国併合を行った	K
大正時代	1914年　第一次世界大戦が起こった 1923年　関東大震災が発生した	L
昭和時代	1939年　第二次世界大戦が起こった 1945年　ポツダム宣言を受諾し、終戦をむかえた 1965年　【　こ　】が結ばれ、国交が正常化した 1972年　中国との国交が正常化した	M
平成時代	1990年　東西ドイツが統一された 2001年　アメリカで同時多発テロ事件が起こった 2008年　世界金融危機が起こった	N

問１　年表の空欄【　あ　】～【　こ　】にあてはまる語句を次の語群《ごぐん》からそれぞれ一つずつ答えなさい。

【語群】　小野妹子　文禄の役　日米和親　応仁の乱　弘安の役
卑弥呼　菅原道真　藤原道長　日米修好通商　日韓基本条約
百済《くだら》　高句麗《こうくり》　日本書紀　蘇我馬子　日ソ共同宣言

問２　次の世界遺産に登録された文化財ア～エと関わりの深い時代を、年表の時期区分Ａ～Ｎの中から一つずつ選びなさい。

ア、

イ、

ウ、

エ、

問３　次の資料ア～エと関わりの深い時代を年表の時期区分Ａ～Ｎの中から一つずつ選びなさい。

ア、

イ、

ウ、

エ、

4 次の文章を読み、以下の各問に答えなさい。

複雑で多様化した現代社会では、情報化社会の形成や公害・環境《かんきょう》問題の深刻化など、憲法制定時には予想ができなかったような現象や問題が生じている。そこで、現在ではそれらに対応した（a）新しい権利の保障が求められるようになった。（b）国や大企業が持つ情報の開示を請求《せいきゅう》する権利、（c）プライバシーの権利、環境権、（d）自分の生き方や生活のしかたを自身で決定・判断する権利などがその代表例である。

問１　下線部（a）に関して、次の問に答えなさい。

(1)　新しい人権は憲法第 13 条や第 25 条を根拠《こんきょ》としている。次の条文の空欄（　あ　）～（　え　）にあてはまる言葉を下のア～キからそれぞれ一つずつ選び、記号で答えなさい。

第 13 条　すべて国民は、（　あ　）として尊重される。生命、自由及《およ》び（　い　）に対する国民の権利については、公共の福祉《ふくし》に反しない限り、立法その他の国政の上で、最大の尊重を必要とする。
第 25 条　すべて国民は、（　う　）で（　え　）的な最低限度の生活を営む権利を有する。

ア、平等　　イ、文化　　ウ、個人　　エ、幸福追求　　オ、社会
カ、人間　　キ、健康

(2)　第 25 条中の下線部の権利を何というか、答えなさい。

問２　下線部（b）に関して述べた次の文のうち、**間違っている**ものを次から一つ選び、記号で答えなさい。

ア、この権利は、知る権利である。

イ、この権利は、憲法第 21 条の表現の自由の保障を根拠としている。

ウ、この権利を行使できるようにするため、1999 年に情報公開法が制定された。

エ、情報公開法では、個人情報の公開も含《ふく》まれている。

問3　下線部（c）のプライバシーの権利に関して、**間違っている**ものを次から一つ選び、記号で答えなさい。

ア、私事や私生活など自己の情報を他人から守る権利である。

イ、プライバシーの権利は日本国憲法の条文に明記されている。

ウ、2005年から個人情報保護法が施行《しこう》されている。

エ、個人情報保護法では、自己情報の誤った事実について訂正《ていせい》・利用停止を請求《せいきゅう》する権利が認められている。

問4　下線部（d）に関して、この権利に関する事例として**あてはまらないもの**を次から一つ選び、記号で答えなさい。

ア、インフォームドコンセント　　イ、臓器提供意思表示カード

ウ、輸血の拒否　　エ、ノーマライゼーション

問5　次の①～③の事例は新しい人権のどれにあてはまるか、下のア～エからそれぞれ一つずつ選び、記号で答えなさい。

① 三島由紀夫の小説は、外務大臣も務めたことのある元衆議院議員の主人公が料亭《りょうてい》の女将と再婚《さいこん》し離婚《りこん》するまでを描いたもので、一読して主人公が特定できるものであったため、主人公のモデルとなった男性が裁判所に訴えた。

② 大阪空港に離着陸《りちゃくりく》する航空機の騒音《そうおん》、振動《しんどう》、排《はい》ガスなどの被害を受けている周辺住民が、夜21時以降翌朝7時までの夜間飛行差し止めを求めた。

③ 毎日新聞の記者が、沖縄復帰にともない、日米間の密約の秘密電文を親しい女性事務官から入手して起訴《きそ》された。

ア、国や大企業が持つ情報の開示を請求する権利

イ、プライバシーの権利

ウ、環境権

エ、自分の生き方や生活のしかたを自身で決定・判断する権利

問6　近年のインターネットの普及《ふきゅう》により、新しい人権として、インターネット上に他人によって出された不都合な個人情報を消し去ることができる権利が主張されている。この権利を次から一つ選び、記号で答えなさい。

ア、アクセス権　　イ、肖像《しょうぞう》権

ウ、忘れられる権利　　エ、知的財産権

【理　科】〈１次Ａ試験〉（40分）〈満点：75点〉

1　電流計の使い方について、次の問いに答えなさい。

図１のような電流の大きさを測る装置のことを、電流計と言う。電流計は回路に対して（　①　）につなぐ必要がある。

電流計には「＋たんし」と「－たんし」がある。「－たんし」には5A、500mA、50mAの３つがあり、それぞれ計測できる最大の電流の大きさが異なる。回路に流れる電流の大きさが分からない場合は、（　②　）のたんしにつないで実験を行う。その理由は、（　③　）、（　④　）、電流計がこわれてしまうのを防ぐためである。

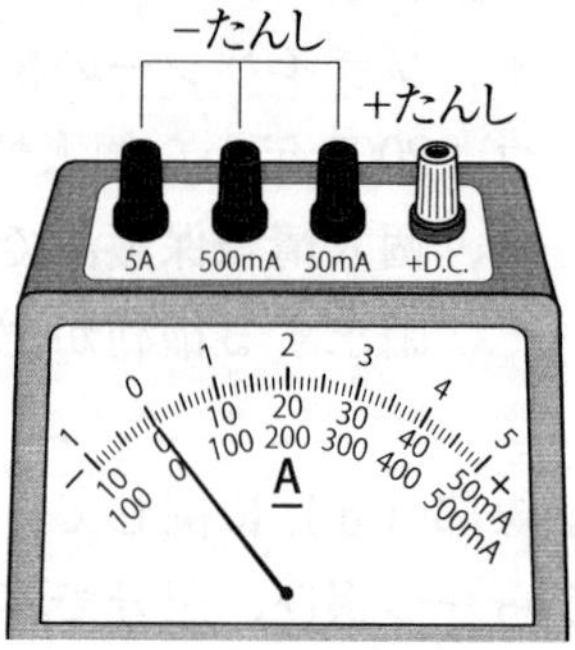

図１

問１　空欄の（　①　）～（　④　）に入ることばを選び、記号で答えなさい。

（　①　）の選択肢《せんたくし》　：　ア　直列　　イ　並列
（　②　）の選択肢《せんたくし》　：　ウ　5A　　エ　500mA　　オ　50mA
（　③　）の選択肢《せんたくし》　：　カ　大きな電流が流れ　　キ　電流が小さすぎ
（　④　）の選択肢《せんたくし》　：　ク　針が振《ふ》り切れて　　ケ　針が逆向きに動いて
　　　　　　　　　　　　　コ　針が曲がって　　サ　針がしん動を続けて

問２　電流計が図２の状態のとき、流れている電流の大きさは何Ａですか。

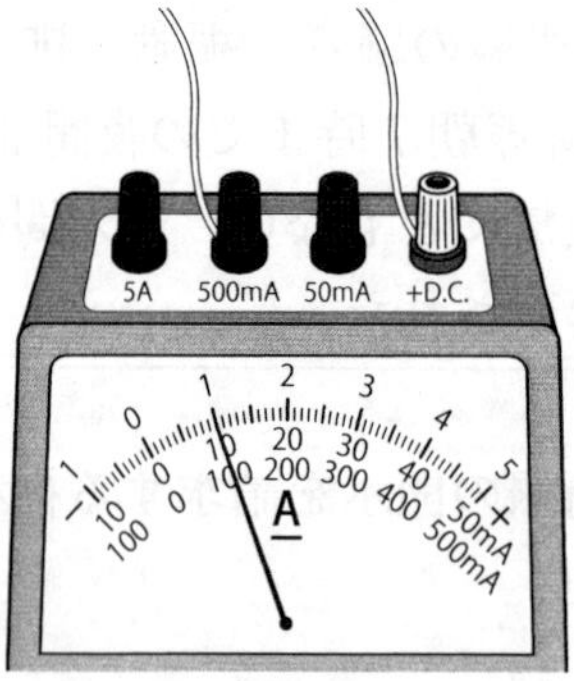

図２

問３　図３のＡの豆電球に流れる電流を2Aとすると、Ｂ，Ｃの豆電球に流れる電流の大きさは何Ａですか。ただし、図３に出てくる電池、豆電球はすべて同じものとします。

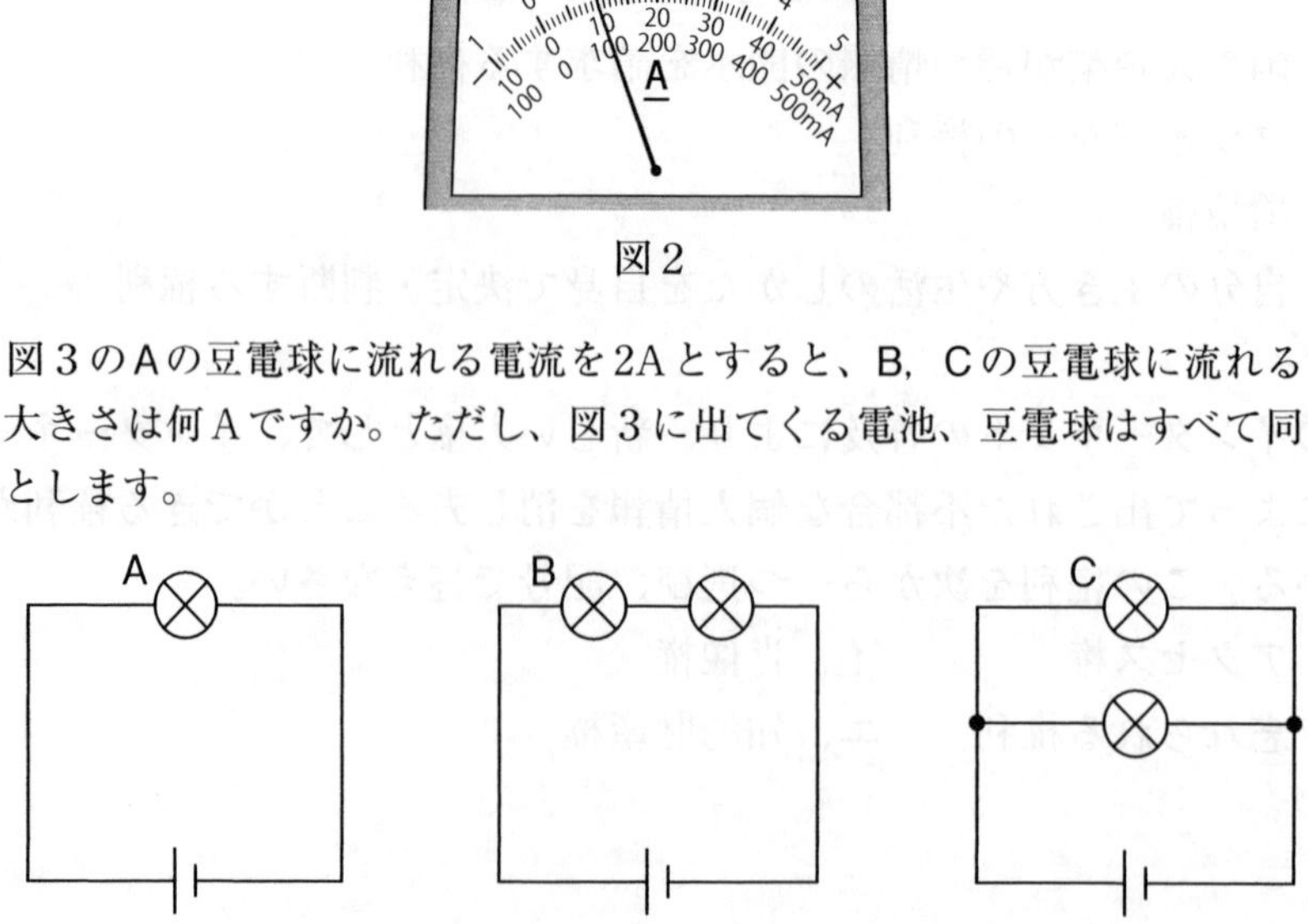

図３

2 ふりこについて、次の問いに答えなさい。

図１のように、長さの異なるふりこを用意して、10gのおもりが10往復するのにかかる時間を測定した。

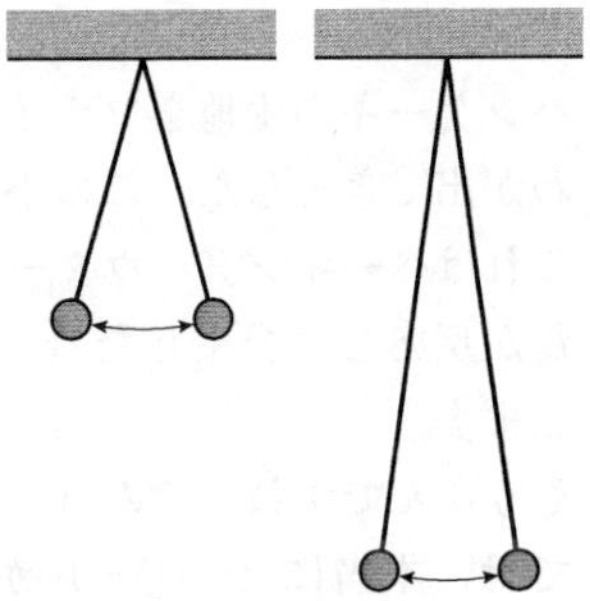
図１

問１ 図１でおもりが往復するのにかかる時間として適切なものを選び、ア～ウの記号で答えなさい。

ア　左のふりこの方が長い
イ　右のふりこの方が長い
ウ　どちらの長さでも同じ時間がかかる

図２のように、左右にそれぞれ10g、20gのおもりを用意して、同様の実験を行った。

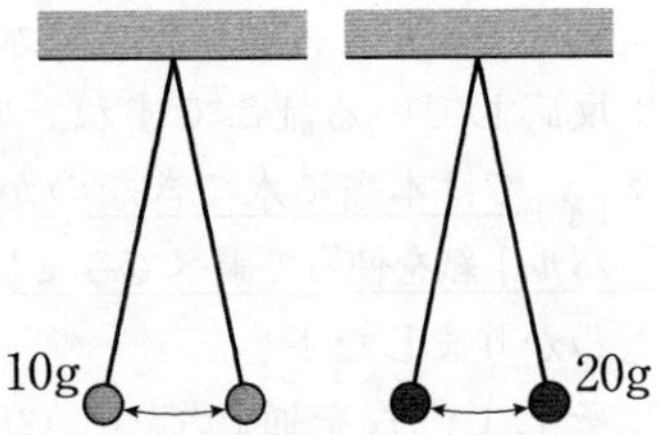

図２

問２ 図２でおもりが往復するのにかかる時間として適切なものを選び、ア～ウの記号で答えなさい。

ア　左のふりこの方が長い
イ　右のふりこの方が長い
ウ　どちらのおもりでも同じ時間がかかる

図３のように、振《ふ》れ幅《はば》を変えて同様の実験を行った。

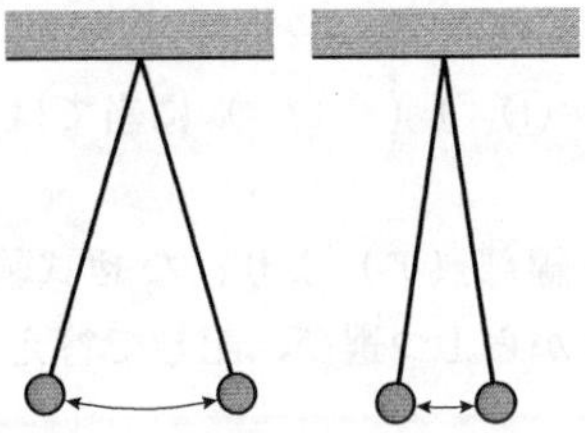
図３

問３ 図３でおもりが往復するのにかかる時間として適切なものを選び、ア～ウの記号で答えなさい。

ア　左のふりこの方が長い
イ　右のふりこの方が長い
ウ　どちらの振《ふ》れ幅《はば》でも同じ時間がかかる

問４ ふりこが10往復するのにかかる時間の測定方法として適切なものを選び、ア～エの記号で答えなさい。

ア　10往復する時間を10回測定し、平均の値を用いる。
イ　10往復する時間を10回測定し、最も多く出てきた値を用いる。
ウ　10往復する時間を10回測定し、最大の値を用いる。
エ　10往復する時間を10回測定し、最小の値を用いる。

3 横須賀《よこすか》タロウくんはパンケーキを食べるために、パンケーキミックスをこう入しました。タロウくんはパンケーキを作る工程である疑問を持ち、先生に質問しました。

タロウ：パンケーキの生地をフライパンで焼いていると、表面からぷつぷつと小さなあわが出てきました。この小さなあわの正体って何ですか？

先　生：これはベーキングパウダー（ふくらし粉）に含《ふく》まれている（　①　）という物質が反応して発生した（　②　）です。（　①　）のことを重曹《じゅうそう》と呼んだりもします。

タロウ：そうなんですね。その（　①　）を使って何か実験できませんか？

先　生：では、本当に（　①　）から（　②　）が発生しているのか、確認してみましょう。

まず、（　①　）を適量量り取り試験管Aに入れ、図のようにスタンドで固定し熱します。ここで(ア)試験管Aの口が少し下がるように注意してください。

タロウ：わかりました。

先　生：熱していくと、試験管Aに水てきがついてきます。

タロウ：反応している証こですね。でも、本当に水てきなのですか？

先　生：(イ)では本当に水てきなのか塩化コバルト紙を使って調べてみましょう。

タロウ：わかりました！

先　生：そして、管《くだ》を通して（　②　）が試験管Bに収集されます。最後に(ウ)（　②　）の正体を確認して終わりにしましょう。

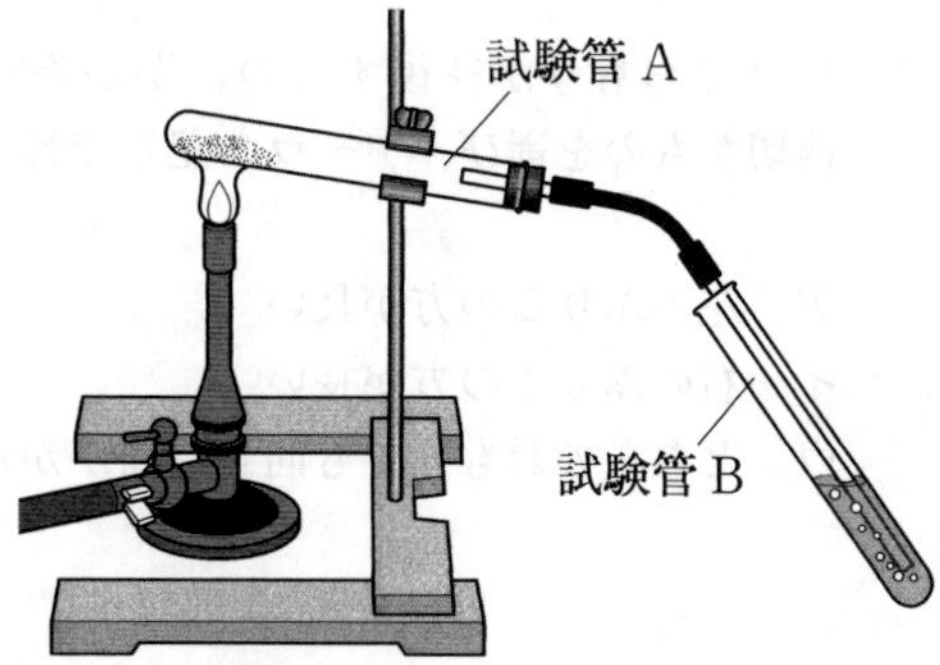

図　組み立てた実験装置

問1　（　①　）（　②　）に当てはまる物質を答えなさい。

問2　下線部（ア）より、なぜ試験管Aの口を少し下げるか、その理由を以下のア～エから1つ選び、記号で答えなさい。

ア　火をよく当てるため。
イ　試験管をななめにすることで、反応を速めるため。
ウ　発生した気体を効率よく収集するため。
エ　試験管の破損を防ぐため。

問3　下線部（イ）より、塩化コバルト紙はどのように変化して水てきと分かったか。簡潔に述べなさい。

問4　下線部（ウ）より、（　②　）を判断するためにはどのような操作があるか。操作と結果を簡潔に述べなさい。

4　２種類の植物Ａ、Ｂについて、葉に当てる光の量と葉のデンプン量の関係を調べる実験を行い、その結果をグラフに表しました。横軸《よこじく》は葉に当てた光の量、縦軸《たてじく》は葉面積1cm^2、１時間当たりの葉におけるデンプンの増加量と減少量です。次の先生とタロウくんの会話している文章を読み、以下の問いに答えなさい。

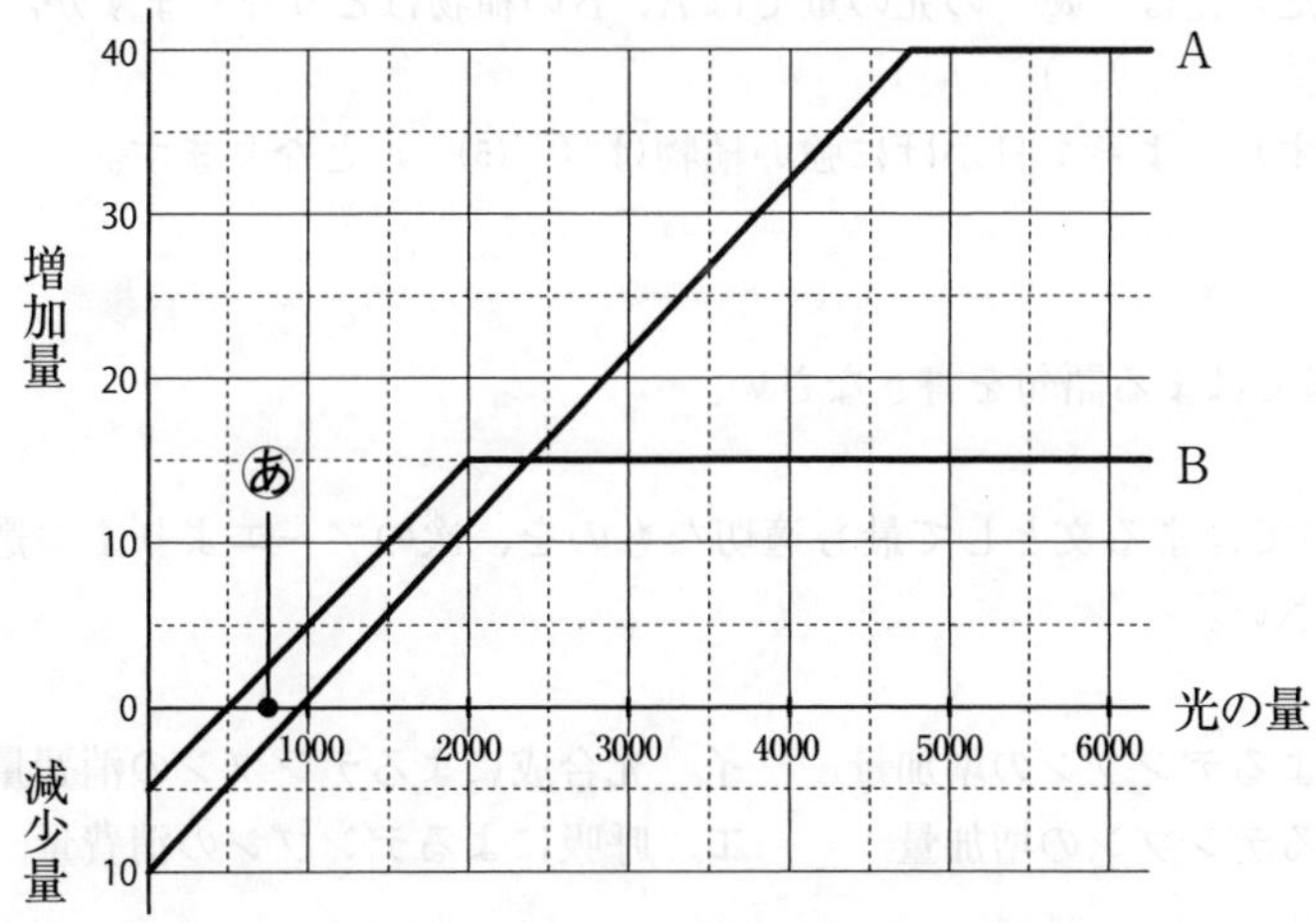

図　光の量と葉のデンプン量の関係

先　生：光合成は葉の細ぼうの中にある緑色の粒《つぶ》で行われていますが、この緑色の粒《つぶ》を何といいますか。

タロウ：（　①　）です。

先　生：そうだね。さてこの実験だが、Ａ、Ｂともに光の量が0のときにはデンプンが減少しているね。これはなぜだろう。

タロウ：光の量が0ということは光合成していないから、この減少量は（　　②　　）だと思います。

先　生：そうなるね。植物は光合成だけしているわけではないからね。

タロウ：植物Ａでは光の量が1000のときにデンプン量の増減が0ということは、このとき植物Ａは光合成をしていないということですか。

先　生：いや、植物に光が当たっているので光合成はしているよ。

タロウ：でも、デンプン量は増加していませんよね。

先　生：この場合は、呼吸によるデンプンの消費量が10、光合成によるデンプンの増加量が10なので、差し引き0となります。光が当たっていても、常に呼吸によりデンプンが10消費されているんです。

タロウ：ということは植物Ａにおいて、光の量が2000のときには光合成によるデンプンの増加量は（　③　）ということになりますね。

先　生：正解です。それでは植物Ａにおいて、光の量が2500のときの葉のデンプンの増加量は15となりますが、それは分かりますか。

タロウ：光の量が2500のときの光合成量が25、呼吸量は光が当たっていても10なので、25－10＝15となり、この15が葉のデンプンの増加量ですね。

先　生：その通り。

タロウ：植物Ａは光の量が4750を超《こ》えるとそれ以上デンプンが増加しなくなりますね。
先　生：4750という光の量は植物Ａの光合成の限界ということなんだろうね。
タロウ：ところでこのＡ、Ｂの植物の違《ちが》いは何ですか。
先　生：日なたを好む植物と日かげに強い植物、の違《ちが》いです。植物が生育するためには光合成で作られるデンプン量が呼吸で消費するデンプン量を上回らなければなりません。たとえば　ⓐ　の光の量ではＡ、Ｂの植物はどうなりますか。
タロウ：(　　　　④　　　　)
先　生：そうなりますね。よって日かげに強い植物は（　⑤　）となります。

問１　（　①　）に当てはまる語句を書きなさい。

問２　（　②　）に当てはまる文として最も適切なものを、次のア～エより１つ選んで記号で答えなさい。

ア　光合成によるデンプンの増加量　　**イ**　光合成によるデンプンの消費量
ウ　呼吸によるデンプンの増加量　　**エ**　呼吸によるデンプンの消費量

問３　（　③　）に当てはまる数値として最も適切なものを、次のア～オより１つ選んで記号で答えなさい。

ア　5　　**イ**　10　　**ウ**　15　　**エ**　20　　**オ**　25

問４　（　④　）に当てはまる文として最も適切なものを、次のア～エより１つ選んで記号で答えなさい。

ア　Ａ、Ｂ両方の植物とも生育できる。
イ　Ａ、Ｂ両方の植物とも生育できない。
ウ　Ａの植物は生育できるが、Ｂの植物は生育できない。
エ　Ａの植物は生育できないが、Ｂの植物は生育できる。

問５　（　⑤　）に当てはまる植物として最も適切なものを、次のア・イより１つ選んで記号で答えなさい。

ア　植物Ａ　　**イ**　植物Ｂ

問６　光の量が5000のとき、植物Ａの光合成によるデンプンの増加量はいくらですか。ただし、葉面積$1cm^2$、１時間当たりとします。

問７　光の量が5000のときの、植物Ａの光合成によるデンプンの増加量と植物Ｂの光合成によるデンプンの増加量の比を求めなさい。

問８　Ａ、Ｂ両方の植物が生育することができ、葉のデンプンの増加量が植物Ａを植物Ｂが上回るのは、光の量がどの範囲《はんい》の場合ですか。最も適切なものを、次のア～クより１つ選んで記号で答えなさい。

ア　0～500　　**イ**　500～1000　　**ウ**　500～2500　　**エ**　1000～2000
オ　1000～2500　　**カ**　1500～2000　　**キ**　2000～2500　　**ク**　2500以上

問９　植物Ａを、１日のうち光の量5000の場所に12時間置き、その後暗室（光の量が0の場所）に12時間置いた。このとき植物Ａにおいて、葉$100cm^2$当たりの葉のデンプンの増加量を求めなさい。

5　図１は道路わきの地層のようすを示したものです。この地層は、下の層から順に積み重なったものとして、次の問いに答えなさい。

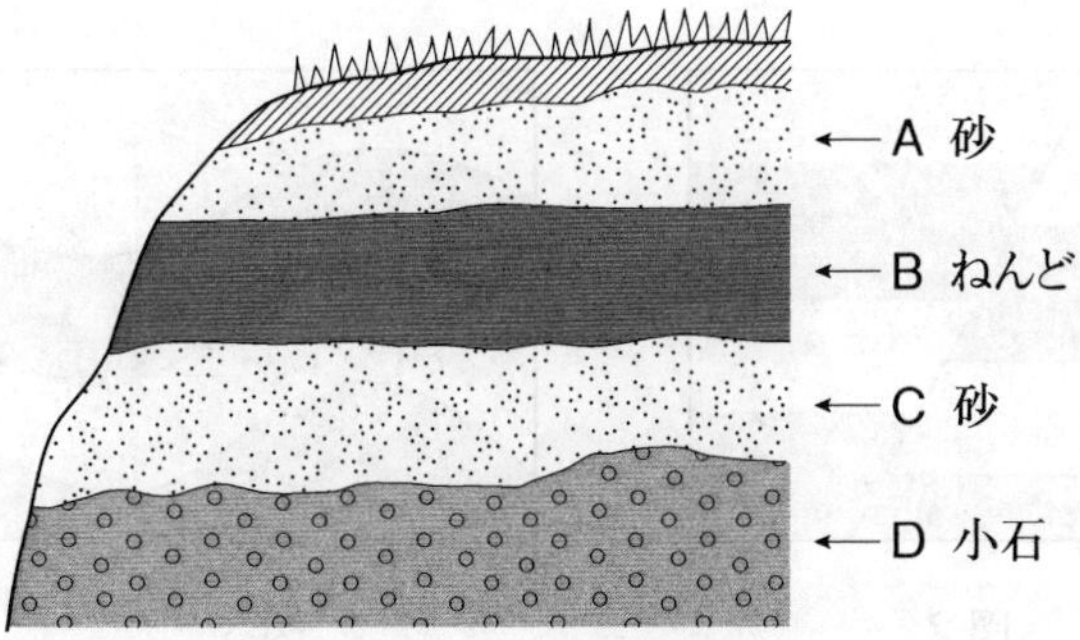

図１

問１　観察した日の前日は雨が降っていました。地層を観察したところ、水がしみ出ている場所がありました。特に多く水がしみ出ていた所はどこですか。次のア～エの中から１つ選び、記号で答えなさい。

ア　ＡとＢの層の間　　**イ**　ＢとＣの層の間
ウ　ＣとＤの層の間　　**エ**　Ｄの層のさらに下

問２　Ｃの層の中に、アサリの化石がふくまれていました。Ｃの層ができた場所はどんな所だったと考えられますか。次のア～エの中から１つ選び、記号で答えなさい。

ア　湖　　**イ**　川の上流　　**ウ**　浅い海　　**エ**　深い海

問３　Ｄの層に見られる小石は、角がとれてまるみをおびていました。その理由を答えなさい。

問４　地層の粒《つぶ》の大きさから、水の深さの変化を知ることができます。D→C→B→Aと地層が積み重なっていくとき、深さがどのように変化したと考えられますか。次のア～オの中から１つ選び、記号で答えなさい。

	D→C	C→B	B→A
ア	浅くなった	浅くなった	深くなった
イ	浅くなった	深くなった	浅くなった
ウ	浅くなった	深くなった	深くなった
エ	深くなった	浅くなった	浅くなった
オ	深くなった	深くなった	浅くなった

問５　地層の中には図１とは違《ちが》う見た目のものもあります。以下の問いに答えなさい。

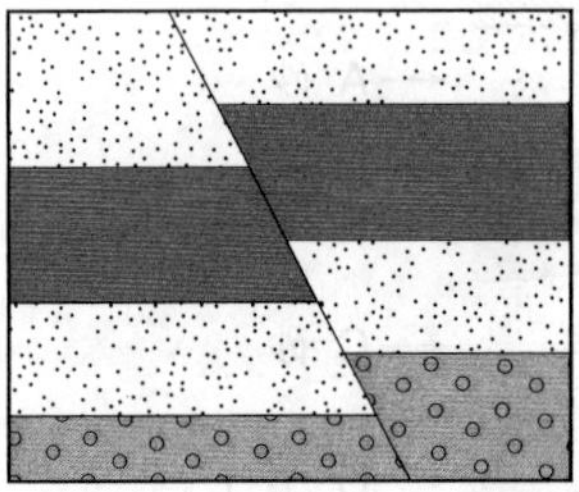

図２

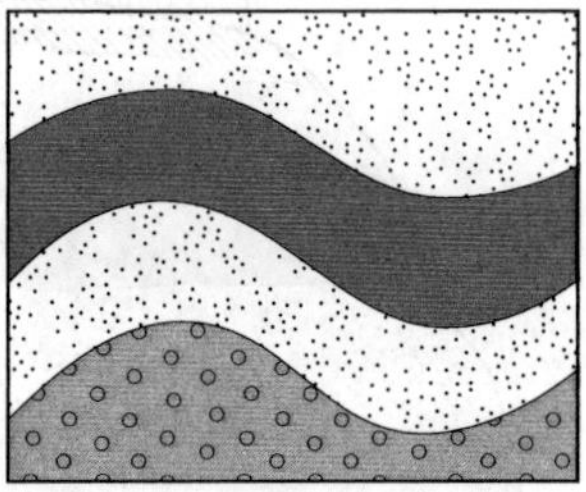

図３

①　図２のように、地層に大きな力がはたらいて、地層がある面を境にしてずれることを何というか。

②　図３のように、地層に横から力がはたらいて、おし曲げられたようになることを何というか。

問七　――6「ネコのきわめて実利的な面」とは、具体的にどのようなことですか。「～こと。」に続くかたちで文章中から十字でぬき出しなさい。

問八　――7「精神的な面」とありますが、ネコのどのようなことが精神的な面で重要とされていましたか。文章中から一字でぬき出しなさい。

問九　[8]にあてはまる言葉を文章中から二字でぬき出しなさい。

問十　この文章を四つのまとまり（意味段落）に分けたときに、三段落となる段落の初めの五字を文章中からぬき出しなさい。

七

あなたにとっての昨年一年間を漢字一字で表すと何になりますか。漢字一字をあげ、その理由を百五十字以内でまとめなさい（句読点や記号も一字と数えること）。

問一　（　Ａ　）〜（　Ｄ　）にあてはまる最もふさわしいものを、次の中からそれぞれ選び、記号で答えなさい（同じ記号を二回使ってはいけません）。

ア、しかし　　イ、さて　　ウ、つまり　　エ、そして

問二　――１「かけがえのない」の意味として最もふさわしいものを次の中から選び、記号で答えなさい。

ア、小さくて愛らしい
イ、代わりはいくらでもいる
ウ、何でも言うことを聞く
エ、この上なく大切な

問三　――２「これ」とは何を指しますか。「〜ということ。」に続くように、主語を明らかにして、文章中の言葉を使って十五字以上二十字以内で答えなさい。

問四　［３］にあてはまる漢字としてふさわしいものを次の中から一つ選び、記号で答えなさい。

ア、耳　　イ、口　　ウ、鼻　　エ、目

問五　――４「こういう連中」はどのように生み出されたのですか。次の文の空らんにあてはまる言葉を、文章中から七字でぬき出しなさい。

新たな犬の品種を生み出す際に（　七字　）を持つものを選んで改良をすすめた。

問六　――５「大きさも体形もほぼ似かよっていた」とありますが、その理由として最もふさわしいものを次の中から選び、記号で答えなさい。

ア、野良犬は、人間から好まれる外見をしていないとエサをもらうことができないため、外見の悪い犬が生き残れなかったから。
イ、野良犬は、犬の祖先であるオオカミと同じような外見や性格になるように、人間が品種改良をしてつくり出した品種だから。
ウ、野良犬が町で生き残るためには、他の野生生物との競争にも負けない、たくましい身体を持たなければならなかったから。
エ、野良犬が町で生きぬくためには、その環境に適した大きさや体形である必要があり、それに合ったものが生き残ったから。

こういうのは6ネコのきわめて実利的な面である。店に客を呼ぶとされる日本の招き猫もその一つかもしれない。

（ D ）、ネコにはもっと7精神的な面もあった。ネコは犬とちがってどこか*8毅然《きぜん》としたところがある。人間に忠誠心をつくすということもなく、ネコは自分自身で生きている。ネコ好きの人にはネコのこの姿がたまらない。ネコはその姿ゆえに、人に愛され何千年にわたって人とむすびついてきたのである。

ネコは狩りのためでもなく、護身用でもなく、その姿のために育種されてきた。だからやたらと大きな品種もなく、短足の品種もない。問題はほとんど毛色である。「黒いネコでも白いネコでもネズミを捕《と》るのは良いネコだ」といったのは*9鄧小平《とうしょうへい》だが、これはごく実利的なたとえにすぎない。黒ネコには黒ネコの、白ネコには白ネコの雰囲気《ふんいき》と気品がある。

犬とネコのこのちがいは、犬が群れで獲物をとるパック・ハンターであるのに対し、ネコは単独生活をする待ち伏せ型の動物だということによる。人間に対する犬の［ 8 ］は、群れのリーダーに対する服従が形を変えたものにすぎない。*10孤高《ここう》ともみえるネコの性質は、単独生活者のそれである。けれど犬もネコも、自分の食物を保証してくれる人間のことは大切に思っている。

（日高敏隆「動物の言い分　人間の言い分」より）

---

*1 ジャッカル…イヌ科の動物。オオカミに似ている。

*2 依存…他のものにたよって成り立っていくこと。

*3 育種…家畜《かちく》の新種を人の手によって作り出したり改良したりすること。

*4 チャールズ・ダーウィン…イギリスの生物学者。生物は進化するという「進化論」を唱えた。ダーウィンは「進化論」の中で生物が環境《かんきょう》に適応するために競争することで淘汰（選択）が起こり、環境に適応したものが生き残ると唱えた。

*5 人為…人が手を加えること。

*6 淘汰…よいものを取り、悪いものを捨てること。

*7 Cat City…日本語で「猫の都市」という意味。

*8 毅然…自分の考えを曲げずに貫く様子。

*9 鄧小平…二十世紀後半に活動した中華人民共和国の政治家。

*10 孤高…集団に属さず、ひとり自分の志を守るもの。

の犬がいると主張した。彼自身は忠誠心の強いオオカミ系の犬を好んでいた。もともと彼は「忠誠」というものが好きだったらしい。「忠誠心」のないネコを、彼は嫌《きら》っていた。

それはともかく、犬という一つの家畜《かちく》が、オオカミとジャッカルという二つのまったく異なる種に由来するという想定はどうみても奇妙《きみょう》である。今のブタにはイノシシ系と牛系がいるというようなものだ。ローレンツものちに自分の説を撤回《てっかい》し、今では犬はオオカミが飼いならされてさまざまな品種を生じたものとされている。

人間はじつにさまざまな犬の品種をつくりだしてきた。それはまさに、自分の望む性質をもったものに［３］をかけて、そのようなものを選択して*3育種してきたからにほかならない。このことは*4チャールズ・ダーウィンが進化論を唱えるにあたって、*5「人為《じんい》淘汰《とうた》」ならぬ「自然淘汰」という概念《がいねん》を抱《いだ》くうえできわめて基本的な発想源となった。

人間は特定の個人の護身犬としてのブルドッグもつくったし、いくつかの牧羊犬もつくった。救命用の巨大なセントバーナードもつくったし、ちっぽけな愛玩《あいがん》用のチンもつくった。狩猟《しゅりょう》の際の追いかけ用にポインターもつくったし、キツネの穴に潜《もぐ》りこめる短足のダックスフントもつくった。寒いメキシコの山地では、生きた湯たんぽになる毛のない犬、メキシカン・ヘアレス・ドッグもつくった。

だから今、世界にはさまざまな犬がいる。大きいものから小さいもの、毛の長いものから短毛はては無毛のもの、尾のあるものから尾のないもの、その他その他。すべて人為淘汰の産物である。

ただし4こういう連中は、人間がそれなりの世話をし、それなりの条件をつくってやらないとまともには生きていかれない。（Ｂ）、すべての品種が野良《のら》犬にはなれないのである。昔、町でよく見かけた「野良犬」は、じつに野良犬らしい姿をしていた。5大きさも体形もほぼ似かよっていた。それはそのころ町にあったごみ箱にのぼって中の食べものをあされる程度の大きさをしていなくてはならず、暑さにも寒さにも耐《た》えられる毛をまとっていなくてはならなかったのである。これは一種の自然淘汰かもしれない。

（Ｃ）犬の対極にあるのはネコだ。ネコと人間の歴史もまた古い。五千年前のエジプトでネコが大切にされていたことは有名だ。が、マレーシアのサラワク州（ボルネオ島北西部）の首都はクチン（Kuching）。Kuching とはマレー語でネコである。クチン市はみずから*7Cat City と名乗り、町のあちこちに大きなネコの像がある。古くから稲作《いなさく》地帯であったサラワクでは、米の貯蔵所に群がるネズミを防ぎ退治するうえで、ネコはこのうえない存在だった。エジプトにおけるのとまったく同じことである。やはりネズミに悩《なや》まされた船乗りも、船にネコを持ちこんだ。

六　次の文章を読んで、後の問いに答えなさい。

犬はふしぎな動物である。何千年いやもっと昔から、人間に連れそってきた。今では人間というより、個人個人の[1]かけがえのない伴侶《はんりょ》になっている。

子どもにとってもそれは同じことらしい。イギリスの動物行動学者兼《けん》ジャーナリストのデズモンド・モリスの書いた『年齢《ねんれい》の本』によると、人間の子どもは二歳《さい》になってはじめて、「四足の動物がすべて犬なのではない」ということに気づくそうである。

それまではいくら大人が教えても、子どもが手にとれる四足の動物のぬいぐるみはみんな「ワンワン」になってしまうという。

これは世界じゅうで同じらしい。日本ではワンワンになるのが、イギリスではたぶんdoggy《ドギー》かなにかになるのだろう。とにかく世界じゅうで同じく犬になってしまう、というのがおもしろい。なぜワンワンでなく「ニャンニャン」にならないのだろうか。

人間と犬のこの特別な関係の起源については、いろいろな人のいろいろな説がある。

動物行動学の開拓者《かいたく》とされるコンラート・ローレンツは、『人イヌにあう』という本で彼なりの説を展開している。

この本でローレンツが述《の》べているのは次のようなことだ。はじめ、犬の祖先であるオオカミやジャッカル[*1]は、人間どもが狩《か》りをして獲物《えもの》をとらえ、それを住み家に持ち帰って食べたあと、食べ残りを近くに捨てることを知って、人間たちのあとをつけてくるようになった。そのうちに、いつごろからかは知らないが、彼らは人間の先に立って、人間どもを獲物に先導し、（　Ａ　）そのあともついてくるようになった。こうして、彼らと人間との協力関係ができあがっていった。

そのうちに彼らは人間の近くで生活するようになり、オオカミもジャッカルも、「犬」になっていった。だから人間と犬との関係は、牛や馬の場合とはちがって、どちらがどちらを飼いならしたというようなものではなく、最初から互《たが》いに依存《いぞん》[*2]しあう関係であったのだとローレンツは強調するのである。

[2]これはほんとうにそうかもしれないとぼくは思う。今日《こんにち》の人間と犬との関係は、どうみても特別なものである。人間と犬の依存関係は、はじめから存在していたのかもしれない。

ローレンツの説への批判や疑問や反論は、犬の祖先がオオカミとジャッカルの二つであったということに対してである。ローレンツはこの考えに固執《こしつ》し、今日の犬にもオオカミ系の犬とジャッカル系

問十　――9「一所懸（　）」が、「真剣に物事をする」という意味の四字熟語になるように（　）にあてはまる言葉を漢字一字で答えなさい。

問十一　――10「ぼく、やっぱりこのままでいいや」とありますが、その理由として最もふさわしいものを次の中から選び、記号で答えなさい。

ア、目が弱っているお祖母ちゃんにセーターを編み直してもらうのは申し訳ないと思ったから。

イ、これ以上セーターの編み直しをお願いしたら、達子を本気で怒らせてしまうと思ったから。

ウ、袖の長いセーターは、成長に合わせて何年も着ることができると達子に教えられて納得したから。

エ、袖の長いセーターには、お祖母ちゃんの自分を思う気持ちが込められていることを知ったから。

問十二　――11「瞼の裏が熱くなった」とありますが、この時の裕之の心情として最もふさわしいものを次の中から選び、記号で答えなさい。

ア、自分を思うお祖母ちゃんの気持ちに気づけずにいたことを恥《は》じるとともに、お祖母ちゃんへの感謝の気持ちが込み上げている。

イ、袖が長すぎるセーターを直してもらおうとお祖母ちゃんに電話をかけたが、取り次いでもらうことすらできずにぼう然としている。

ウ、お祖母ちゃんの病気が思ったよりも進行していることを知り、病をかくして自分のセーターを編んでくれたことに感動している。

エ、袖が長いセーターに対して不満を抱《いだ》いていたことをお祖母ちゃんには気づかれずに済んだので、安心して胸をなで下ろしている。

問四　――3「お祖母ちゃんが、裕之のセーターを編むからと言ってきた」とありますが、お祖母ちゃんがセーターを編もうと思った理由が書かれている一続きの二文をぬき出し、最初の五字を答えなさい。

問五　――4「ママは、そっとつぶやいた」とありますが、この時のママの心情として最もふさわしいものを次の中から選び、記号で答えなさい。

ア、そそっかしくて失敗ばかりしているお祖母ちゃんに失望する気持ち。

イ、格好《かっこう》の悪いセーターを着させられた裕之をかわいそうに思う気持ち。

ウ、裕之が友だちにいじめられるきっかけを作ったお祖母ちゃんを責める気持ち。

エ、高齢《こうれい》のお祖母ちゃんに無理をさせてしまったのではないかと心配する気持ち。

問六　［５］にあてはまる言葉として最もふさわしいものを次の中から選び、記号で答えなさい。

ア、簡単　イ、勤勉　ウ、厄介《やっかい》　エ、お節介《せっかい》

問七　――6「手錠をかけられた犯人みたい」に使われている表現技法として最もふさわしいものを次の中から選び、記号で答えなさい。

ア、擬人《ぎじん》法　イ、倒置《とうち》法　ウ、比喩《ひゆ》　エ、体言止め

問八　――7「案の定」とはどのような意味ですか。最もふさわしいものを次の中から選び、記号で答えなさい。

ア、思ったとおり　イ、いつもどおり

ウ、安心したことに　エ、意外なことに

問九　［８］にあてはまる言葉として最もふさわしいものを次の中から選び、記号で答えなさい。

ア、お祖母ちゃんを起こそうか？

イ、袖が長くて、どうしていけないの？

ウ、わかった。明日の朝に聞いてあげるよ。

エ、お祖母ちゃんじゃ、直せないと思うよ。

「あ、……はい」

「あたしなんか、うらやましいぐらいだわ。あんたのために、お祖母ちゃんは好きなテレビも観《み》ないで編んでたんだから」

達子の語調が厳しくなってきたので、裕之は大あわてで受話器をおいた。

はずみで巻き上げた袖口がほどけて、てのひらが半分隠れてしまった。左手で巻き直していると、編み物をしているお祖母ちゃんのようすが目に浮《う》かんだ。

10「ぼく、やっぱりこのままでいいや」

つぶやくと、11ふいに瞼《まぶた》の裏が熱くなった。

（内海隆一郎「だれもが子供だったころ」より）

＊1　立ち居…立ったり座ったりすること。
＊2　仰せ…いいつけ。

問一　（　A　）～（　D　）にあてはまる最もふさわしいものを、次の中からそれぞれ選び、記号で答えなさい（同じ記号を二回使ってはいけません）。

ア、まるで　イ、決して
ウ、どうりで　エ、とうとう

問二　——1「こんなんじゃ、やだよう」と叫んだ理由を「～から。」に続くかたちで文章中の言葉を使って二十字以上二十五字以内で答えなさい。

問三　——2「始末に負えない」とはどのような意味ですか。最もふさわしいものを次の中から選び、記号で答えなさい。

ア、捨ててしまうことができない。
イ、どうにもならず困ってしまう。
ウ、怒《いか》りで冷静でいることができない。
エ、何を言っても仕方がない。

のセーターなど一度も着せてもらったことがない。

「いつものようなセーターがいいよ。デパートにあるやつのほうがいいよう」

「今年は、お祖母ちゃんが編んでくださるっていうんで、買わなかったの」

毎年秋の終わりになると、ママはバーゲンセールでセーターを買ってくる。そっちのほうは、胴まわりも丈もぴったりで、袖も（ C ）長すぎるようなことはない。

そのかわり、ひと冬だけで小さくなってしまう。翌年には着られなくなって、ママは仕方なく押し入れにしまい込《こ》む。幼稚園のころのものから、ずっとため込んである。

いつか弟が生まれたときに着せるつもりかな、と裕之は思っている。

「ね。慣れれば気になんないから、それ着て遊びに行ってらっしゃい」

（ D ）ママの仰《おお》せ*2に従うことになって、裕之は太い袖口を気にしながら出ていった。7案の定、遊び仲間が目ざとく見つけて、

「おまえ、腕輪してんのか？」

と、面白そうに聞いてきた。

べつの仲間は、感心したように言った。


「それって長くのばすと、手袋《てぶくろ》にもなるんだろ。便利なんだよな」

裕之は、すっかり落ち込んでしまった。

その夜、ママに内緒《ないしょ》で、福島へ電話をした。

「あら、裕之くん、セーターのお礼？」

電話に出たのは、従姉《いとこ》の達子《たつこ》だった。中学三年生で、一人っ子の裕之にとっては口うるさい姉のような存在なのだ。

「お祖母ちゃん、もう寝《ね》たわよ。明日の朝、言っといてあげるから」

「あのう、セーターの袖、長すぎるんだけど直してくれるかって聞いといてください」

「　8　」

と、達子は意外なことを言った。

「あんた、すぐ大きくなるんでしょ」

「あ、……でも」

「その袖には、早く大きくなるようにって、お祖母ちゃんの願いがこもってるのよ」

「それは、……分かるけど」

「お祖母ちゃんは、もう目が弱ってるのよ。それなのに、寒くなる前にって、夜なかまで9一所懸《けん》（　　）に編んでくれたんじゃないの」

五　**次の文章を読んで、後の問いに答えなさい。**

そのセーターを初めて着てみたとき、

1「こんなんじゃ、やだよう」

と、小学四年生の裕之《ひろゆき》は叫《さけ》んだ。

紺《こん》色は好きだし、柔《やわ》らかな毛糸で着ごこちがよかったが、袖《そで》が長すぎて中指の先まで隠《かく》れてしまっていた。胴《どう》まわりや丈《たけ》が少しぐらい大きめなのは我慢《がまん》できるが、袖の長いのは2始末に負えない。これでは、（　Ａ　）ペンギンだ。

「まあ、どうしたんでしょうね」

ママが困ったような表情になった。

「このあいだ、お電話があったとき、ちゃんと寸法を言ったはずなんだけど」

3福島のお祖母ちゃんが、裕之のセーターを編むからと言ってきたのは三カ月前だった。いま七十三歳《さい》だが、もともと手先が器用で、裕之のパパが子供のころはシャツもセーターも、すべてお祖母ちゃんの手製だったという。

去年の夏、ゲートボール場へ行く途中《とちゅう》で左足首をくじいてから、＊1立ち居が不自由になった。あまりに手持ちぶさたなので、孫のセーターでも編もうと思いたったのだそうだ。

「いちばん初めに裕之のを編むんだって、はりきってらしたんだけど。……やっぱり、ひさしぶりなんで間違《まちが》っちゃったのかしら？」

4ママは、そっとつぶやいた。細かい編み目を数えるのは、お年寄りには 5 な仕事だ。お祖母ちゃんは数えちがいをしたのかもしれない。

「やだよ、こんなに長くちゃおかしいよう」

急いで脱《ぬ》ごうとすると、ママは裕之の腕《うで》を掴《つか》んで、ひどく優しい声で言った。

「せっかくお祖母ちゃんが編んでくださったんだからね。ほら、こうすればいいでしょ」

両手で袖口《そでぐち》を巻き上げた。三段折りにされた袖は手首のところで太い輪となった。

「なんだよう、これじゃ6手錠《てじょう》をかけられた犯人みたいじゃないかあ」

「我慢なさい。……いまに編み物のできる人に頼《たの》んで、直してもらってあげるから」

どうやらママは編み物が苦手らしい。（　Ｂ　）、いままで手編み

が発音を表しています。意味を表す部分は部首となります。よって、「飯」は「しょくへん」となります。

生徒…「問[1]」は、発音を表す「門（モン）」という部分と口（言葉）を使ってたずねるという意味の「口」で構成された漢字ですが、これも「形声」文字でしょうか。

先生…そうです。このような「形声」文字は、漢字の八割をしめていると言われています。

生徒…漢字の八割が「形声」文字というのは驚《おどろ》きました。

先生…では、「川」という漢字は、「象形《しょうけい》」「指事《しじ》」「会意《かいい》」「形声《けいせい》」のどれにあたるでしょうか。

生徒…両側の岸の間を水が流れている様を表しているので、「［2］」文字です。

先生…その通りです。漢字は奥深《おくぶか》いものです。漢字の成り立ちを調べてみると面白いですよ。

問一 ――1「問」の部首名として最もふさわしいものを次の中から選び、記号で答えなさい。

ア、ごんべん　イ、もんがまえ　ウ、くち　エ、ひ

問二 ［2］にあてはまる言葉として最もふさわしいものを次の中から選び、記号で答えなさい。

ア、象形　イ、指事　ウ、会意　エ、形声

問三 会話文の内容と照《て》らし合わせて、正しいものを次の中から一つ選び、記号で答えなさい。

ア、漢字は朝鮮半島発祥《はっしょう》とされていて、中国から伝来した仏教とともに日本で広まったとされている。

イ、漢数字の「一」は、形で表すことが難しいものを点や線の組み合わせで示した「象形」文字である。

ウ、中国で生まれた漢字は成り立ちや構造によって四種類に分類され、その二割は「会意」文字である。

エ、「飯」のように意味を表す部分と発音を表す部分が組み合わさってできた漢字を「形声」文字という。

三　『四字熟語』について、後の問いに答えなさい。

(1)　次の１～４の四字熟語の意味としてふさわしいものを、ア～エの中から選び、それぞれ記号で答えなさい（同じ記号を二回使ってはいけません）。

１　我田引水　　２　付和雷同
３　臨機応変　　４　一刀両断

ア、すみやかに、はっきりとした処置をすること。
イ、突然の変化にも対応していくこと。
ウ、自分に都合の良いように物事をすすめること。
エ、自分の考えを持たずに、他人の意見に同調すること。

(2)　『因果応報』と同じ意味を持つ四字熟語を次の中から選び、記号で答えなさい。

ア、机上空論　　イ、自業自得
ウ、後生大事　　エ、一日千秋

(3)　次の１～３の四字熟語について、間違《まちが》っている漢字をそれぞれ一字ずつぬき出して、正しい漢字に直しなさい。

１　大期晩成　　２　絶対絶命　　３　温古知新

四　次の先生と生徒の会話文を読んで、後の問いに答えなさい。

先生…漢字は古代中国で誕生し、仏教の伝来とともに朝鮮《ちょうせん》半島を経て日本に伝わったとされています。その漢字ですが、成り立ちや構造によって「象形《しょうけい》」「指事《しじ》」「会意《かいい》」「形声《けいせい》」の四つに分類されることは知っていますか。

生徒…「雨」という漢字が「象形」文字だと聞いたことがあります。

先生…そのとおりです。「象形」文字は、ものの形をえがいた絵文字をもとに生まれた漢字です。「雨」という漢字は、空から雨が降る様子をえがいたものです。また、「指事」文字は、形で表すことが難しいことがらを点や線で示したものです。

生徒…漢数字の「一」や「二」のような漢字ですね。「会意」文字は、どのようなものですか。

先生…「会意」文字は、二文字以上の漢字を組み合わせて別の意味を表す文字となった漢字です。「口」と「鳥」で「鳴」や「日」と「月」で「明」などがあります。

生徒…「飯」という漢字も「会意」文字でしょうか。

先生…いいえ。「飯」は「形声」文字です。「形声」文字は「意味を表す漢字」と「発音を表す漢字」を組み合わせてできた漢字のことです。「飯（ハン）」は「食」が意味を表し、「反（ハン）」

2023年度 横須賀学院中学校

【国　語】〈一次A試験〉（五〇分）〈満点：一〇〇点〉

※ぬき出し問題や記述問題では、句読点や記号も一字と数えること。

一　次の――部について、漢字はひらがなに、カタカナは漢字に直しなさい。

1　大会の運営にあたる。
2　問いかけに応答する。
3　弓道部に入る。
4　大きな館の写真。
5　キンセン感覚を養う。
6　カイガ教室に通う。
7　年長者をウヤマう。
8　ガイトウで演説をする。

二　次の1～4の熟語の読み方についての説明を、ア～エの中から選び、それぞれ記号で答えなさい（同じ記号を二回使ってはいけません）。

1　昔話
2　荷物
3　教育
4　毎朝

ア、訓読み＋音読み
イ、音読み＋音読み
ウ、音読み＋訓読み
エ、訓読み＋訓読み

2023年度

横須賀学院中学校　▶解説と解答

算　数　＜１次Ａ試験＞（50分）＜満点：100点＞

解　答

[1] (1)　118.44　(2)　17　(3)　10　(4)　2023　(5)　$\frac{4}{15}$　(6)　4　(7)　$\frac{37}{82}$　(8)　$\frac{5}{6}$

[2] (1)　25　(2)　$\frac{40}{43}$　(3)　2　(4)　210円　(5)　62.5 g　(6)　65個　(7)　103.62cm^2

[3] (1)　2538円　(2)　3267円　[4] (1)　20番目　(2)　44440　[5] (1)　157mの地点

(2)　Ａさんが43秒先にＰ地点に戻る　[6] (1)　10cm^2　(2)　128.5cm^2

解　説

[1] 四則計算，計算のくふう

(1)　$123-4.56=118.44$

(2)　$2023\div(7\times17)=2023\div119=17$

(3)　$20\div5\times2+2=8+2=10$

(4)　$(20.23\times250-202.3\times7.5+2023\times0.25)\div2=(20.23\times250-20.23\times10\times7.5+20.23\times100\times0.25)\div2=(20.23\times250-20.23\times75+20.23\times25)\div2=20.23\times(250-75+25)\div2=20.23\times200\div2=20.23\times100=2023$

(5)　$0.4\div\frac{1}{4}-1\frac{1}{3}=\frac{2}{5}\div\frac{1}{4}-1\frac{1}{3}=\frac{2}{5}\times\frac{4}{1}-1\frac{1}{3}=1\frac{3}{5}-1\frac{1}{3}=1\frac{9}{15}-1\frac{5}{15}=\frac{4}{15}$

(6)　$(6-0.75)\div1\frac{3}{4}+1=\left(6-\frac{3}{4}\right)\div1\frac{3}{4}+1=5\frac{1}{4}\div1\frac{3}{4}+1=\frac{21}{4}\div\frac{7}{4}+1=\frac{21}{4}\times\frac{4}{7}+1=3+1=4$

(7)　$\frac{1}{2}-\frac{3}{4}\div\left(\frac{5}{6}+\frac{7}{8}\right)\div9=\frac{1}{2}-\frac{3}{4}\div\left(\frac{20}{24}+\frac{21}{24}\right)\div9=\frac{1}{2}-\frac{3}{4}\div\frac{41}{24}\div9=\frac{1}{2}-\frac{3}{4}\times\frac{24}{41}\times\frac{1}{9}=\frac{1}{2}-\frac{2}{41}=\frac{41}{82}-\frac{4}{82}=\frac{37}{82}$

(8)　$4\times\left(\frac{1}{1}-\frac{1}{1\times2}+\frac{1}{1\times2\times3}-\frac{1}{1\times2\times3\times4}\right)\div3=4\times\left(\frac{1}{1}-\frac{1}{2}+\frac{1}{6}-\frac{1}{24}\right)\div3=4\times\left(\frac{24}{24}-\frac{12}{24}+\frac{4}{24}-\frac{1}{24}\right)\div3=4\times\frac{15}{24}\div3=4\times\frac{5}{8}\times\frac{1}{3}=\frac{5}{6}$

[2] 逆算，約数と倍数，整数の性質，倍数算，濃度《のうど》，売買損益，表面積

(1)　$1+(7-□\div5)\times4=9$より，$(7-□\div5)\times4=9-1=8$，$7-□\div5=8\div4=2$，$□\div5=7-2=5$　よって，$□=5\times5=25$

(2)　$920=2\times2\times2\times5\times23$より，920は23でわり切れることがわかる。また，$989\div23=43$より，989も23でわり切れる。よって，$\frac{920}{989}=\frac{920\div23}{989\div23}=\frac{40}{43}$になる。

(3)　$3\times6=18$より，123×456の一の位の数は８になる。同様に，$8\times9=72$より，$123\times456\times789$の一の位の数は２になることがわかる。よって，$123\times456\times789$を10でわったときのあまりは２である。

(4)　お母さんが兄と弟に渡《わた》した金額を□円とすると，下の図Ⅰのように表せる。図Ⅰから，1260－

280＝980(円)が，③－①＝②にあたるから，①＝980÷２＝490(円)とわかる。よって，お母さんが２人に渡した金額は，490－280＝210(円)である。

図Ⅰ

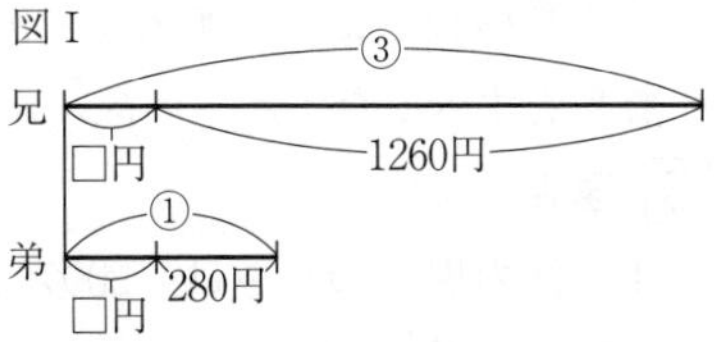

(5)　６％の食塩水250ｇには食塩が，250×0.06＝15(ｇ)ふくまれている。また，食塩水から水を蒸発させても食塩の重さは変わらないので，８％になった食塩水の重さを□ｇとすると，□×0.08＝15(ｇ)と表せる。よって，□＝15÷0.08＝187.5(ｇ)だから，蒸発させた水の重さは，250－187.5＝62.5(ｇ)とわかる。

(6)　はじめに見こんでいた売り上げは，100×90＝9000(円)で，利益は，9000－6000＝3000(円)である。また，実際の利益はこの$\frac{1}{6}$だけ減ったから，3000×$\frac{1}{6}$＝500(円)減ったことがわかる。100円のりんごを80円に値下げすると，利益は１個あたり，100－80＝20(円)減るので，値下げして売ったりんごの数は，500÷20＝25(個)となる。したがって，100円で売ったりんごの数は，90－25＝65(個)である。

(7)　右の図Ⅱのように，この円すいの母線の長さを□cmとする。底面の円の周りの長さは，３×２×3.14＝６×3.14(cm)である。また，側面のおうぎ形の中心角は135度だから，側面のおうぎ形の弧《こ》の長さは，□×２×3.14×$\frac{135}{360}$＝□×$\frac{3}{4}$×3.14(cm)と表せる。これらの長さが等しいので，６×3.14＝□×$\frac{3}{4}$×3.14より，６＝□×$\frac{3}{4}$，□＝６÷$\frac{3}{4}$＝８(cm)とわかる。よって，この円すいの側面積は，８×８×3.14×$\frac{135}{360}$＝24×3.14(cm^2)，底面積は，３×３×3.14＝９×3.14(cm^2)だから，表面積は，24×3.14＋９×3.14＝33×3.14＝103.62(cm^2)と求められる。

図Ⅱ

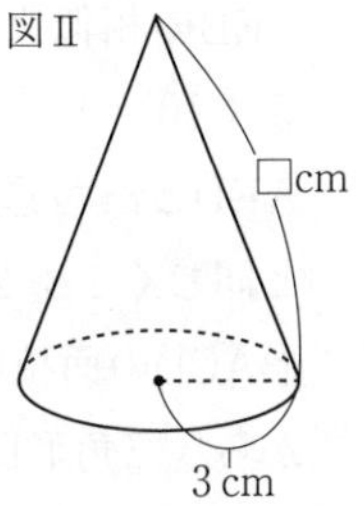

3　割合と比，つるかめ算

(1)　40人の子どもに水とジュースを300mLずつ渡すには，水とジュースを，300×40÷1000＝12(Ｌ)ずつ用意する必要がある。すると，２Ｌの水のペットボトルは，12÷２＝６(本)，1.5Ｌのジュースのペットボトルは，12÷1.5＝８(本)必要なので，合計金額は，125×６＋200×８＝2350(円)になる。これに８％の消費税を入れると，2350×(１＋0.08)＝2538(円)と求められる。

(2)　20本のペットボトルがすべて水だとすると，２×20＝40(Ｌ)になり，実際よりも，40－36.5＝3.5(Ｌ)多くなる。ここから，水のペットボトルをジュースに１本かえるごとに，２－1.5＝0.5(Ｌ)ずつ少なくなるので，ジュースのペットボトルは，3.5÷0.5＝７(本)，水のペットボトルは，20－７＝13(本)買ったとわかる。よって，合計金額は，125×13＋200×７＝3025(円)だから，８％の消費税を入れると，3025×(１＋0.08)＝3267(円)になる。

4　数列

(1)　１けたの整数は１と４の２個できる。また，２けたの整数は十の位が２通り，一の位が２通りあるから，２×２＝４(個)できる。同様に，３けたの整数は，２×２×２＝８(個)できる。さらに，４けたの整数は小さい方から，1111，1114，1141，1144，1411，1414，…となるから，1414は小さい方から数えて，２＋４＋８＋６＝20(番目)になる。

(2)　３けたの整数は８個できるから，千の位が１である４けたの整数は８個ある。同様に，百の位，十の位，一の位が１である４けたの整数も８個ずつあるから，１の数の合計は，1000×８＋100×８＋10×８＋１×８＝1111×８となる。また，各位が４である４けたの整数も８個ずつできるから，

４の数の合計は，4000×８＋400×８＋40×８＋４×８＝4444×８になる。したがって，４けたの整数をすべてたすと，1111×８＋4444×８＝5555×８＝44440と求められる。

5 速さ

(1)　池の周りの長さは，200×3.14＝628(m)である。ＡさんがＰ地点に戻《もど》ってくるのは，628÷80＝7.85(分後)であり，そのときＢさんは，60×7.85＝471(m)進んでいる。よって，ＢさんはＰ地点まであと，628－471＝157(m)の地点にいる。

(2)　(1)より，ＡさんはＰ地点に戻ってくるまでに7.85分かかり，0.85×60＝51より，これは７分51秒である。また，Ｂさんは橋を渡ってＰ地点に戻ってくるまでに，628÷２＋200＝514(m)歩くから，ＢさんはＰ地点に戻ってくるまでに，514÷60＝$8\frac{17}{30}$(分)かかり，60×$\frac{17}{30}$＝34より，これは８分34秒となる。よって，Ａさんの方が，８分34秒－７分51秒＝43秒先に戻る。

6 平面図形―辺の比と面積の比，相似，面積

図Ⅰ

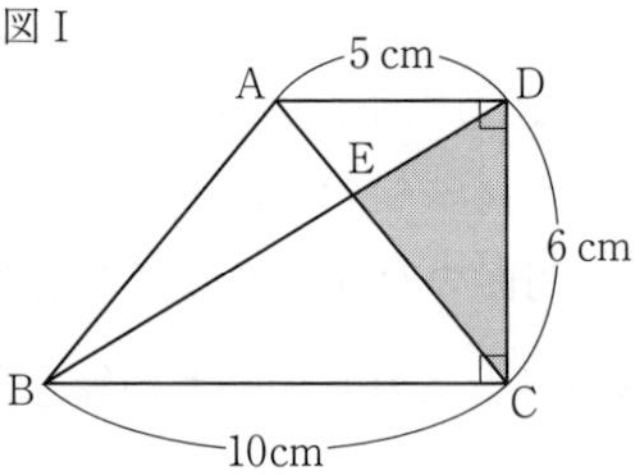

図Ⅱ

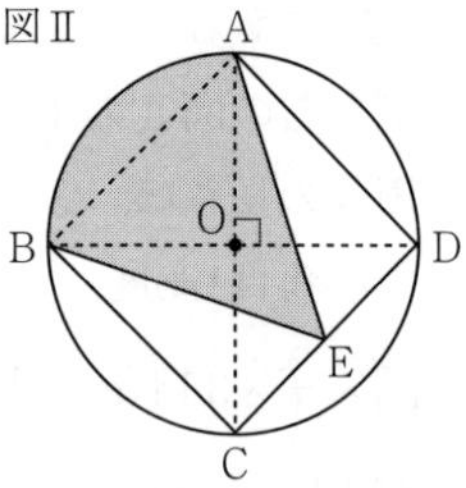

(1)　右の図Ⅰで，三角形ＡＥＤと三角形ＣＥＢの相似より，ＡＥ：ＣＥ＝ＡＤ：ＣＢ＝５：10＝１：２である。すると，三角形ＡＥＤと三角形ＤＥＣの面積比は，ＡＥ：ＣＥと同じく１：２になる。したがって，三角形ＡＣＤの面積は，５×６÷２＝15(cm²)だから，三角形ＤＥＣの面積は，15×$\frac{2}{1+2}$＝10(cm²)とわかる。

(2)　右上の図Ⅱで，正方形ＡＢＣＤは対角線の長さが，10×２＝20(cm)だから，面積は，20×20÷２＝200(cm²)になる。また，ＡＢとＣＤは平行なので，三角形ＡＢＥと三角形ＡＢＤの面積は同じである。すると，三角形ＡＯＤの面積は，200×$\frac{1}{4}$＝50(cm²)で，おうぎ形ＯＡＢの面積は，10×10×3.14×$\frac{1}{4}$＝78.5(cm²)だから，色のついた部分の面積は，50＋78.5＝128.5(cm²)と求められる。

社　会　＜１次Ａ試験＞（40分）＜満点：75点＞

解　答

1 **問１**　**Ａ**　アルプス・ヒマラヤ造山帯　**Ｂ**　環太平洋造山帯　**問２**　ウ　**問３**　日本アルプス　**問４**　フォッサマグナ　**問５**　新潟県　**問６**　(1)　エ　(2)　①　札幌市　②　前橋市　③　岐阜県　④　熊本県　⑤　鹿児島県　(3)　エ　(4)　ア　**問７**　(例)　群馬県は，自然災害のうち，特に地震や洪水が少ない。また，自動車道や鉄道などの交通の便がよく，首都圏や地方のどちらにもアクセスしやすいため，企業や一般の人々の移転や移住先に選ばれている。　**2** **問１**　**ア**　○　**イ**　×　**ウ**　○　**エ**　×　**問２**　1250m(1.25km)　**問３**　エ　**問４**　ア　**問５**　ハザードマップ　**問６**　(1)　①　ア　④　エ　(2)　エ　(3)　イ　**3** **問１**　**あ**　卑弥呼　**い**　百済　**う**　小野妹子　**え**　日本書紀　**お**　藤原道長　**か**　弘安の役　**き**　応仁の乱　**く**　文禄の役　**け**　日米和親　**こ**　日韓基本条約　**問２**　**ア**　Ｋ　**イ**　Ａ　**ウ**　Ｍ　**エ**　Ｃ　**問３**　**ア**　Ｆ　**イ**　Ｊ　**ウ**　Ｋ　**エ**　Ｌ　**4** **問１**　(1)　**あ**　ウ　**い**　エ　**う**　キ　**え**　イ　(2)

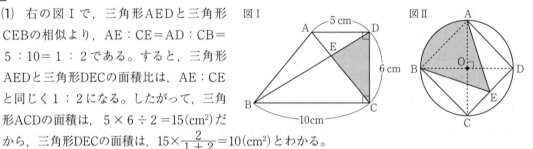

生存権　**問2**　エ　**問3**　イ　**問4**　エ　**問5**　①　イ　②　ウ　③　ア　**問6**　ウ

解説

1　火山についての問題

問1　**A**　アルプス・ヒマラヤ造山帯は，ユーラシア大陸の南部を東西に連なり，ヨーロッパのアルプス山脈からヒマラヤ山脈をへて，東南アジアのインドネシアまでをふくんでいる。　**B**　環太平洋造山帯は，太平洋の周囲を取りまくように位置し，南アメリカ大陸のアンデス山脈や北アメリカ大陸のロッキー山脈，日本列島やニュージーランドなどをふくんでいる。

問2　日本列島は標高の高い山々や火山が連なる山がちな地形で，国土の約４分の３を山地が占《し》めている。

問3　日本のほぼ中央にある山岳地帯には，北西から順に，飛驒山脈(北アルプス)・木曽山脈(中央アルプス)・赤石山脈(南アルプス)という3000m級の山々が連なっており，ヨーロッパにあるアルプス山脈にちなんで日本アルプスとよばれている。

問4，**問5**　日本列島を東北日本と西南日本の２つに大きく分けている大地溝帯《ちこうたい》をフォッサマグナ(中央地溝帯)といい，新潟県糸魚《いとい》川と静岡を結ぶ線はその西の端にあたる。

問6　(1)　火力発電は，石炭や石油を燃やして水を熱し，水蒸気を発生させ，その力によって発電機を回して発電する方法であるので，火山とは直接関係しない。　(2)　①　有珠《うす》山は，北海道の洞爺《とうや》湖の南に位置する火山で，2000年に22年ぶりに噴火《ふんか》し，ふもとの洞爺湖温泉に大きな被害を与《あた》えた。このときの噴火の災害の様子をそのまま残した西山山麓《さんろく》火口散策路などが整備された。北海道庁所在地は札幌市である。　②　浅間山は，群馬県と長野県にまたがる火山で，1783年の大噴火では大量の溶岩《ようがん》と火山灰が噴出し，吾妻《あがつま》川の水害を引き起こした。群馬県の県庁所在地は前橋市である。　③　御嶽《おんたけ》山は，長野県と岐阜県にまたがる火山で，登山客に人気の山であるが，2014年に起こった噴火により，火山灰が一面をおおい，噴石が大量に飛んで，大きな被害をもたらした。④　阿蘇《あそ》山は，熊本県東部に位置する火山で，世界最大級のカルデラを形成している。2021年10月に中岳第１火口で噴火が発生し，2016年10月の爆発的噴火以来５年ぶりに警戒レベルが３に引き上げられた。　⑤　桜島は，鹿児島県にある現在も活発な噴火活動を続けている火山で，1914年の大噴火で流れ出た溶岩により，対岸の大隅半島と陸続きになった。　(3)　北海道は，年間を通して降水量が少なく，梅雨の影響を受けないため，特に５～６月の降水量が少ない。また，冬の寒さはきびしく，気温は０度を下回る。なお，アは岡山市，イは新潟市，ウは長野県松本市の雨温図。(4)　火山活動で形成された大きなくぼみはカルデラであるので，アが間違っている。なお，ツンドラとは気温が低いため，高い木がはえない地域のことで，シベリア北部などにある。

問7　資料２から，群馬県は周囲の都県にくらべて「り災世帯数」や「り災者数」，地震の発生回数が少ないことがわかる。また，資料３からは，自動車道や鉄道などの交通の便がよく，首都圏だけでなく新潟・長野・金沢方面にも行きやすいことが読み取れる。

2　地形図の読み取りについての問題

問1　**ア**　高城山の周辺の地域一帯に果樹園(○)が広がっている。　**イ**　湯浅駅周辺に寺院(卍)はみられるが，神社(⛩)はない。　**ウ**　天皇山は広八幡神社から見て北西(左斜め上)の方角にある。また，広八幡神社の標高は52m，天皇山の標高は90mで，天皇山の方が高い。　**エ**　坂部池の西となり(左)に保健所(⊕)はみられるが，老人ホーム(⌂)はない。

問２　実際の距離を縮めた割合を縮尺といい，地形図上の長さの実際の距離は，(地形図上の長さ)×(縮尺の分母)で求められる。２万５千分の１の縮尺の地形図上で５cmの実際の距離は，５(cm)×25000＝125000(cm)より，1250m＝1.25kmとなる。

問３　(⩀)は，過去に発生した津波・洪水・土砂災害などの情報を伝える自然災害伝承碑を表し，記念碑(∩)の地図記号に碑文を示すたて線を加えてつくられた。後世の人々に災害があったことを伝え，同じことが起きないようにとの思いから，2019年に国土地理院によって新たに制定された。なお，アは(⚲)，イは(∩)，ウは(∴)で表される。

問４　やませは，東北地方の太平洋側で梅雨期から盛夏にかけて吹《ふ》く北東の風であるが，この地形図は西(左)側に海があるので，やませの影響を受ける地域でないと考えられる。なお，この地形図は，和歌山県の湯浅町・広川町一帯である。

問５　ハザードマップは，地震・洪水・高潮・津波・土砂災害・火山噴火などの災害ごとに，危険区域，被害予測，避難場所，防災関連施設などを地図にまとめたもので，国や地方公共団体が災害から身を守るために作成している。

問６　(1)　アは1923年９月１日に発生した関東大震災，イは1995年１月17日に発生した阪神・淡路大震災，ウは1854年に発生した安政南海地震，エは2011年３月11日に発生した東日本大震災について説明した文章である。　(2)　なまずは人物Ａに対して「早く立ち去れ」と言っているので，なまずが人物Ａと手を結んでいる様子は読み取れない。なお，ウは「アメリカは，昨日は職人でも見いだされて王となる国だ」という言葉から正しいと判断できる。　(3)　国連総会は，すべての加盟国が参加して全体にかかわることを決める場で，国の大小にかかわらず各国が１票の議決権を持ち，出席しかつ投票した国の過半数(ただし重要事項の場合は３分の２以上)の賛成で決議が採択される。

3　各時代の歴史的なことがらについての問題

問１　**あ**　卑弥呼は，30あまりの小国を従えた邪馬台国の女王で，占《うらな》いやまじないによって国を治めていた。239年に魏(中国)に使いを送り，中国の皇帝から「親魏倭王」の称号と金印や銅鏡などを与《あた》えられた。　**い**　６世紀半ばに朝鮮半島の国の一つであった百済から日本に仏教が伝わると，仏教の受け入れに関して積極的な蘇我氏が仏教に反対する物部氏を破って権力をにぎり，豪族たちが多くの寺院や仏像をつくった。　**う**　607年，聖徳太子の命令を受けた小野妹子は遣隋使として隋(中国)に派遣され，中国との対等な関係を望む太子の手紙を中国の皇帝にわたした。

え　天皇の支配を正当化するため，天武天皇が舎人《とねり》親王や藤原不比等に編さんを命じた歴史書『日本書紀』は720年に完成した。　**お**　藤原道長は，４人の娘を天皇のきさきにし，その間に生まれた子どもを天皇の位につかせ，３人の天皇の母方の祖父として権力をふるった。1016年には摂政，1017年には太政大臣となり，藤原氏の全盛期を築いた。　**か**　1281年，元は大軍で再び九州北部に攻めてきたが，鎌倉幕府軍の抵抗や暴風雨などにより，上陸することができなかった。これを弘安の役という。　**き**　1467年，室町幕府の第８代将軍足利義政のあとつぎをめぐる争いに，有力な守護たちの相続争いなどが結びついて応仁の乱が起こり，諸国の有力大名が東・西の両軍に分かれて11年にわたって戦った。　**く**　1592年，豊臣秀吉は，明(中国)を征服するための先導を拒否した朝鮮に対し，兵をおくったが，李舜臣《りしゅんしん》が率いる朝鮮水軍の活躍や明の援軍などにより失敗に終わった。これを文禄の役という。　**け**　1854年，日米和親条約が結ばれ，下田(静岡県)・函館(北海道)の２港を開くこと，アメリカ船に水・食料・燃料を提供すること，他国と結んだ条約がこの条約よりも有利な条件であれば，自動的にアメリカにもその条件が適用されることなどが決められた。　**こ**　1965年，日韓基本条約が結ばれ，韓国政府を朝鮮半島にある唯一《ゆいいつ》の合法的な政府として認めることで，韓国との国交が正常化した。

問２　**ア**　1872(明治５)年に群馬県に開設された富岡製糸場である。各地から工女が集められ，日本の主要な輸出品であった生糸の増産が目指された。　**イ**　縄文時代中期の大規模集落跡として青森市で発掘された三内丸山遺跡である。大型掘立柱建物跡やたて穴住居跡，土器や石器，ゴボウやクリの栽培《さいばい》跡などが見つかっている。　**ウ**　1945(昭和20)年８月６日に広島に原子爆弾が投下された。原爆ドームは，そのときに爆心地付近にあった建物(広島県産業奨励館)の跡である。　**エ**　５世紀(古墳時代)に造られた大仙古墳(仁徳天皇陵)である。大阪府堺市にある百舌鳥《もず》古墳群の中心となる日本最大の前方後円墳で，三重のほりに囲まれている。

問３　**ア**　平安時代末期に平清盛が整えた厳島神社である。広島県の宮島にある，海の中に建つ朱色の本殿や鳥居が有名な神社で，平氏一族の繁栄を願ってつくった経典が納められた。　**イ**　江戸時代に行われた参勤交代の様子である。大名は１年おきに江戸と領地に住むことを義務づけられ，大名の妻子は人質として江戸におくことを命じられた。　**ウ**　1902(明治35)年に結ばれた日英同盟の風刺画である。右から２番目のイギリスが，左から２番目の日本の背中をおし，一番左のロシアが焼いている鍋の中の栗(朝鮮)を日本にうばわせようとけしかけている。　**エ**　1918(大正７)年に起こった米騒動の様子である。シベリア出兵をみこして米商人が米の買いしめや売り惜しみを行い，急激に米価が上がったため，各地の民衆が米屋や高利貸しをおそった。

４　新しい人権についての問題

問１　(1)，(2)　日本国憲法第13条では，国民が個人として尊重されること，生命，自由及《およ》び幸福追求に対する国民の権利は，公共の福祉に反しない限り，最大限に尊重されることが定められている。日本国憲法第25条で定められた「健康で文化的な最低限度の生活を営む権利」を生存権といい，それを保障するための法律が制定され，社会保険・社会福祉・公的扶助・公衆衛生の四つの柱でなる社会保障制度が整備されている。

問２　情報公開法は，中央省庁や独立行政法人が保管している行政文書の開示を請求する権利をすべての人に認めた法律で，個人情報や国・公共の安全に関する情報などは，開示請求することができない。

問３　プライバシーの権利は，時代と社会の変化によって生じるようになった新たな問題に対応し，人間としての生存を守るために主張されるようになった新しい人権に分類されるので，日本国憲法の条文には直接明記はされていない。

問４　ノーマライゼーションは，社会で暮らす一人の人間として，障がい者を持つ人も他の人々と同じように生きていくことができる社会の実現を目指す考え方であるので，自分のことを決定・判断する自己決定権の事例とはいえない。

問５　①　小説の登場人物が特定できてしまうと，不特定多数に自分の私生活が知られてしまうため，プライバシーの権利が侵される。　②　航空機の騒音《そうおん》・振動・排ガスなどの被害を日常的に受けていることは，人として生活するのにふさわしい状態を享受できる環境権が保障されていない。
③　国家公務員である事務官が国どうしの密約の内容を新聞記者にもらしたことで，事務官と記者は逮捕されたが，その後，密約文書の開示を国に求める訴えに発展した。
問６　忘れられる権利は，インターネットに公開された自分のプライバシーに関わる情報の削除を求める権利である。インターネットの発達により，一度書きこまれた内容が長い間消えずに残り，不特定多数の人に見られるので，新しい人権として最近主張されている。

理　科　＜１次Ａ試験＞（40分）＜満点：75点＞

解　答

1 **問１**　①　ア　②　ウ　③　カ　④　ク　**問２**　0.1Ａ　**問３**　**Ｂ**　１Ａ　**Ｃ**　２Ａ　2 **問１**　イ　**問２**　ウ　**問３**　ウ　**問４**　ア　3 **問１**　①　炭酸水素ナトリウム　②　二酸化炭素　**問２**　エ　**問３**　（例）　青色の塩化コバルト紙が赤色に変化した。　**問４**　（例）　発生した気体を石灰水に通じて白くにごるか確認する。　4 **問１**　葉緑体　**問２**　エ　**問３**　エ　**問４**　エ　**問５**　イ　**問６**　50　**問７**　５：２　**問８**　オ　**問９**　36000　5 **問１**　ア　**問２**　ウ　**問３**　（例）　流水によって運ばれるあいだに角がけずられたから。　**問４**　オ　**問５**　①　断層　②　しゅう曲

解　説

1 電流計の使い方，回路と豆電球を流れる電流の大きさについての問題

問１　電流計を使うとき，電流計は回路に対して直列につなぐ。このとき，「＋たんし」は電源の＋極側につなぐ。また，回路に流れる電流の大きさが分からない場合，電流計に大きな電流が流れて針が振《ふ》り切れ，電流計がこわれてしまう可能性があるため，「－たんし」は，まず最大の電流の大きさを測ることができるたんし(図１の電流計では５Ａのたんし)につなぐようにする。
問２　500mAのたんしにつないだとき，測れる電流の大きさの最大が500mAなので，電流計の１目盛りは10mAを表している。よって，流れている電流の大きさは100mAになる。これは，１Ａ＝1000mAより，0.1Ａである。
問３　豆電球を直列につなぐと電流が流れにくくなり，つないだ豆電球が２個の場合，流れる電流の大きさは１個のときの$\frac{1}{2}$になる。したがって，Ｂの豆電球に流れる電流の大きさは，$2 \times \frac{1}{2} = 1$(Ａ)である。また，豆電球を並列につないでも，それぞれの豆電球に流れる電流の大きさは豆電球が１個のときと変わらないので，Ｃの豆電球に流れる電流の大きさは２Ａである。

2 ふりこの性質についての問題

問１　ふりこのおもりが往復するのにかかる時間は，ふりこの長さが長いほど長くなる。したがって，図１でおもりが１往復するのにかかる時間は右のふりこの方が長い。
問２　ふりこのおもりが往復するのにかかる時間は，おもりの重さには関係しない。したがって，図２でおもりが１往復するのにかかる時間はどちらのおもりでも同じである。
問３　ふりこのおもりが往復するのにかかる時間は，ふりこの振れ幅《はば》には関係しない。したがって，図３でおもりが１往復するのにかかる時間はどちらの振れ幅でも同じになる。

問４　ふりこが10往復するのにかかる時間を測定するとき，１回の測定だけではおもりをはなすときや，ストップウオッチをおすときにわずかなずれ(誤差)が生じてしまう。そのため，複数回(たとえば10回)測定し，その平均の値を用いるようにする。

３ 炭酸水素ナトリウムの分解についての問題

問１　ベーキングパウダーに含《ふく》まれている炭酸水素ナトリウム(…①)を加熱すると，二酸化炭素(…②)と水が発生し，あとに炭酸ナトリウムが残る。

問２　この実験を行うときは，加熱部分に発生した水がふれて，試験管が急に冷えて割れることを防ぐために，試験管Ａの口を底よりも低くして，水が試験管の底の方に流れこまないようにする。

問３　塩化コバルト紙は生じた液体が水かどうかを確かめるための試薬である。青色の塩化コバルト紙は水につけると，うすい赤色に変化する。

問４　二酸化炭素を石灰水に通じると，水にとけにくい物質(炭酸カルシウム)ができるため，石灰水は白くにごる。よって，発生した気体を石灰水に通じて白くにごるかどうかを確かめればよい。

４ 光合成についての問題

問１　植物は光のエネルギーを利用して，水と二酸化炭素からデンプンと酸素を作り出す。植物のこのようなはたらきを光合成という。光合成は細ぼうの中にある葉緑体という緑色の粒《つぶ》で行われる。

問２　植物は光の量が０のとき，光合成は行わず，呼吸だけを行っている。よって，図から，葉面積１cm^{2}当たり，１時間当たりの呼吸によるデンプンの消費量は，植物Ａが10で，植物Ｂが５であることが分かる。

問３　図より，光の量が2000のとき，植物Ａのデンプンの増加量はおよそ10なので，光合成によるデンプンの増加量は，およそ，10＋10＝20となる。よって，エが最も適する。

問４，問５　光の量が(あ)のとき，植物Ａはデンプンの量が減少しているので生育できないが，植物Ｂはデンプンの量が増加しているので生育できる。このことから，植物Ｂが日かげに強い植物だと分かる。

問６　図より，光の量が5000のとき，植物Ａのデンプンの増加量は40なので，光合成によるデンプンの増加量は，10＋40＝50と求められる。

問７　図より，光の量が5000のとき，植物Ｂのデンプンの増加量は15なので，光合成によるデンプンの増加量は，５＋15＝20である。したがって，それぞれの植物の光合成によるデンプンの増加量の比は，(植物Ａ)：(植物Ｂ)＝５：２である。

問８　図より，成長できる光の量は，植物Ａは約1000以上，植物Ｂが500以上のときである。また，植物Ｂのデンプンの増加量が植物Ａを上回るのは，植物Ｂのグラフが植物Ａのグラフより上にある，光の強さが０～約2500のときである。したがって，これらの条件を同時に満たす光の強さは，約1000～2500と分かる。

問９　植物Ａを光の量が5000の場所に置いたときに，葉面積１cm^{2}当たり，１時間当たりのデンプンの増加量は40で，暗室(光の量が０)に置いたときの，葉面積１cm^{2}当たり，１時間当たりのデンプンの減少量は10である。したがって，植物Ａにおいて，葉面積１cm^{2}当たりの１日のデンプンの増加量は，40×12－10×12＝360になる。よって，葉面積100cm^{2}では，360×100＝36000となる。

５ 地層のでき方とその変化，化石についての問題

問１　地層をつくる粒が，小石や砂などの比《ひ》較《かく》的大きいものだと水をよく通すが，ねんどのような小さいものだと水を通しにくい。したがって，ねんどの層の上（Aの層とBの層の間）から水がしみ出ていたと考えられる。

問2　アサリは淡水《たんすい》のまじる河口や浅い海に生息している生物である。そのため，Cの層の中にアサリの化石が含まれていたということから，Cの層ができた場所はたい積した当時浅い海であったと考えられる。なお，アサリのように，地層ができた場所の自然環境《かんきょう》を推定するのに役立つ化石を示相化石という。

問3　上流から土砂が流水によって運ばれるとき，川底や川岸にぶつかったり，石どうしがぶつかったりして角がけずられ，しだいに大きさが小さくなってまるみをおびるようになる。

問4　粒が大きく重い小石はしずみやすいため，河口付近の浅い海にたい積し，粒が小さく軽いねんどは沖まで運ばれて深い海にたい積する。D→C→Bにかけて粒の大きさが小さくなっているので，海がだんだん深くなったと考えられ，B→Aでは粒が大きくなっているので，海が浅くなったと考えられる。

問5　図２の地形を断層といい，図３の地形をしゅう曲という。どちらも海底でたい積した地層に左右から大きな力がはたらいたときにできる地形である。

国　語　＜１次A試験＞（50分）＜満点：100点＞

解　答

一　**1**　うんえい　**2**　おうとう　**3**　きゅうどう　**4**　やかた　**5～8**　下記を参照のこと。　二　**1**　エ　**2**　ア　**3**　イ　**4**　ウ　三　(1)　**1**　ウ　**2**　エ　**3**　イ　**4**　ア　(2)　イ　(3)　**1**　期→器　**2**　対→体　**3**　古→故　四　**問1**　ウ　**問2**　ア　**問3**　エ　五　**問1**　**A**　ア　**B**　ウ　**C**　イ　**D**　エ　**問2**　（例）　お祖母ちゃんが送ってくれたセーターの袖が長かった（から。）　**問3**　イ　**問4**　去年の夏，　**問5**　エ　**問6**　ウ　**問7**　ウ　**問8**　ア　**問9**　イ　**問10**　命　**問11**　エ　**問12**　ア　六　**問1**　**A**　エ　**B**　ウ　**C**　イ　**D**　ア　**問2**　エ　**問3**　（例）　人間と犬はお互いに依存しあう関係である（ということ。）　**問4**　エ　**問5**　自分の望む性質　**問6**　エ　**問7**　ネズミを防ぎ退治する（こと。）　**問8**　姿　**問9**　忠誠　**問10**　人間はじつ　七　**漢字一字**…（例）　信／昨年の自分を漢字で表すならば「信」です。私はバドミントンをやっていますが，大会ではいつも初戦で負けてしまい，自信がなくなっていました。でも，コーチから「やってきたことを信じて」と言われ，それまでのきびしい練習のことを思い出し，試合に臨んだら初めて勝てました。私は自分を信じることの大切さを知りました。

●漢字の書き取り

一　**5**　金銭　**6**　絵画　**7**　敬（う）　**8**　街頭

解　説

一　漢字の読みと書き取り

1　組織や団体を活動させること。　**2**　問いや呼びかけに答えること。　**3**　弓で矢を射る武道。　**4**　音読みは「カン」で，「旅館」などの熟語がある。　**5**　「金銭感覚」は，金銭の使い方や価値に対する感覚。　**6**　色彩《しきさい》や線で，物の姿などを平面上に描《えが》き出したもの。　**7**　音読みは「ケイ」で，「尊敬」などの熟語がある。　**8**　市街地の道路や広場。

二　熟語の知識

1　「昔話」は，「むかし」という訓と，「はなし」という訓で読む。　**2**　「荷物」は，「に」という訓と，「モツ」という音で読む。　**3**　「教育」は，「キョウ」という音と，「イク」という音で読む。　**4**　「毎朝」は，「マイ」という音と，「あさ」という訓で読む。

三　四字熟語の知識

⑴　**1**　「我田引水」は，物事を自分の利益になるように言ったり行動したりすること。　**2**　「付和雷同《らいどう》」は，自分にしっかりとした考えがなく，他人の意見に同調すること。　**3**　「臨機応変」は，状況《じょうきょう》の変化に応じて適切な行動をとること。　**4**　「一刀両断」は，ためらわずに思いきって処置をすること。

⑵　「因果応報」は，人間はよいことをすればよい報いがあり，悪いことをすれば悪い報いがあるということ。よって，自分の悪い行動の報いを自分自身が受けることを意味する「自業《じごう》自得」が選べる。

⑶　**1**　「大器晩成」は，偉大《いだい》な人物は，若いころは目立たず，時間をかけて大成するということ。「絶体絶命」は，どうしても逃《のが》れられない危険な状況にあること。「温故知新」は，昔のことを調べて新しい道理や知識を発見すること。

四　会話文の読み取り

問１　「問」は，意味を表す「口」の部分が部首となる。

問２　「川」は，“両側の岸の間を水が流れているさま”を表したものなので，ものの形をえがいた絵文字をもとに生まれた「象形」文字である。

問３　漢字は古代中国で誕生したもので，「形声」文字のほかに，「象形」文字，「指事」文字，「会意」文字などがある。このうち「指事」文字は，「形で表すことが難しいことがらを点や線で示したもの」で，「一」や「二」などがある。また，「飯」のように，「意味を表す漢字」と「発音を表す漢字」を組み合わせてできた漢字を「形声」文字という。よって，エが正しい。

五　出典は内海隆一郎《うつみりゅういちろう》の『だれもが子供だったころ』による。小学四年生の裕之《ひろゆき》は，祖母が編《あ》んでくれたセーターの袖《そで》が長すぎることに不満を感じるが，いとこの達子《たつこ》から祖母の思いを聞かされる。

問１　**A**　長すぎるセーターの袖で「中指の先まで隠《かく》れて」しまうようすが「ペンギン」のようだったと考えられるので，比ゆを表す「まるで」が入る。　**B**　「ママ」が「いままで手編みのセーター」を一度も着せてくれなかった理由を「編み物が苦手らしい」と想像している。よって，“たしかにそうだ”という気持ちを表す「どうりで」が入る。　**C**　バーゲンセールで買ってきたセーターは，袖も絶対に「長すぎるようなことはない」と考えられるので，「決して」が入る。　**D**　「ママ」に「慣れれば気になんないから」と言いふくめられた裕之は，結局は「ママの仰《おお》せに従うことになって」しまった。よって，最終的はそうなるさまを表す「とうとう」が入る。

問２　裕之が「こんなんじゃ，やだよう」とさけんだ理由は，「福島のお祖母ちゃん」が編んでくれたセーターの袖が，どうにもならないくらいに長すぎたからである。

問３　「始末に負えない」は，どのようなことをしても処理できずに困ってしまうこと。

問４　「お祖母ちゃん」は，「去年の夏，ゲートボール場へ行く途中《とちゅう》で左足首をくじいてから，立ち居が不自由」になり，「あまりに手持ちぶさたなので，孫のセーターでも編もうと思いたった」のである。

問５　「ママ」は，セーターを編むために「細かい網目を数えるの」は，お年寄りには大変なので，「数えちがいをしたのかもしれない」と心配したのだと考えられる。よって，エの内容が合う。

問６　「ママ」は，お年寄りの「お祖母ちゃん」が，細かい網目を数えるのは大変だったのではないかと心配している。よって，手数がかかってわずらわしいこと，という意味の「厄介《やっかい》」が入る。

問７　比ゆは，あるものごとを別のものごとになぞらえる表現。裕之は，手首のところに「三段折りにされた袖」の「太い輪」がある自分のことを，「手錠《てじょう》をかけられた犯人」にたとえている。

問８　「案の定」は，“予想したとおり”という意味。

問９　裕之にしてみれば，長すぎるセーターの袖を直してほしいという願いは当然のことだが，達子の返答は「意外」なものだったので，イが合う。

問10　「一所懸命《けんめい》」は，命がけで物事に真剣《しんけん》に打ちこむさま。

問11　裕之は達子から，「お祖母ちゃん」は「目が弱ってる」のに，「夜なか」まで「好きなテレビ」を見るのもがまんしてセーターを編んでくれていたと聞かされた。そして，袖が長いのは「早く大きくなるように」という願いによるものだということも知ったので，このままでいいと思ったと考えられる。

問12　長い袖には「早く大きくなるように」という祖母の願いがこもっていると知った裕之は，不満ばかりを口にしていたことを後悔《こうかい》し，さらにセーターを編んでいる祖母の様子を思い浮《う》かべることで，感謝の気持ちがこみ上げてきたのである。

六　**出典は日髙敏隆《ひだかとしたか》の『動物の言い分　人間の言い分』による。**犬が人間と近い動物であることの理由や，ネコが人間に愛されていることの理由などについて説明されている。

問１　**Ａ**　犬の祖先であるオオカミやジャッカルは，人間たちを「獲物《えもの》に先導」するようになり，それから人間たちの「あともついてくるようになった」，という文脈になるので，前のことがらを受けて，さらにつけ加える意味を表す「そして」が入る。　**Ｂ**　育種によってつくられた犬たちは，人間が「世話」をしたり「条件」をつくってやったりしないと「生きていかれない」ということは，言いかえれば，「すべての品種が野良犬にはなれない」ということになる。よって，“要するに”という意味の「つまり」が入る。　**Ｃ**　「犬」の話題から「ネコ」の話題へと展開しているので，それまで述べてきた話題が終わり，新しい話題に移ることを示す「さて」が入る。　**Ｄ**　ネコには人間にとって「実利的な面」もあったが，一方で「精神的な面」もあった，という文脈になる。よって，“それはそれとして”“それはともかく”という意味を表す「しかし」が入る。

問２　「かけがえのない」は，ほかに代わりとなるものがないくらいとても大切であるようす。

問３　犬と人間は「最初から互《たが》いに依存《いそん》しあう関係であったのだ」とするローレンツの説に，作者も同調している。

問４　「目をかける」は，注目して特別あつかいにすること。人間は，「自分の望む性質をもったもの」に目をつけ，それらを特別に「選択《せんたく》して育種してきた」のである。

問５　セントバーナードやポインターやダックスフントなど，世界にいる「さまざまな犬」は，人間のさまざまな用途《ようと》や好みに応じて，人間の手によってつくり出されたり改良されたりしたものである。このように「自分の望む性質をもったもの」を選び，「育種」された犬たちは「人間がそれなりの世話」をしたり「それなりの条件」をつくってやったりしないと，まともには生きていけないのである。

問６　町で生きている「野良犬」は，「ごみ箱にのぼって中の食べものをあされる程度の大きさ」が必要であり，「暑さにも寒さにも耐《た》えられる毛」も必要だった。つまり，「野良犬」には生きぬくための条件が共通していたので，どれも大きさや体形などが似かよっていたのである。

問７　「実利的」は，実際の効果があるさま。ネコは，「ネズミを防ぎ退治する」という効果があるので，ネズミの被害《ひがい》に困っている人々にとっては貴重な存在であったのである。

問８　ネコには，犬と違って「どこか毅然《きぜん》としたところ」がある。そのネコの「毅然と」した「姿」が人間の「精神的な面」に影響《えいきょう》をおよぼしてきたために，ネコは「人に愛され何千年にわたって人とむすびついてきた」のである。

問９　群れで「獲物」をとる犬は，群れのリーダーに「服従」する。つまり，その服従が「形を変え」たものが，人間に対する「忠誠心」であると考えられる。

問10　第一の意味段落は，犬が人間にとってどういう動物であるかということが簡単に述べられている形式段落の第四段落まで。第二の意味段落は，ローレンツの説とそれに対する筆者の見解が述べられている形式段落の第十一段落まで。第三の意味段落は，人間が「さまざまな犬種をつくりだしてきた」ことについて述べられている形式段落の第十二段落から第十五段落まで。第四の意味段落は，「ネコ」について述べられているところなので，続く段落から最後までと考えられる。

七　課題作文

昨年一年間のできごとをふり返り，がんばったこと，うれしかったこと，悲しかったことなど，印象に残っているできごとを思い出す。そして，そのできごとを漢字一字で表すとどうなるかを考え，その理由とともに書く。誤字・脱字《だつじ》はないか，係り受けの関係にねじれはないかなどにも注意する。

Dr.福井の
入試に勝つ！ 脳とからだのウルトラ科学

寝る直前の30分が勝負！

みんなは，寝る前の30分間をどうやって過ごしているかな？　おそらく，その日の勉強が終わって，くつろいでいることだろう。たとえばテレビを見たりゲームをしたり――。ところが，脳の働きから見ると，それは効率的な勉強方法ではないんだ！

実は，キミたちが眠っている間に，脳は強力な接着剤を使って海馬《かいば》（脳の，知識をためる倉庫みたいな部分）に知識をくっつけているんだ。忘れないようにするためにね。もちろん，昼間に覚えたことも少しくっつけるが，やはり夜――それも“寝る前”に覚えたことを海馬にたくさんくっつける。寝ている間は外からの情報が入ってこないので，それだけ覚えたことが定着しやすい。

もうわかるね。寝る前の30分間は，とにかく勉強しまくること！　そうすれば，効率よく覚えられて，知識量がグーンと増えるってわけ。

では，その30分間に何を勉強すべきか？　気をつけたいのは，初めて取り組む問題はダメだし，予習もダメ。そんなことをしても，たった30分間ではたいした量は覚えられない。

寝る前の30分間は，とにかく「復習」だ。ベストなのは，少し忘れかかったところを復習すること。たとえば，前日の勉強でなかなか解けなかった問題や，１週間前に勉強したところとかね。一度勉強したところだから，短い時間で多くのことをスムーズに覚えられる。そして，30分間の勉強が終わったら，さっさとふとんに入ろう！

ちなみに，寝る前に覚えると忘れにくいことを初めて発表したのは，アメリカのジェンキンスとダレンバッハという２人の学者だ。

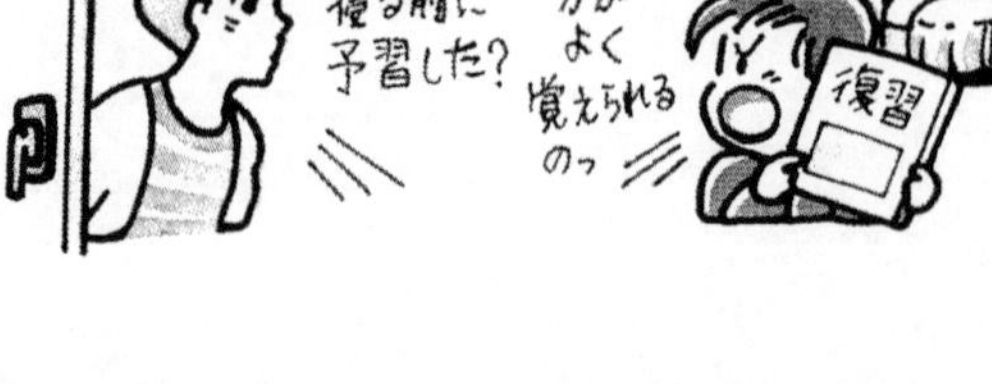

Dr.福井（福《ふく》井《い》一成《かずしげ》）…医学博士。開成中・高から東大・文Ⅱに入学後，再受験して翌年東大・理Ⅲに合格。同大医学部卒。さまざまな勉強法や脳科学に関する著書多数。

2023年度 横須賀学院中学校

【算　数】〈１次Ｂ試験〉(50分)〈満点：100点〉

《注　意》○単位は解答用紙に記入されているものを使うこと。

○3以降は途中式等も書くこと。

○円周率は3.14として計算すること。

1 次の計算をしなさい。

(1) $8 + 12 \times 6 - 5 \times 7$

(2) $3 \times 37 - (36 - 16 \div 4)$

(3) $1.2 \div 0.4 \times 0.3 + 1$

(4) $1.44 \div 0.2 - 0.9 \times 0.8$

(5) $\frac{7}{24} \div 2\frac{5}{8} + \frac{5}{6}$

(6) $1\frac{1}{4} \div \left(\frac{5}{6} \times \frac{7}{10} + \frac{2}{3} \right)$

(7) $1\frac{1}{2} \times \frac{1}{4} - 0.25 \times 0.25 + \frac{3}{4} \div 4$

(8) $\left\{ \left(\frac{1}{10} - \frac{1}{12} \right) + \left(\frac{1}{11} - \frac{1}{13} \right) + \left(\frac{1}{12} - \frac{1}{14} \right) + \left(\frac{1}{13} - \frac{1}{15} \right) \right\} \times 2310$

2 次の □ にあてはまる数を答えなさい。

（１）$(\square \times 0.8 - \frac{1}{5}) \times 1.25 = \frac{1}{4}$

（２）２％の食塩水450ｇに，食塩を50ｇ混ぜると □ ％の食塩水ができます。

（３）１ドルが115円から □ 円に上がった場合，160ドルを円に交換《こうかん》したときの差額は4000円です。

（４）長さ240ｍの列車が秒速20ｍで走っています。この列車が長さ □ ｍのトンネルを通過するのに18秒かかります。

（５）歯車Ａは歯数が48で３分間で90回転し，これとかみ合う歯車Ｂは歯数が □ で４分間で80回転します。

（６）ある飲み物を常温から冷凍《れいとう》したところ，体積が１割増えました。この飲み物を冷凍したときの体積が1210 cm^3 になる場合，常温に戻したときの体積は □ cm^3 です。

（７）Ａさん，Ｂさん，Ｃさんの３人でじゃんけんをするとき，１回で勝負が決まる場合の手の出し方は □ 通りです。

3 荷物を運ぶ台車の上に，最大積載量《さいだいせきさいりょう》（荷物を載《の》せることができる重さの上限）の $\frac{1}{4}$ だけ荷物を載せて台車ごとの重さをはかったら22kgありました。さらに荷物を増やして最大積載量の $\frac{5}{8}$ だけ荷物を載せて台車ごとの重さをはかったら46kgありました。次の問いに答えなさい。

（１）増やした荷物の重さは，最大積載量の何分のいくつか答えなさい。

（２）台車の重さは何kgか答えなさい。

4 次の問いに答えなさい。

（１）１から200までの整数の中に４でわりきれる数は［ア）　　］個あり，１から99までの整数の中に４でわりきれる数は［イ）　］個あります。したがって，100から200までの整数の中に４でわりきれる数は［ウ）　　］個です。

［　　］の中にあてはまる数を答えなさい。

（２）500から1000までの整数の中に，４でも５でもわりきれる数の個数を答えなさい。

5 平常では時速60 kmで走行する電車があります。朝の上り電車は混雑するため平常より速度を落として運転しており，Ａ駅から60 km離《はな》れたＢ駅まで１時間30分かかります。次の問いに答えなさい。

（１）朝の上り電車は平常より時速何 km 落として走行しているか答えなさい。

（２）毎朝，Ａ駅，Ｂ駅をそれぞれ同時刻に出発する上り電車と下り電車があります。ある日の朝，下り電車が平常よりも速度を上げて運転していたため，上り電車と下り電車はいつもより６分早く出会いました。下り電車は平常より時速何 km だけ上げて走行していたか答えなさい。

6 下の図のように，直角三角形ＡＢＣと直角二等辺三角形ＡＣＤが，辺ＡＣで重なっており，線分ＢＨと辺ＡＣは垂直です。点Ａ，Ｂ，Ｃ，Ｄは長方形ＰＱＲＳの周上にあり，点Ｄは辺ＳＲのまん中の点であるとき，次の問いに答えなさい。

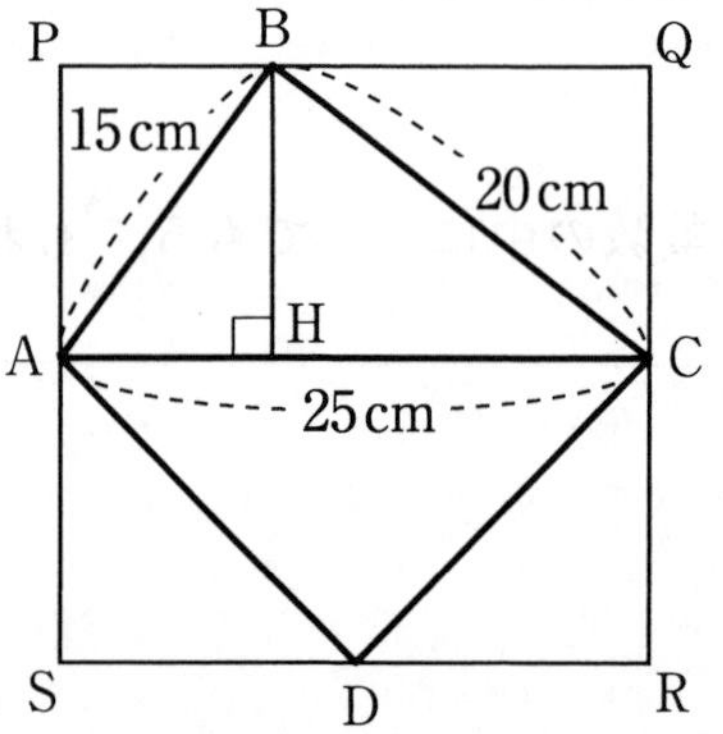

（１）ＡＢ：ＢＨ：ＨＡをもっとも簡単な整数の比で表しなさい。

（２）長方形ＰＱＲＳの面積は何 cm^2 か求めなさい。

ア、血マメができるまで必死でハンマーを叩きつけてもノジュールが見つからないこと。

イ、丸みのある石を手当たり次第にハンマーで叩いて探してもノジュールが見つからないこと。

ウ、戸川のような専門知識のある人がノジュールを探したのに化石が入っていないこと。

エ、ノジュールを見つけて必死でハンマーで叩き割っても化石が入っていないこと。

問七 ――５「あの場所で化石がざくざく出るようなことはない」とありますが、その理由を「～から。」に続くかたちで文章中より二十五字でぬき出しなさい。

問八 ――６「そのことについて書かれたパネルがあるって戸川さんに聞いて、さっきから探してる」とありますが、この言葉から朋樹が戸川のことを信用していることがわかります。二人でいっしょにノジュールを探している場面から、朋樹と戸川の関係が最もよくわかる一文をぬき出し、最初の五字を答えなさい。

七

わかんねーよ、何もかも。

志望校のことも、塾に行けるかどうかも、自分の本当の気持ちさえ。

ここへ来てわかったのは、ただ一つ。

このまま化石になってたまるかってことだ。

時おり浮《う》かぶそんな思いも、ハンマーを振り続けているとすぐに消え去る。代わって頭を埋めつくすのは、いずれも目の前に現れる、見事なアンモナイトの姿――。

これは前問の小説の後半部分です。主人公朋樹は、この後も夢中になってアンモナイトを探します。このように、あなたがこれまでに学校や塾の学習以外で夢中になったものは何ですか。また、それに夢中になったきっかけや、その面白さについて百五十字以内でまとめなさい（句読点や記号も一字と数えること）。

c、鎮座する

ア、きれいに並んでいる

イ、乱雑に置いてある

ウ、どっかりと場所をとっている

エ、しっかりと固定されている

d、閑古鳥が鳴く

ア、苦情が出る　　イ、はんじょうする

ウ、はやらない　　エ、有名になる

問三　――２「戸川は眉根を寄せてこちらを見上げ、無言のままボールペンの先で崖の方を指した」とありますが、この時の戸川の心情として最もふさわしいものを、次の中から選び、記号で答えなさい。

ア、簡単ではあるが、わかりやすく説明したので、後は自由に思い切りアンモナイトを探してくるように、朋樹に優しくうながしている。

イ、朋樹がまだよく理解していないようなので、いっしょに探してあげたいが、戸川自身もいそがしいからそこまではできないということを察してほしいと思っている。

ウ、くわしく説明したのに、朋樹にはまだ理解できないのかとイライラして、早く離れて崖の方に行ってほしいと願っている。

エ、必要なことは全部説明したので、理解できてもできなくても、後は朋樹自身で探すしかない、と半ば突き放している。

問四　――３「まあ。ハズレばっかですけど」とありますが、この時の朋樹の心情を表している言葉を文章中より九字でぬき出しなさい。

問五　［１］、［２］にあてはまる最もふさわしい言葉を、次の中からそれぞれ一つずつ選び、記号で答えなさい（同じ記号を二回使ってはいけません）。

ア、悲しい　　イ、苦しい　　ウ、恨《うら》めしい

エ、涼《すず》しい　　オ、わくわくした　　カ、晴れ晴れした

問六　――４「ハズレというのは、こういうことをいうんだ」とありますが、「こういうこと」の内容の説明として最もふさわしいものを次の中から選び、記号で答えなさい。

た。

「そう。こんな風に、ダムのせいで化石の出る場所がのきなみ沈《しず》んでしまったわけ」

パネルに描《えが》かれた地図には、ダムによって水没《すいぼつ》する領域が水色で示されていた。星印がつけられた川沿いのおもだった化石産出地は、その三分の二ほどが水色で上塗《ぬ》りされている。

（伊与原新「アンモナイトの探し方」より
ただし一部改変があります）

問一 ――1「ノジュール」とありますが、次の①～④の文はその「ノジュール」について説明したものです。空らん（　Ａ　）～（　Ｆ　）にあてはまる言葉を答えなさい。ただし、Ａ・Ｃ・Ｄ・Ｆについては文章中よりそれぞれ四字でぬき出し、Ｂ・Ｅについては二字の熟語を考えて答えなさい。

① 正式名称は「石灰質ノジュール」で、（　Ａ　四字　）形をしている。

② 保存状態の良い化石が中に入っている（　Ｂ　二字　）性のある（　Ｃ　四字　）のようなもの。

③ 硬いので、（　Ｄ　四字　）で叩いても簡単に割れない。

④ 初心者が外見で（　Ｅ　二字　）するのは難しいが、叩いた時の（　Ｆ　四字　）という音が手がかりとなる。

問二 ＝＝ａ～ｄの言葉の意味として最もふさわしいものを、それぞれの語群の中から選び、記号で答えなさい。

ａ、露出している
ア、あらわになっている　イ、転がっている
ウ、たくさんある　エ、しめっている

ｂ、毒づきたくなる
ア、なぐりたくなる　イ、にくみたくなる
ウ、悪口を言いたくなる　エ、意地悪をしたくなる

4「ハズレというのは、こういうことをいうんだ」

「ケガまでしたのに……最悪」今頃《いまごろ》になって人差し指が痛み出した。

(中略)

帰り道、また閉館間際の博物館に立ち寄った。

美しいアンモナイトがc鎮座《ちんざ》するガラスケースのわきを通り過ぎながら、[2]気持ちになる。あのあとノジュールは一つ見つけたが、化石は入っていなかった。

まっすぐ壁《かべ》の前までいき、五枚ある解説パネルをもう一度端《はし》から見ていく。が、目当てのものはやはり見当たらない。

うしろで足音がしたかと思うと、「毎日熱心ねえ」と声をかけられた。帰り支度をしたヨシエが微笑《ほほえ》んでいる。

「もしかして」ヨシエは朋樹のバックパックを見て言う。「今日も行ったの? 化石採り」

「はい。今日もダメでしたけど」

「あらら」ヨシエは眉根を寄せた。「ついてないねえ」

「戸川さんは、しょうがないって言ってました。5あの場所で化石がざくざく出るようなことはないって」

「やっぱりそうなんだ。そりゃここもd閑古鳥《かんこどり》が鳴くはずだわ」ヨシエは丸い肩《かた》をすくめて展示場を見渡《わた》す。「昔はね、この博物館にも少しはお客がいたのよ。全国各地から富美別まで化石採りにきた、マニアの人たちとかね」

「採れる量が減ったんですか?」

「まあ、ユーホロ川もずいぶん変わっちゃったからね」

6「そのことについて書かれたパネルがあるって戸川さんに聞いて、さっきから探してるんですけど……」

「ああ、あのパネル――」

(中略)

ヨシエは左手の壁《かべ》に近づき、「これこれ」と言って隅《すみ》に立てかけられたパネルを指差した。タイトルは〈富美別の化石産出地とユーホロダム〉

「ユーホロダム?」そんなものがあるとは知らなかった。

「見たことないかい?」ヨシエが言った。「町の南のほうに、ユーホロ湖ってあるでしょ。あれは、ユーホロ川をダムで堰《せ》き止めてできた湖なのよ。富美別ユーホロダムっていってね、三年前に完成したの」

「もしかして……」朋樹はパネルの内容に目を走らせながら言っ

でも、休みなく動けば汗《あせ》がゴーグルの中まで流れ込んでくる。ゴーグルを首まで下げ、Tシャツの袖《そで》で顔をぬぐっていると、そばで「どうだ」と戸川の声がした。いつの間にか、すぐ後ろに立っている。

3「まあ。ハズレばっかですけど」

「ハズレ、か」

戸川は自分のハンマーを握《にぎ》ると、崖に向き合った。打撃《だげき》部分の反対側、くさびのようになったほうを、腰《こし》の高さに叩き込む。先端《せんたん》がめり込み、崖の表面がぼろっとはがれて落ちた。

「この高さに沿って、こんな風に削《けず》っていくんだ」

戸川から少し離《はな》れて立ち、同じようにハンマーのくさび側を打ち込んでみる。乾《かわ》きかけた粘土《ねんど》のような感触《かんしょく》。差し込むようにコンコンと叩くと、ブロック状に崩れた。戸川を真似《まね》て浅く掘《ほ》り崩しながら、その領域を横方向に広げていく。

二人並んでしばらく続けていると、朋樹のハンマーの先が硬いものに当たった。と同時に、崖の表面が大きくはがれる。その奥《おく》に、丸みを帯びた石が現れた。

「ノジュールかもしれん。掘り出してみろ」戸川が横から言った。

朋樹は周囲の粘土をさらに削り、ハンマーをてこのように使って石を取り出した。手にずしりとくる。角はないが、朋樹が塾に持っていく弁当箱ほどの大きさだ。

地面に置き、軽く叩いてみる。キン、という音とともに、ハンマーが弾《はじ》き返される。今までにない手応えだ。戸川を見上げると、うなずき返してきた。やはりノジュールなのだ。

がぜんやる気が出てきた。グリップを握り直し、力を込めて打ちつける。五回、六回、七回。石はびくともしない。ハンマーがはね返されるたびに、手がしびれる。

「痛っ」

石を押《お》さえていた左手の人差し指を叩いてしまった。指の腹をはさんだだけだが、軍手をとってみると、大きな血マメができている。くそ。やり返すようなつもりで、さらに高くハンマーを振りかぶる。

何分間叩き続けただろうか。少しずつ深くなる表面の傷めがけて打ち込んでいると、急に響きが変わった。やったか。とどめとばかりの次の一撃で、ついに石は三つに割れた。

投げるようにハンマーを置き、一番大きな破片をつかむ。断面に目を凝《こ》らした。表面近くは白っぽく、中心部はグレー。光沢《こうたく》さえ感じさせる緻密な質感は、明らかに他の石とは違う。だが、それだけ。どの破片にも、化石のような異物は見えない。

「残念だったな」戸川がとなりにしゃがみ込み、[1]顔で言う。

て、ノジュール同様に硬い。崖《がけ》や斜面《しゃめん》に埋《う》まっている石、あるいはそのきわに落ちているものの中から探すほうが確率が高い」

　戸川はそれだけ言うと、石の上にあぐらをかいた。さっきのアンモナイトを厚手のビニール袋に入れ、マジックで数字を書きつける。それが終わると、小さな緑色のノートを開き、何やら記録をつけ始めた。

　え、もう終わり？　朋樹は戸惑《とまど》った。仕方なく、「あのう……」と声をかける。2戸川は眉根《まゆね》を寄せてこちらを見上げ、無言のままボールペンの先で崖の方を指した。

（中略）

　まずは、軽く叩いてみる。コン、と音がした。もう少し力を込めてみる。表面に傷はついたが、割れない。頭の上まで振《ふ》りかぶり、勢いをつけて打ちつける。今度は割れた。というより、砕《くだ》けたというほうが近い。小さなかけらをつまみ上げると、薄《うす》茶色の粉が軍手の指先についた。

「泥岩だな」戸川が言った。ノートにまだ何か書き込みながら、だ。「ノジュールではない」

「……だと思いましたけど」朋樹は平静を装《よそお》いつつ、手をはたく。

「音が違《ちが》ったし」

「泥岩は、海底にたまった泥《どろ》が固結したものだ」

「わかります、それは」塾で習った。堆積《たいせき》岩の一種だ。

　数メートル移動し、別の石を拾い上げる。さっきと同じぐらいの大きさで、やや平たい。地面に置いて、ハンマーを振り下ろす。今度は、カン、という音がした。徐々《じょじょ》に力を増しながら五回、六回と叩くと、真ん中で二つに割れた。ややざらついた断面があらわになる。

「砂岩だ」戸川があぐらのまま言った。「同じく堆積岩だが、泥岩より粒《つぶ》が粗《あら》いだろう」

「……ですね」

　違うとわかってるなら、割る前に言えよ。b毒づきたくなるような気持ちとともに、石を投げ捨てる。

　朋樹は半ば投げやりな気分で、丸みのある石を手当たり次第に叩き始めた。鈍《にぶ》い音がしたら、一打ですぐ次へいく。少し甲《かん》高いと感じたら、割れるまで叩いてみる。

　三十分近くかけて、八個の石を割った。どれもノジュールでないということは、朋樹にもわかっていた。化石らしきものはもちろん見当たらない。

　日差しの厳しさも暑さの質も、東京の八月とはだいぶ違う。それ

六 次の文章を読んで、後の問いに答えなさい。

朋樹《ともき》は進学塾《じゅく》に通う小学六年生。両親の離婚《りこん》問題と受験のストレスで体調をくずし、塾に通えなくなり、心療《しんりょう》内科を受診《じゅしん》した。医師の助言で夏休みの間は受験勉強を中断し、環境を変えて過ごすことになり、祖父母の住む北海道富美別《とみべつ》町に遊びに来ている。そして町の博物館にふらりと入ったことがきっかけで、そこに勤めるヨシエからのすすめもあり、戸川という前館長にアンモナイトの化石の探し方を教わることになる。

「まずは、ノジュールを探す」

「[1]ノジュール？」

「こういう丸っこい石だ」戸川は、さっき二つに割った石の片割れを拾い上げ、外側のなめらかな曲面をひと撫《な》でした。「正しくは石灰質ノジュール。大きさは数センチから数十センチ。炭酸カルシウムが二次的に濃集《のうしゅう》して固結したもので、たいてい球状やレンズ状をしている。生物の死骸《しがい》が分解されるとき、水中の炭酸カルシウムが死骸をおおうように沈殿《ちんでん》して、ノジュールを形成することがある」

「えっと……つまり、中に化石が閉じ込《こ》められてるってことですか。カプセルみたいに」科学用語はともかく、イメージはなんとなくできる。

「無論、すべてのノジュールに何か入っているわけではない。ただ、ノジュールの中の化石は保存状態が良いことが多い」

「でも……」川原を見回して言う。「そういう丸っこい石ばっかですけど」

「外見だけで見分けるのは初心者には難しい。このあたりに[a]露出《ろしゅつ》している岩石は、蝦夷《えぞ》層群中部の泥岩《でいがん》と砂岩だ。比較《ひかく》的やわらかいから、ハンマーで叩《たた》くと簡単に割れたり崩《くず》れたりする。それに比べて、ノジュールは緻密《ちみつ》で硬《かた》い。だから、まずはノジュールを叩いたときの感触《かんしょく》と音を知ることだ」

朋樹はさっきまでここに響《ひび》いていた音を思い出した。要は、あんな風にキンキン鳴る石を探せばいいわけか。

戸川は足もとを示して続ける。「川原にもノジュールは転がっている。ただし、川原の石には上流から運ばれてきた火成岩や変成岩が混ざっているから注意が必要だ。そういう石も丸く磨《みが》かれてい

問九 次の 文章② は、同じ著書の中で筆者が日本について書いている部分です。よく読んで、後の(1)・(2)の問いに答えなさい。

文章②

日本は江戸時代二〇〇年以上も＊1鎖国《さこく》政策によってかなり独立した経済社会を形成していました。実際にはオランダや中国、朝鮮《ちょうせん》半島など、世界とのつながりもあったのですが、貿易は厳しく制限されていました。そんな状況《じょうきょう》下で庶民の日常食が輸入されるはずもなく、日本はこの鎖国時代、食料に関しては基本的に（　Ⅰ　）と言えるでしょう。大多数の人びとは農村に住み、基本的に身の回りの田畑や山川、＊2入《いり》会地《あいち》などで採取・栽培した、慎《つつ》ましいながらも（　Ⅱ　）を食べていたと思われます。日本の伝統的な食事はコメが主食だったと思われがちですが、江戸時代まで、コメは大多数を占めていた農民が日常の食として食べる食料ではありませんでした。近代に入り産業革命が始まると、人びとの働き方や食事が変わりました。

＊1 鎖国政策……江戸幕府が、中国・オランダ以外の外国人の渡来《とらい》と、日本人の海外渡航《とこう》を禁じた政策。

＊2 入会地……地域住民が共同で使う山野・漁場《ぎょじょう》など。

(1) （　Ⅰ　）・（　Ⅱ　）にあてはまる最もふさわしい言葉を、それぞれの語群の中から選び、記号で答えなさい。

（　Ⅰ　）

ア、狩猟採集にたよっていた
イ、自給自足できていた
ウ、中国から輸入していた
エ、シルクロードから運んでいた

（　Ⅱ　）

ア、コメや麦などの穀物
イ、イモ
ウ、野生の動植物
エ、多種多様なもの

(2) 波線部「コメは大多数を占めていた農民が日常の食として食べる食料ではありませんでした」とありますが、コメは農民の食料ではなく、何であったと考えられますか。 文章① より漢字一字で答えなさい。

問一　――1「『神話』のように信じられてきたこの歴史観」とありますが、同じ意味で使われている言葉を文章中より二字でぬき出しなさい。

問二　――2「後者」とありますが、ここでは具体的に何を指していますか。簡潔に説明しなさい。

問三　＝＝a、bの言葉の意味として最もふさわしいものを、それぞれの語群の中から選び、記号で答えなさい。

a、温床
　ア、多様性が育まれる環境
　イ、温かく居心地の良い場所
　ウ、生まれ育ちやすい環境
　エ、隠れて繁殖《はんしょく》する場所

b、興亡
　ア、亡命すること　　イ、なくなること
　ウ、誕生《たんじょう》すること　　エ、栄えてほろびること

問四　――3「なぜ、～占めるほどになったのでしょうか」とありますが、この問いの答えとして最もふさわしい箇所《かしょ》を「～から。」に続くかたちで文章中より二十二字でぬき出しなさい。

問五　――4「簡単です」とありますが、これと反対の意味で使われている言葉を文章中よりぬき出しなさい。

問六　――5「『反穀物の人類史』はさらに、～と述べています」とありますが、この本に述べられていることをふまえて、筆者が最も伝えたいことが書かれている一文をぬき出し、その最初の五字を答えなさい。

問七　［A］～［D］にあてはまるものを、次の中からそれぞれ一つずつ選び、記号で答えなさい（同じ記号を二回使ってはいけません）。

　ア、では　　イ、さて　　ウ、やがて
　エ、つまり　　オ、たとえば　　カ、もしくは

問八　――6「現在では、地球の裏側から輸入された食品を私たちが毎日でも口にすることができます」とありますが、現在の私たちが地球の裏側からも食品を手に入れているのに対し、近代以前の人びとは、どこから手に入れていましたか。文章中から十字でぬき出しなさい。

らえたら嬉《うれ》しいです。

Ａ、穀物は軽くて保存が利くから遠くまで輸送できたとはいうものの、輸送には費用と時間がかかった時代、しかも都市部の富裕《ふゆう》層をのぞいて大多数の人たちが農村で自給自足的に生活していた時代に、庶民《しょみん》が日常食べる食料を遠くまで貿易することはありませんでした。

6現在では、地球の裏側から輸入された食品を私たちが毎日でも口にすることができますが、シルクロードの時代に中央アジアからラクダの背に載《の》せて数カ月（数年？）もかけて日本の農民が食べる穀物を運んできても、儲《もう》けにはなりませんよね。

シルクロードから運んできたのは、正倉院に納めるような、その地では得られない高価な宝物でした。Ｂ、昔から遠距離《きょり》交易はあったものの、費用と時間とリスクをかけてまで貿易された品とは、小さくて軽くて高価な物。お金にもなった金銀など貴金属や宝石、絹・綿・毛など織物や染料（かつてはファッションも貴重品でした）、Ｃ王族や貴族が使う香料や、薬品にもなったコショウなど香辛料《こうしんりょう》でした。

人類が農耕を始め、大河の流域に古代文明がおこり、都市国家が栄えたり帝国《ていこく》がb興亡したりいろんな戦争が戦われたりしましたが、近代が始まるまで、世界の大多数の人たちは基本的には、身近な田畑や自然環境から日々の食を得ていました。

Ｄ、水蒸気で稼働《かどう》するエンジン（＝蒸気機関）が大型船やいろんな機械を動かすことができるようになり、近代が始まると、世の中が変わり、持てる者と持たざる者が分かれ、格差が広がっていきました。

（平賀緑『食べものから学ぶ世界史』より
ただし一部改変があります）

て人類は文明を発展させ前進してきたという通説に逆らって、問い直しています。むしろ穀物が選ばれたのは、支配する側にとって都合が良かったからではないか。さらには、人が集まり限られた種類の作物と家畜を集めて栽培・飼育することで、寄生虫や病原体のa温床《おんしょう》となり、人間も作物も家畜も逆に不健康になったのではないか、と。

　考えてみてください。この地球上には人間が食べられる植物は多種多様に存在するのに、3なぜ、小麦、大麦、コメ、トウモロコシという四つの作物が「主食」と呼ばれ、世界のカロリー消費の過半数を占《し》めるほどになったのでしょうか。多様性に富む方が自然にも人にも健康のためには望ましいのに。作物も動物も人間も、単一栽培や家畜化や都市化によって「密」になることで、病原体の繁殖《はんしょく》と変異を許してしまうのに。

　胃袋《いぶくろ》を満たすという目的のためには、穀物よりイモの方が、早く楽に大きなデンプンの塊《かたまり》を育てることができるでしょう。食べるときも、洗って焼くか蒸《む》すかすれば食べられるので4簡単です。一方、穀物は、もっと長い月日をかけて小さな種子を栽培し、脱穀《だっこく》して穂《ほ》から粒《つぶ》を外して固い殻《から》やゴミや異物を取り除いて、コメは水に浸《ひた》して炊飯《すいはん》したり、麦は製粉して発酵《はっこう》させて焼いたりと、食べるのにも手間がかかります。

　でも、固い殻に包まれた軽い種子である穀物の方が、腐《くさ》らせることなく長期間保存でき、大量の穀物を溜《た》め込《こ》むことや、ずっと遠くから輸送して集めることができました。つまり、穀物は富の蓄積《ちくせき》に都合が良かったのです。

　5『反穀物の人類史』はさらに、国家が人々に課税して支配するために、穀物が便利だったと述べています。イモは地中に育つのでどれだけ収穫《しゅうかく》できるか見えにくいけれど、穀物は地上で実り一目瞭《りょう》然《ぜん》だったので、税を集める役人にとって収穫量を測量（査定）しやすかった。穀物の方がいっせいに実って、隠《かく》されず確実に徴税《ちょうぜい》できて、しかも小さな粒なので重さや体積で正確に計ることもできた。税として集めた穀物を国家のために働いた軍隊や奴隷《どれい》に分配するときも、好きな量で正確に配布できた。もちろん、穀物の方が貯蔵できて輸送できたことも、徴税する国家にとって都合が良かった、と。こうして、支配する側にとって富の蓄積と課税に便利だった、小麦、大麦、コメ、トウモロコシなど数種類の穀物を「主食」として、支配下の人民や奴隷に生産させて、軍隊を養って、国家が成長した、と。

　穀物の役割については議論がつきませんが、とりあえず「主食」と呼ばれる食料ですら、自然や人の胃袋が選んだというより、昔から政治経済に組み込まれた「政治的作物」だったことに気づいても

問一 ――1「七月に大雨で災害が起きている」とありますが、その理由が具体的に書かれている一文をぬき出し、最初の五字を答えなさい。

問二 （ 2 ）、（ 3 ）にあてはまる生徒の言葉として最もふさわしいものを、次の中からそれぞれ一つずつ選び、記号で答えなさい（同じ記号を二回使ってはいけません）。

ア、それにしても最近は豪雨が増えていませんか？

イ、台風による豪雨災害は九月の方が多いのではないですか？

ウ、ということは線状降水帯のせいですか？

エ、大雨が長い時間続くこともありますね。

オ、例年は九月も大雨が多いですよね。

問三 （ 4 ）にあてはまる最もふさわしい一文を、次の中から一つ選び、記号で答えなさい。

ア、寝耳に水です。

イ、油断は禁物です。

ウ、百聞は一見にしかずです。

エ、備えあればうれいなしです。

五 次の文章を読んで、後の問いに答えなさい。

文章①

学校ではこう教わったと思います。

人類は長い年月、狩猟《しゅりょう》採集によって、つまり野生の動植物を集めて採って、捕《つか》まえて、食を得ていた。その後、今から約一万年前に農耕と牧畜《ぼくちく》を開始した。つまり人間が自然に働きかけ、種子を植えて作物を栽培《さいばい》し、飼い慣らした家畜を育てて、食料を生産するようになった。人びとは村をつくって定住するようになり、農耕と牧畜によって食料を増産できるようになったことから、王や貴族、神官、商人、職人など自らは食料を生産しない人たちも支えることができるようになり、やがて文明が起こり、都市、そして国家が成立した。このように農耕と牧畜によって人類は発展することができた、などなど。

――1「神話」のように信じられてきたこの歴史観に、疑問を打ち出した説があります。英語では二〇〇四年と二〇一七年にAgainst The Grainという同じタイトルの本が違《ちが》う著者によって出版されました。――2後者は日本語にも翻訳《ほんやく》され『反穀物の人類史』というタイトルで出版されています。

これらの本は穀物に逆らって、つまり、農耕を始めたことによっ

四　次の先生と生徒の会話文を読んで、後の問いに答えなさい。

生徒A…この間、九州に台風が上陸して大雨になったね。

生徒B…最近は毎年、[1]七月に大雨で災害が起きている気がするよ。

先　生…二〇一七年から二〇二一年は、毎年七月上旬《じょうじゅん》に、死者の出る水害や土砂災害が起きました。この時期、五年間で四〇〇人以上が犠牲《ぎせい》になりました。

生徒A…七月には大雨になりやすい理由があるのですか？

先　生…例年は梅雨後半や梅雨末期と呼ばれるこの時期は、大雨の条件がそろいます。七月にかけて日本列島上空の大気が不安定になり、南や西の海から大量の水蒸気が陸地に流れ込《こ》み始めるからです。昔から豪雨《ごうう》災害がよく起きる時期なのです。

生徒B…（　2　）

先　生…そうですね。その要因として「線状降水帯」がよく知られています。一つでもゲリラ豪雨の原因になる積乱雲が次々に連なる現象で、同じ場所に何時間も大雨が続きます。去年まで七月上旬に五年連続で発生していて、今年も七月五日に高知県で確認されています。

生徒A…（　3　）

先　生…七月の大雨は実際に増えています。気象庁気象研究所が「三時間に一三〇ミリ以上」の集中豪雨を数えると、一昨年までの約半世紀に、七月の豪雨の回数は三・八倍になっていました。

生徒B…地球温暖化のせいですか？

先　生…年間で見ても、集中豪雨の回数は増えました。温暖化が影《えい》響《きょう》しているのかもしれません。線状降水帯の発生と温暖化の関係についても、研究は始まっています。

生徒A…今年は早く梅雨明けとされた地域もありますね。

先　生…（　4　）例年より早く活発な梅雨前線が北上し、梅雨がないといわれてきた北海道で大雨が続いています。昨年は八月に梅雨期のように前線が停滞《ていたい》して異例の長雨になりました。積乱雲や線状降水帯は予報が難しく、梅雨の後も突《とつ》然《ぜん》発生することがあります。最新の気象や災害の情報を自分で調べて注意することが大事です。

（参考『朝日新聞』二〇二二年七月十二日朝刊）

2023年度

横須賀学院中学校

【国　語】〈一次B試験〉（五〇分）〈満点：一〇〇点〉

※ぬき出し問題や記述問題では、句読点や記号も一字と数えること。

一　次の——部について、漢字はひらがなに、カタカナは漢字に直しなさい。

1　磁針が北を指す。
2　電車の運賃を見直す。
3　有名な刀剣を見る。
4　海辺の景色を楽しむ。
5　ニュウネンに準備をする。
6　チュウヤを問わずのめりこむ。
7　シャソウから富士山をながめる。
8　湖に山のすがたがウツる。

二　次の熟語について、後の問いに答えなさい。

1　縮小　2　頭痛　3　青空　4　開幕

(1)　1～4の熟語と組み立てが同じものを、次の中からそれぞれ選び、記号で答えなさい。

ア、骨折　イ、作文　ウ、創造　エ、急病

(2)　1～4の熟語の構成について、ふさわしいものを次の中からそれぞれ選び、記号で答えなさい。

ア、上の字が下の字を修飾《しゅうしょく》している熟語。
イ、主語と述語の関係の熟語。
ウ、似た意味の字を重ねた熟語。
エ、下の字が上の字の目的語になっている熟語。

三　次の語句の対義語になるように、（　）にふさわしい漢字一字をそれぞれ答えなさい。

1　病気　―　（　）康　　2　生産　―　（　）費
3　集中　―　分（　）　　4　海洋　―　大（　）

2023年度

横須賀学院中学校　▶解説と解答

算　数　＜１次Ｂ試験＞（50分）＜満点：100点＞

解　答

1 (1) 45　(2) 79　(3) 1.9　(4) 6.48　(5) $\frac{17}{18}$　(6) 1　(7) $\frac{1}{2}$　(8) 122
2 (1) $\frac{1}{2}$　(2) 11.8％　(3) 140円　(4) 120m　(5) 72　(6) 1100cm^3　(7) 18通り
3 (1) $\frac{3}{8}$　(2) 6kg
4 (1) ア　50個　イ　24個　ウ　26個　(2) 26個
5 (1) 時速20km　(2) 時速20km
6 (1) 5：4：3　(2) 612.5cm^2

解　説

1　四則計算，計算のくふう

(1) $8+12\times6-5\times7=8+72-35=45$

(2) $3\times37-(36-16\div4)=111-(36-4)=111-32=79$

(3) $1.2\div0.4\times0.3+1=3\times0.3+1=0.9+1=1.9$

(4) $1.44\div0.2-0.9\times0.8=7.2-0.72=6.48$

(5) $\frac{7}{24}\div2\frac{5}{8}+\frac{5}{6}=\frac{7}{24}\div\frac{21}{8}+\frac{5}{6}=\frac{7}{24}\times\frac{8}{21}+\frac{5}{6}=\frac{1}{9}+\frac{5}{6}=\frac{2}{18}+\frac{15}{18}=\frac{17}{18}$

(6) $1\frac{1}{4}\div\left(\frac{5}{6}\times\frac{7}{10}+\frac{2}{3}\right)=1\frac{1}{4}\div\left(\frac{7}{12}+\frac{2}{3}\right)=1\frac{1}{4}\div\left(\frac{7}{12}+\frac{8}{12}\right)=1\frac{1}{4}\div\frac{5}{4}=\frac{5}{4}\times\frac{4}{5}=1$

(7) $1\frac{1}{2}\times\frac{1}{4}-0.25\times0.25+\frac{3}{4}\div4=\frac{3}{2}\times\frac{1}{4}-\frac{1}{4}\times\frac{1}{4}+\frac{3}{4}\times\frac{1}{4}=\left(\frac{3}{2}-\frac{1}{4}+\frac{3}{4}\right)\times\frac{1}{4}=\left(\frac{6}{4}-\frac{1}{4}+\frac{3}{4}\right)\times\frac{1}{4}=2\times\frac{1}{4}=\frac{1}{2}$

(8) $\left\{\left(\frac{1}{10}-\frac{1}{12}\right)+\left(\frac{1}{11}-\frac{1}{13}\right)+\left(\frac{1}{12}-\frac{1}{14}\right)+\left(\frac{1}{13}-\frac{1}{15}\right)\right\}\times2310=\left(\frac{1}{10}-\frac{1}{12}+\frac{1}{11}-\frac{1}{13}+\frac{1}{12}-\frac{1}{14}+\frac{1}{13}-\frac{1}{15}\right)\times2310=\left(\frac{1}{10}+\frac{1}{11}-\frac{1}{14}-\frac{1}{15}\right)\times2310=\frac{1}{10}\times2310+\frac{1}{11}\times2310-\frac{1}{14}\times2310-\frac{1}{15}\times2310=231+210-165-154=122$

2　逆算，濃度《のうど》，差集め算，通過算，正比例と反比例，割合と比，場合の数

(1) $\left(\square\times0.8-\frac{1}{5}\right)\times1.25=\frac{1}{4}$より，$\square\times0.8-\frac{1}{5}=\frac{1}{4}\div1.25=\frac{1}{4}\div\frac{5}{4}=\frac{1}{4}\times\frac{4}{5}=\frac{1}{5}$，$\square\times0.8=\frac{1}{5}+\frac{1}{5}=\frac{2}{5}$　よって，$\square=\frac{2}{5}\div0.8=\frac{2}{5}\div\frac{4}{5}=\frac{2}{5}\times\frac{5}{4}=\frac{1}{2}$

(2) 2％の食塩水450gには食塩が，450×0.02＝9（g）ふくまれている。この食塩水に食塩を50g混ぜると，食塩水の重さは，450＋50＝500（g），食塩の重さは，9＋50＝59（g）になるので，濃度は，59÷500×100＝11.8（％）となる。

(3) 160ドルを円に交換《こうかん》したときの差額が4000円だから，1ドルを円に交換したときの差額は，4000÷160＝25（円）になる。よって，1ドルは，115＋25＝140（円）になったとわかる。なお，ドルの価値が上がったとした。

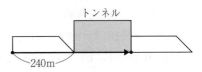

(4) 右の図のように，列車はトンネルを通過するまでに，

(列車の長さ)＋(トンネルの長さ)だけ進む。よって，列車が18秒で進む距離《きょり》は，20×18＝360(m)だから，トンネルの長さは，360－240＝120(m)とわかる。

⑸　歯車Ａは１分間に，90÷３＝30(回転)するので，４分間で，30×４＝120(回転)する。このとき歯車Ａの歯は，48×120＝5760だけ動いたことになる。すると，歯車Ｂの歯も４分間で5760だけ動いたとわかり，このとき歯車Ｂは80回転したので，歯車Ｂの歯数は，5760÷80＝72と求められる。

⑹　常温の飲み物の体積を□cm^{3}とすると，冷凍《れいとう》したときの体積は，□×(１＋0.1)＝1210(cm^3)と表せる。よって，□＝1210÷1.1＝1100(cm^3)とわかる。

⑺　３人の手の出し方は全部で，３×３×３＝27(通り)ある。このうち，あいこになるのは，全員が同じ手を出すか，全員が異なる手を出すときである。全員が同じ手を出すとき，出し方は３通りである。また，全員が異なる手を出すとき，出し方は，３×２×１＝６(通り)になる。よって，１回で勝負が決まる手の出し方は，27－(３＋６)＝18(通り)とわかる。

3　割合と比

⑴　はじめに，台車の最大積載《せきさい》量の$\frac{1}{4}$だけ荷物を載《の》せて，次に最大積載量の$\frac{5}{8}$だけ荷物を載せたから，増やした荷物の重さは，最大積載量の，$\frac{5}{8}-\frac{1}{4}=\frac{3}{8}$になる。

⑵　⑴より，台車の最大積載量の$\frac{3}{8}$が，46－22＝24(kg)にあたる。すると，台車の最大積載量は，$24\div\frac{3}{8}=64$(kg)だから，はじめに載せた荷物の重さは，$64\times\frac{1}{4}=16$(kg)とわかる。よって，台車の重さは，22－16＝６(kg)である。

4　約数と倍数

⑴　１から200までに４でわりきれる数は，200÷４＝50(個)(…ア)ある。また，１から99までに４でわりきれる数は，99÷４＝24あまり３より，24個(…イ)ある。したがって，100から200までに４でわりきれる数は，50－24＝26(個)(…ウ)とわかる。

⑵　４でも５でもわりきれる数は，４と５の最小公倍数の20でわりきれる数である。１から1000までに20でわりきれる数は，1000÷20＝50(個)ある。また，１から499までに20でわりきれる数は，499÷20＝24あまり19より，24個ある。したがって，500から1000までに４でも５でもわりきれる数は，50－24＝26(個)とわかる。

5　速さ

⑴　朝の上り電車は１時間30分で60km走行するから，このときの速さは時速，$60\div1\frac{30}{60}=40$(km)である。よって，平常よりも時速を，60－40＝20(km)落としているとわかる。

⑵　いつもは上り電車と下り電車が同時刻に出発してから，60÷(40＋60)×60＝36(分後)に出会う。ある日の朝は，これより６分早い，36－６＝30(分後)に出会ったから，この日の上り電車と下り電車の速さの和は時速，$60\div\frac{30}{60}=120$(km)となる。よって，この日の下り電車の速さは時速，120－40＝80(km)だから，平常よりも時速を，80－60＝20(km)だけ上げたとわかる。

6　平面図形―辺の比と面積の比，相似

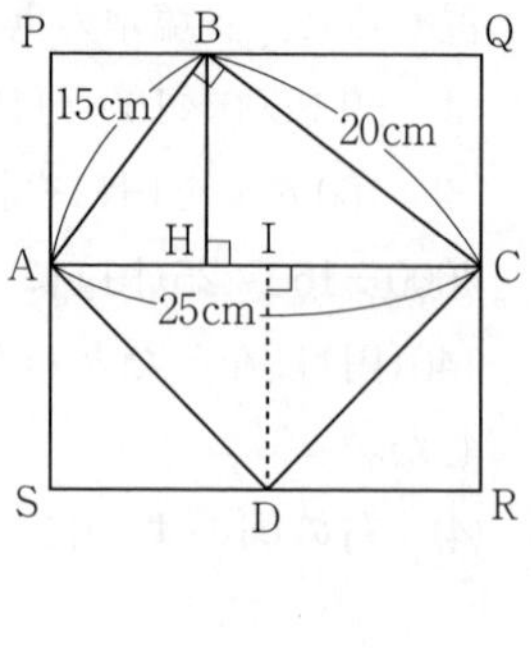

⑴　右の図で，三角形ABCと三角形AHBは，角CAB＝角BAHであり，角CBA＝角BHA＝90度なので，相似だとわかる。よって，AB：BH：HA＝AC：CB：BA＝25：20：15＝５：４：３となる。

(2)　(1)より，BHの長さは，$15\times\frac{4}{5}=12$(cm)である。また，三角形ACDは直角二等辺三角形だから，DI＝IC＝25÷２＝12.5(cm)になる。すると，PSの長さは，12＋12.5＝24.5(cm)となるから，長方形PQRSの面積は，24.5×25＝612.5(cm^2)と求められる。

国　語　＜１次Ｂ試験＞（50分）＜満点：100点＞

解　答

一　1　じしん　2　うんちん　3　とうけん　4　けしき　5～8　下記を参照のこと。　二　(1)　1　ウ　2　ア　3　エ　4　イ　(2)　1　ウ　2　イ　3　ア　4　エ　三　1　健　2　消　3　散　4　陸　四　問1　七月にかけ　問2　2　エ　3　ア　問3　イ　五　問1　通説　問2　(例)　二〇一七年に出版された方の本　問3　a　ウ　b　エ　問4　支配する側にとって富の蓄積と課税に便利だった(から。)　問5　手間がかかります　問6　穀物の役割　問7　A　イ　B　エ　C　カ　D　ウ　問8　身近な田畑や自然環境　問9　(1)　Ⅰ　イ　Ⅱ　エ　(2)　税　六　問1　A　丸っこい　B　可能　C　カプセル　D　ハンマー　E　区別(判断，判別)　F　キンキン　問2　a　ア　b　ウ　c　ウ　d　ウ　問3　エ　問4　半ば投げやりな気分　問5　1　エ　2　ウ　問6　エ　問7　ダムのせいで化石の出る場所がのきなみ沈んでしまった(から。)　問8　戸川を見上　七　(例)　私が熱中しているのは卓球です。姉から教えられたことが卓球を始めたきっかけですが，今では私の方が夢中になっていると思います。最近は，フォアでもバックでも打てるようになりましたし，打球にカーブドライブをかけることもできるようになりました。自分の努力次第でどんどん上達するところにおもしろさを感じています。

●漢字の書き取り

一　5　入念　6　昼夜　7　車窓　8　映(る)

解　説

一　漢字の読みと書き取り

1　磁界の方向を針で指し示す磁石。　2　旅客や貨物などを運ぶ料金。　3　刀や剣の総《そう》称《しょう》。　4　目に見える自然などのながめ。　5　細かいところまで十分に注意すること。　6「昼夜を問わず」は，“昼や夜の区別がないくらい一日中～する”という意味を表すときに用いられる表現。　7　列車や自動車などの窓。　8　音読みは「エイ」で，「映画」などの熟語がある。訓読みにはほかに「は(える)」がある。

二　熟語の組み立て

(1)，(2)　1「縮小」は，似たような意味の漢字を重ねた熟語なので，「創造」が同じ。　2「頭痛」は，上の漢字が主語で，下の漢字が述語になっている熟語なので，「骨折」が同じ。　3「青空」は，上の漢字が下の漢字を修飾《しゅうしょく》している熟語なので，「急病」が同じ。　4「開幕」は，下の漢字が上の漢字の目的語になっている熟語なので，「作文」が同じ。

三　対義語の完成

1　「病気」の対義語は，病気になっていない元気な状態をいう「健康」。　**2**　「生産」の対義語は，商品などを使ってなくすことを表す「消費」。　**3**　「集中」の対義語は，集まっていたものを分けて散らすことを指す「分散」。　**4**　「海洋」の対義語は，広大な陸地を意味する「大陸」。

四　**会話文の読み取り**

問１　日本では「七月にかけて日本列島上空の大気が不安定になり，南や西の海から大量の水蒸気が陸地に流れ込《こ》み始める」ため，七月には大雨による災害の起きる可能性が高い。

問２　**2**　後に続く「そうですね」で始まる先生の発言では，「線状降水帯」によって「同じ場所に何時間も大雨」が続くということが述べられているので，エの内容が合う。　**3**　後に続く先生の発言では，「集中豪雨」の「回数」について述べられているので，アが合う。

問３　「今年は早く梅雨明けとされた地域もありますね」という発言に対して，先生は「梅雨がないといわれてきた北海道で大雨が続いて」いることを例にあげ，「最新の気象や災害の情報を自分で調べて注意することが大事です」と言っている。よって，油断してはいけないという意味のイが入る。

五　**出典は平《ひら》賀《が》緑《みどり》の『食べものから学ぶ世界史』による。**筆者は農耕を始めたことによって人類は発展してきたという説に疑問を投げかけ，穀物の役割についてほかの視点から考察している。

問１　人類は「農耕と牧畜《ぼくちく》」によって発展してきたという「歴史観」は，「神話」のように人々が信じてきた考え方である。これは，次の段落にある「人類は文明を発展させ前進してきたという通説」と同じ意味である。

問２　前者は二〇〇四年に発行された『Against The Grain』で，後者は二〇一七年に発行された別の著者による同名の本を指す。

問３　**a**　「温床《おんしょう》」は，苗《なえ》を早く育てるために人工的に温かくした苗床《なえどこ》のこと。転じて，悪いものが発生して広がりやすい環境《かんきょう》，という意味でも用いられる。　**b**　「興亡」は，新しいものが生じて勢いが盛んになることと滅《ほろ》びてなくなってしまうこと。

問４　穀物は，大量に「溜《た》め込むこと」や「遠くから輸送して集めること」ができ，「徴税《ちょうぜい》」や「分配」にも都合がよかった。つまり，「支配する側にとって富の蓄積と課税に便利だった」ために，「小麦，大麦，コメ，トウモロコシ」が「主食」となったのである。

問５　イモは育てるのも食べられる状態にするのも「簡単」だが，穀物は生育させるために長い時間とさまざまな世話が必要になり，さらに食べられる状態にするのにも「手間」がかかる。

問６　「人類は文明を発展させ前進してきた」という説がずっと信じられてきたが，筆者は『反穀物の人類史』の説に同調し，自説を展開している。つまり，「穀物の役割について」は，さまざまな議論があるものの，とりあえずは「主食」と呼ばれる食糧ですら，「自然や人の胃《い》袋《ぶくろ》が選んだ」というよりは，それらが昔から政治経済に組み込まれた「政治的作物」であったことに気づいてほしいということを読者に訴《うった》えているのである。

問７　**A**　前の段落までで，穀物が「政治的作物」だったという話題が終わり，この段落からは人類が身近なところから「日々の食」を得ていたという話題に展開しているので，それまで述べてきた話題が終わり，新しい話題に移ることを示す「さて」が入る。　**B**　シルクロードから運んできた「その地では得られない高価な宝物」は，言いかえれば「費用と時間とリスクをかけてまで貿易された品」であり，「小さくて軽くて高価な物」であった。よって，前に述べた内容を“要するに”とまとめて言いかえるときに用いる「つまり」が入る。　**C**　シルクロードで運ばれた「小さくて軽くて高価な物」とは，「貴金属や宝石」や「織物や染料」，あるいは「香料《こうりょう》」や「香辛《こうしん》料」であったという文脈になるので，二つ以上のことがらのうち，どれかを選ぶときに用いる「もしくは」が入る。　**D**　近代が始まるまで，世界の大多数の人々は，身近なところから「日々の食を得て」いたが，そのうちに「エンジン」がいろいろな「機械を動かすことができる」ようになって近代が始まると，「格差が広がって」いったという文脈になる。よって，“そのうちに”という意味の「やがて」が入る。

問８　運ぶための手段がない時代の人々は，「身近な田畑や自然環境」から日々の食べ物を得ていた。

問９　(1)　Ⅰ，Ⅱ　鎖国《さこく》していた江戸時代の日本では，「庶民《しょみん》の日常食が輸入される」とは考えられないので，自分たちで自分たちの食べ物をまかなう自給自足が行われていたと考えられる。また，「大多数の人びと」が食べ物を得ていたのは，「田畑」や「山川」などの「入会地」だったので，十分な量ではなかったかもしれないが，多種多様なものを食べていたと考えられる。　(2)　江戸時代までの農民は，自分たちの作った米を年貢《ねんぐ》として納めていた。つまり，米を「税」として取り立てられていたのである。

六　**出典は伊与原新《いよはらしん》の『月まで三キロ』所収の「アンモナイトの探し方」による。**夏休みの間，祖父母の住む北海道富美別《とみべつ》町に遊びに来ている朋樹《ともき》は，町の博物館に入ったことがきっかけでアンモナイトの化石に興味を持ち，前館長の戸川と化石の入っているノジュールを探しに来た。

問１　**A～F**　ノジュールは，球状やレンズ状をしている「丸っこい石」で，「保存状態」の良い化石が入っている可能性のある「カプセル」のようなものである。ただし，ノジュールは「緻密《ちみつ》で硬《かた》い」もので，「ハンマー」でたたいても簡単には割ることができないので，初心者が外見でノジュールかどうかを判断するのは難しいが，たたいたときに「キンキン鳴る」ので，その音がノジュールかどうかを見分けるさいの手がかりとなる。

問２　**a**　「露出《ろしゅつ》している」は，むき出しになっていること。　**b**　「毒づきたくなる」は，ののしったり悪口を言ったりしたくなること。　**c**　「鎮座《ちんざ》する」は，人や物がどっしりとその場を占《し》めていること。　**d**　「閑古鳥《かんこどり》が鳴く」は，客が来なくて商売がはやっていないこと。

問３　戸川は，ノジュールの特徴や探すときの注意点について，細かく朋樹に説明した。だから，あとは朋樹自身が体験を通じて，さまざまなことを学んでいくしかないと思い，実際に探すことをうながすために，ノジュールがあると思われる「崖《がけ》の方」を指し示したのだと考えられる。

問４　朋樹は，「休みなく」動き続けても，ノジュールが全く見つからないので，「半ば投げやりな気分」になり，「丸みのある石を手当たり次第《しだい》」にたたき続けた。

問５　**1**　朋樹は，初めて見つけたノジュールに，化石があるかもしれないという期待をこめて，その「断面に目を凝《こ》らした」が，結局は見つからなかったのでがっかりしたのだと考えられる。それに対して，戸川は自分の経験からそれほど簡単に化石が見つかるとは思っていなかったので，冷静な表情で朋樹を見ていたと考えられる。よって，「涼《すず》しい」が入る。　**2**　大変な思いをしたが，とうとう化石を見つけることはできなかった。朋樹は，美しいアンモナイトの化石を見て，うらみたくなるような気持ちになったと考えられる。

問６　朋樹は，ノジュールが見つからないことを「ハズレ」と言っている。それに対して，戸川はその「緻密で硬い」ノジュールを苦労してたたき割っても，その中に化石が入っていなかったことを「ハズレ」と言っている。

問７　ヨシエの指し示したユーホロダムに関するパネルには，ユーホロ川沿いの「おもだった化石産出地」が「水没《すいぼつ》」してしまったことが示されていた。つまり，「ダムのせいで化石の出る場所がのきなみ沈《しず》んでしまった」ために，以前のようにたくさんの化石が産出されなくなったのである。

問８　朋樹が「丸みを帯びた石」を見つけた場面に着目する。その石をたたいたとき，戸川が教えてくれたように「キン」という音が聞こえ，さらに硬さを示すかのようにハンマーがはじき返された。朋樹に見上げられた戸川が，だまって「うなずき返してきた」ところからは，言葉にしなくても，二人がそれをノジュールだと確信し，同じ意識を共有するくらい信頼《しんらい》関係にあることが読みとれる。

七　課題作文

　小説の後半部分からは，「アンモナイト」を見つけることに夢中になっている朋樹の心情が読みとれる。これと同じように，自分が何かに夢中になった経験を思い出し，なぜ夢中になったのかといったことや，そのことについてのおもしろさなどを書く。誤字・脱字《だつじ》や，係り受けの関係がねじれていないかなどにも注意する。

Memo

Memo

2022年度　横須賀学院中学校

〔電　話〕　(046)822－3218
〔所在地〕　〒238－8511　横須賀市稲岡町82
〔交　通〕　京急横須賀中央駅から徒歩10分
JR横須賀駅からバス

【算　数】〈１次Ａ試験〉(50分)〈満点：100点〉

《注　意》○単位は解答用紙に記入されているものを使うこと。
○**3**以降は途中式等も書くこと。
○円周率は3.14として計算すること。

1　次の計算をしなさい。

（１）$2022-2.01$

（２）$5\times0.12\times20$

（３）$1.2\times3.3+3.3\times3.3+3.3\times4.5$

（４）$120\div20+120\div40$

（５）$\frac{1}{6}+0.7\times3$

（６）$1-(7.25-2.5)\div5\frac{3}{4}$

（７）$11-1\frac{1}{2}\div\left(0.4+\frac{1}{2}\right)\times3$

（８）$3\times\left(\frac{1}{1\times3\times5}-\frac{1}{1\times3\times7}+\frac{1}{1\times5\times7}-\frac{1}{3\times5\times7}\right)\div4$

2 次の □ にあてはまる数を答えなさい。

（1） $1+(3\times \square +5)\div 7=9$

（2） 100以下の整数の中で，６でわっても９でわってもわりきれる数は □ 個あります。

（3） 540mを走るのに，Ａ君は90秒，Ｂ君は100秒かかります。２人が同時にスタートしてＡ君が300m地点を通過するとき，Ｂ君はＡ君よりも □ m後ろにいます。

（4） Ａ君の財布の中には，１円玉と５円玉と10円玉が合わせて15枚あります。そのうち10円玉は □ 枚あり，合計金額は99円でした。

（5） ８％の食塩水 □ gに100gの水をくわえると，6.4％の食塩水ができます。

（6） 教室の後方の壁《かべ》の横はばは10mあり，そこに生徒がかいた横はばが35cmの絵をはっていきます。絵と絵の間も，絵から壁のはしまでも，すべて20cmずつすき間をつくるとすると，もっとも多くて □ 枚の絵をはることができます。

（7） 同じ形の三角定規２枚を使ってできた下図において，周の長さは □ cmです。

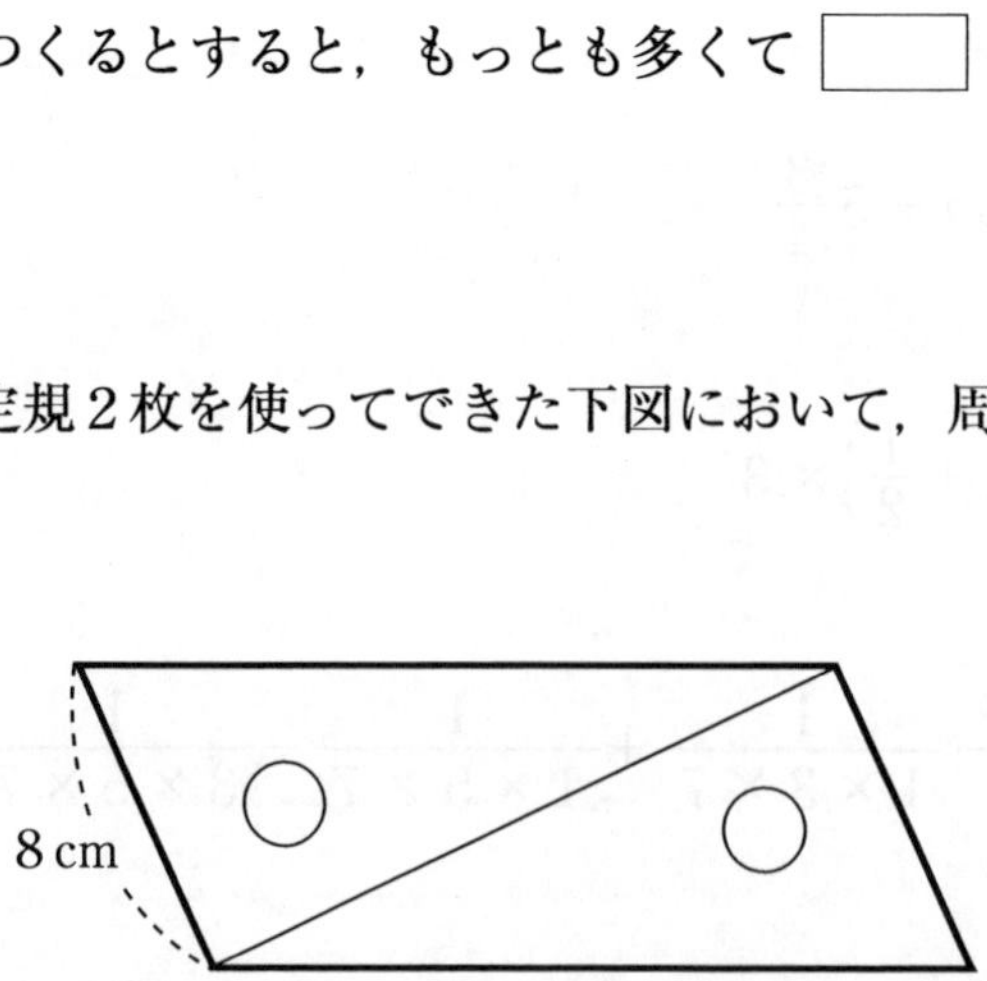

３　１を１番目として，前の数に「たす３」と「ひく２」をくり返す規則にしたがって数がならんでいます。

１，４，２，５，３，６，４，７，５，８，　・・・

次の問いに答えなさい。

（１）１００番目の数はいくつですか。

（２）１００番目までに３の倍数は何個ありますか。

（３）１番目から１００番目までの数の合計はいくつですか。

４　A君は毎朝７時５５分に家を出て２km はなれた学校に向かいます。この学校は８時２０分までに登校しなければ遅刻《ちこく》となってしまいます。次の問いに答えなさい。

（１）遅刻をしないためには分速何 m 以上の速さで歩けばよいですか。

（２）家を出てから１km の地点まで友達と話しながらのんびり歩いていたら遅刻をしそうなことに気づいたので，そこからはそれまでの２倍の速さで歩いたところ８時２０分ちょうどに学校に着きました。はじめの１km は分速何 m で歩きましたか。

（３）家から分速９０m の速さで歩きだしたところ，学校まであと５００m のところで工事をしていたために回り道をすることになり，合計でいつもの１．２倍の道のりを歩くことになりました。遅刻をしないためには，回り道をする地点から分速何 m 以上の速さで歩けばよいですか。

5 箱の中には１～９の番号が書かれた玉が１つずつ入っています。箱の中から玉を１つずつ取り出していき，ゲームの参加者は手に持ったカードの中から玉に書かれた番号の数字に穴をあけていきます。そして，たて，よこ，ななめのいずれかにおいて一列すべての穴があいたとき「ビンゴ」となってクリアできるゲームをします。持っているカードが右のものであるとき，次の問いに答えなさい。

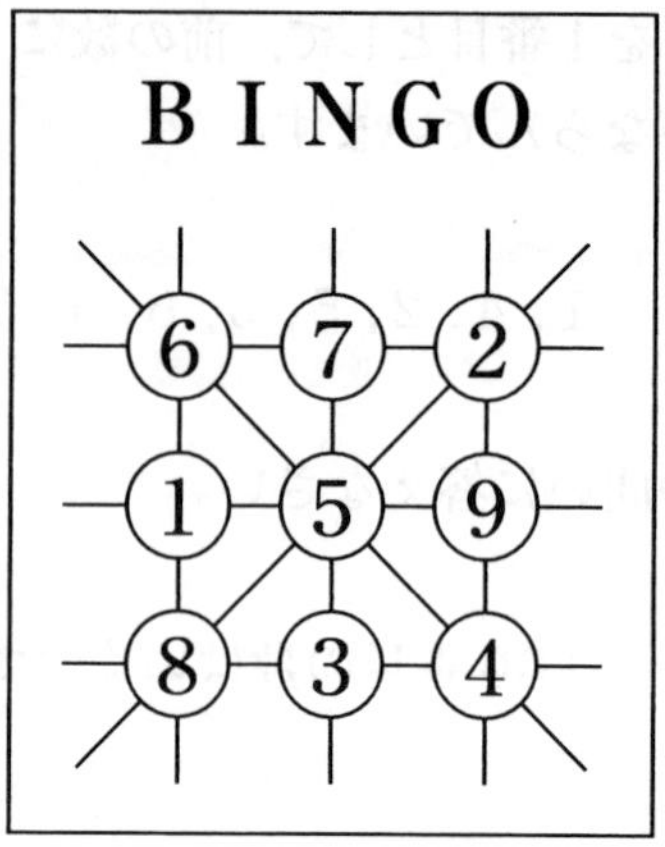

（１）箱から３つの玉を取り出した時点で「ビンゴ」となりました。３つの番号の和はいくつですか。

（２）箱から４つの玉を取り出した時点で「ビンゴ」となりました。４つの番号の和が19であるとき，カードの穴のあき方は何通りありますか。

（３）箱から５つの玉を取り出した時点で「ビンゴ」となりました。５つの番号の和は，もっとも大きくていくつですか。

6 次の図の色のついた部分の面積を求めなさい。

（１）

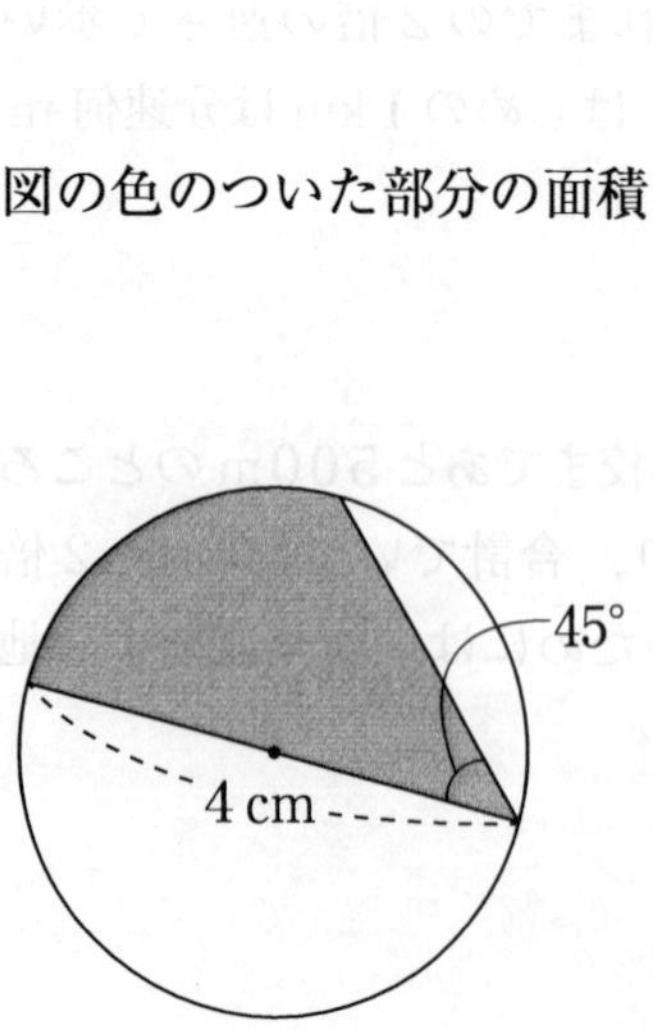

（２）

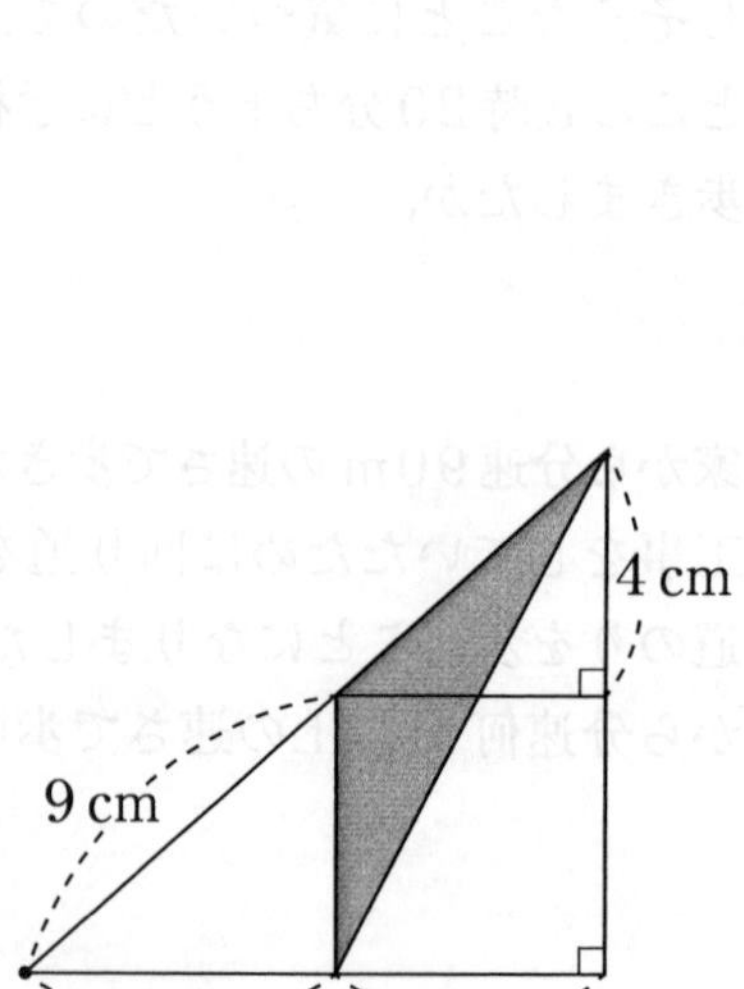

【社　会】〈１次Ａ試験〉（40分）〈満点：75点〉

1　宗教に関する日本の歴史をまとめた次の年表を見て、各問いに答えなさい。

縄文時代	あらゆる自然物や自然現象に神が宿っていると信じていた
弥生時代	邪馬台国の女王（　あ　）は神に仕え、まじないによって政治を行った
古墳時代	朝鮮半島の（　い　）から日本へ仏教が伝わった
飛鳥時代	①聖徳太子は仏教を広め、その精神を政治にいかそうとした
②奈良時代	③聖武天皇は仏教の力で国を治めようとした
平安時代	④政治と結びつかない新しい仏教が誕生した
鎌倉時代	⑤だれでもわかりやすく、実行しやすい仏教が誕生し、武士や民衆に広まった
⑥戦国時代	1549年、イエズス会の宣教師（　う　）が鹿児島に上陸し、⑦日本に初めてキリスト教を伝えた ⑧ 1587年、豊臣秀吉はバテレン追放令を出した
江戸時代	⑨キリスト教徒を中心として島原・天草一揆がおきた
明治時代	1873年、キリスト教の布教禁止が解かれた キリスト教系の高校や大学が設立されていった

問１　年表中の空欄（　あ　）～（　う　）にあてはまる語をそれぞれ答えなさい。

問２　下線部①について、聖徳太子が制定した十七条の憲法の条文のうち、仏教を厚く信仰すべきだと述べている条文を、次のア～エのうちから一つ選び、記号で答えなさい。

ア．和を貴び、人にさからうことのないよう心がけよ
イ．三宝をあつく敬え。三宝とは仏像・経典・僧侶である
ウ．天皇の命令である詔を受けたなら、かならずつつしんでしたがうように
エ．役人は礼を基本とし、人民を統治する基本は礼である

問3 下線部②に関連して、［資料1］を見ると、女性の割合と長寿者の割合が高いことがわかります。このような現象は奈良時代から見られます。これはなぜだと考えられますか。［資料2］を参考にしながらあなたの考えを書きなさい。

［資料1］ 延喜二年阿波国戸籍

年齢層	男	女	合計	%
1 ～ 10	1	0	1	0.2
11 ～ 20	5	1	6	1.5
21 ～ 30	8	15	23	6.6
31 ～ 40	4	34	38	9.3
41 ～ 50	8	71	79	19.2
51 ～ 60	2	61	63	15.3
61 ～ 70	1	70	71	17.3
71 ～ 80	8	59	67	16.3
81 ～ 90	6	34	40	9.7
91 ～ 100	5	13	18	4.4
101 ～ 110	1	3	4	1.0
111 ～ 120	1	0	1	0.2
合計	50	361	411	100.0

(平田耿二『日本古代籍帳制度論』吉川弘文館、1986年)

［資料2］

	正丁《せいてい》 (21～60歳の男性)	老丁《ろうてい》 (61～65歳の男性)	中男《ちゅうなん》(少丁《しょうてい》) (17～20歳の男性)	備考
租《そ》	稲《いね》(収穫《しゅうかく》の約3%)			口分田《くぶんでん》があたえられた男女全てが負担。
調《ちょう》	絹《きぬ》・糸・布(麻布《あさぬの》)や特産物などを一定量	正丁の$\frac{1}{2}$	正丁の$\frac{1}{4}$	
庸《よう》	2丈《じょう》6尺《しゃく》(約8m)の布 (都での労役《ろうえき》10日のかわり)	正丁の$\frac{1}{2}$	なし	京・畿内《きない》はなし。
雑徭《ぞうよう》	各国での労役 (年間60日以下)	正丁の$\frac{1}{2}$	正丁の$\frac{1}{4}$	
兵役《へいえき》	3人に1人 (一部は衛士《えじ》〈1年〉,防人《さきもり》〈3年〉)	なし	なし	食料・武器は自己負担。
出挙《すいこ》	稲(貸し付けられた量と,その利息〈50%〉)			

(『中学歴史 日本と世界』山川出版社、2020年)

問4　下線部③に関連して、聖武天皇について説明した文として**誤っているもの**を、次のア～エのうちから一つ選び、記号で答えなさい。

ア．国ごとに国分寺・国分尼寺を建てるように命じた
イ．奈良に東大寺を建てさせた
ウ．大仏造立の詔を出し、行基が大仏づくりに協力した
エ．聖武天皇の遺品の多くは唐招提寺に収められている

問5　下線部④について、次の文章中の空欄（　あ　）にあてはまる語を答えなさい。

最澄は比叡山に（　あ　）を建て、新しい仏教として天台宗を広めた。
しかし、1571 年に（　あ　）は、織田信長によって焼き打ちにされた。

問6　下線部⑤について、この時代に生まれた新しい仏教の宗派と開祖の組み合わせとして正しいものを次のア～エのうちから一つ選び、記号で答えなさい。

ア．時宗　　－　法然
イ．浄土真宗－　親鸞
ウ．浄土宗　－　日蓮
エ．臨済宗　－　道元

問7　下線部⑥について、戦国時代にはポルトガル人によって鉄砲が伝えられました。鉄砲を扱う歩兵が居住していたことなどを由来として、今も日本の各地には「鉄砲町」という名が残っています。当時最も鉄砲生産が盛んで、今も「鉄砲町」の名が残る大阪府の都市はどこですか。次のア～エのうちから一つ選び、記号で答えなさい。

ア．博多
イ．堺
ウ．柏崎
エ．平戸

問８　下線部⑦について、キリスト教の伝来以降、日本には南蛮寺と呼ばれる教会堂が建てられました。南蛮寺の建物にはキリスト教ならではの特徴が見られます。それはどのような特徴でしょうか。次の南蛮寺の絵を見て、答えなさい。

（狩野内膳画「南蛮屏風」）

問９　下線部⑧について、豊臣秀吉はバテレン追放令を出し、キリスト教宣教師の国外追放を命じました。しかし、それにもかかわらず、キリスト教の拡大を止めることはできませんでした。次の絵を参考にしながら、キリスト教の拡大を止めることができなかった理由を答えなさい。

（狩野内膳画「南蛮屏風」）

問10　下線部⑨について、この一揆の後、江戸幕府はさらにキリスト教を厳しく取りしまるようになりました。江戸幕府がキリスト教を取りしまるために行った政策名を一つ答えなさい。

2 次の各問いに答えなさい。

問1 千島列島・北海道の東岸を通り、三陸海岸の沖合を流れる寒流を何といいますか。次のア～エのうちから一つ選び、記号で答えなさい。

ア. リマン海流　　イ. 親潮
ウ. 対馬海流　　　エ. 黒潮

問2 高松（香川県）の雨温図として正しいものを、次のア～エのうちから一つ選び、記号で答えなさい。

ア.
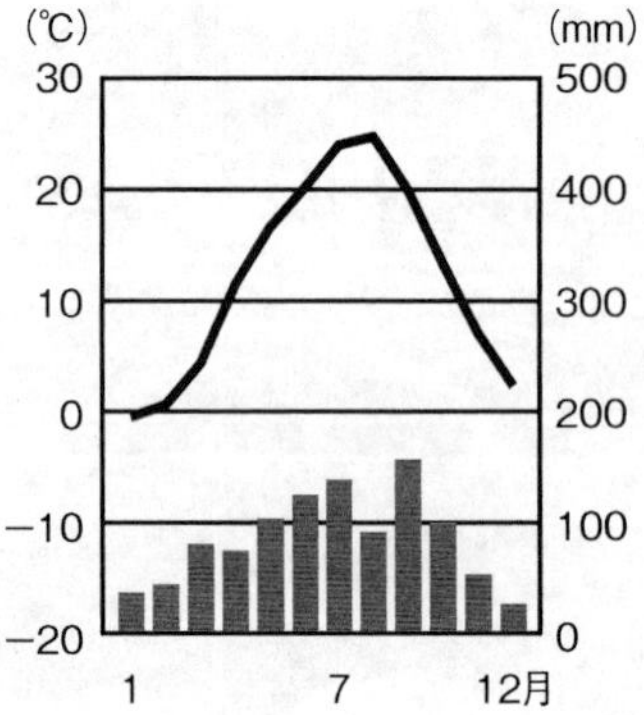

イ.
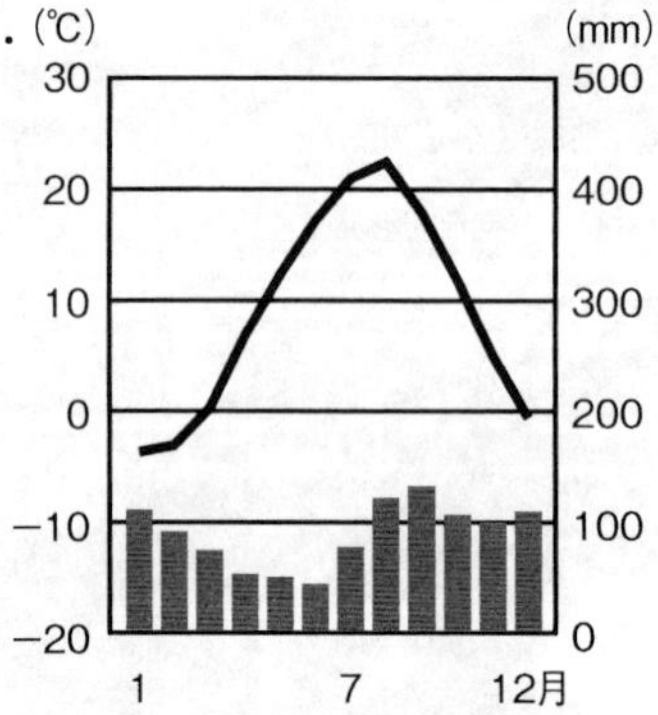

ウ.
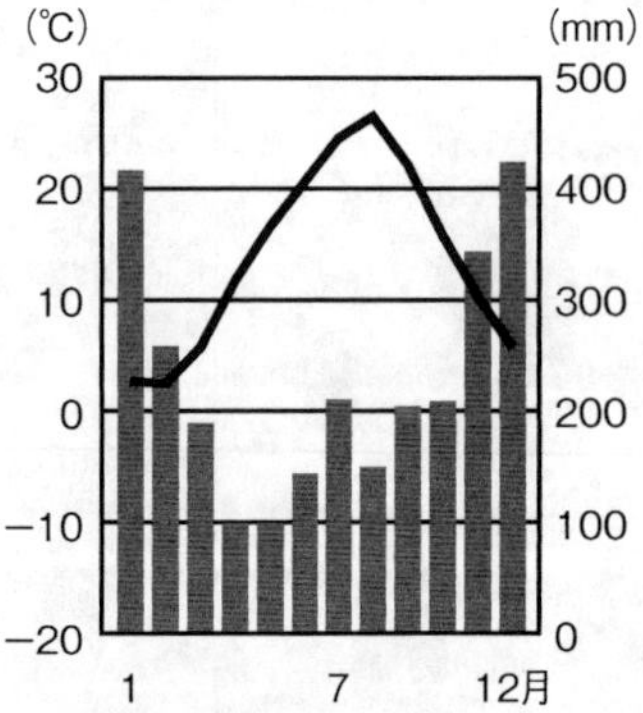

エ.
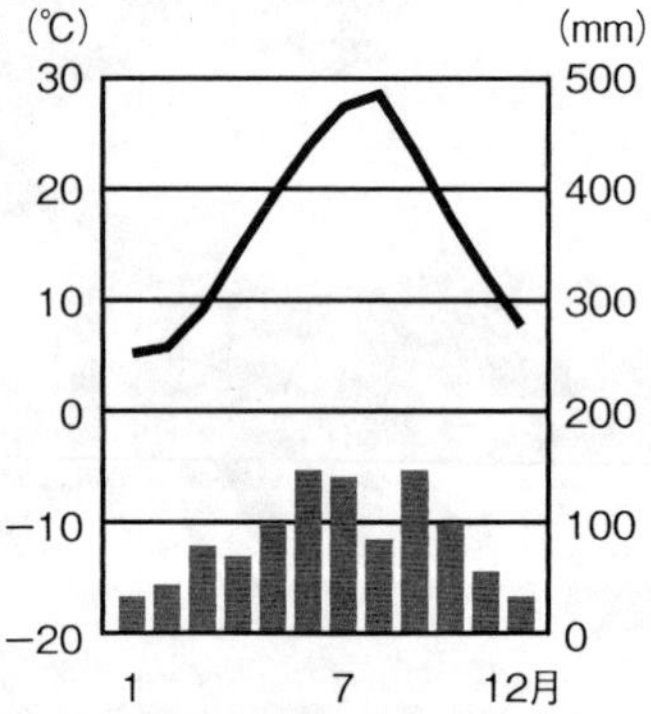

問3 コロナ禍において、各教育機関では、対面型の授業とオンライン授業を組み合わせた「ハイブリッド型」と呼ばれる授業を展開するところが増えました。この「ハイブリッド」とは「組み合わせる」という意味の言葉で、「ハイブリッドカー」と呼ばれる車も普及しています。「ハイブリッドカー」とはどのような車のことですか。次の文章の空欄（　あ　）・（　い　）にあてはまる語をそれぞれ答えなさい。

（　あ　）で動くエンジンと、（　い　）で動くモーターの２つの動力源を備えた車のことである。

問４　次のグラフを見て、各問いに答えなさい。

［漁業種類別生産量の推移］

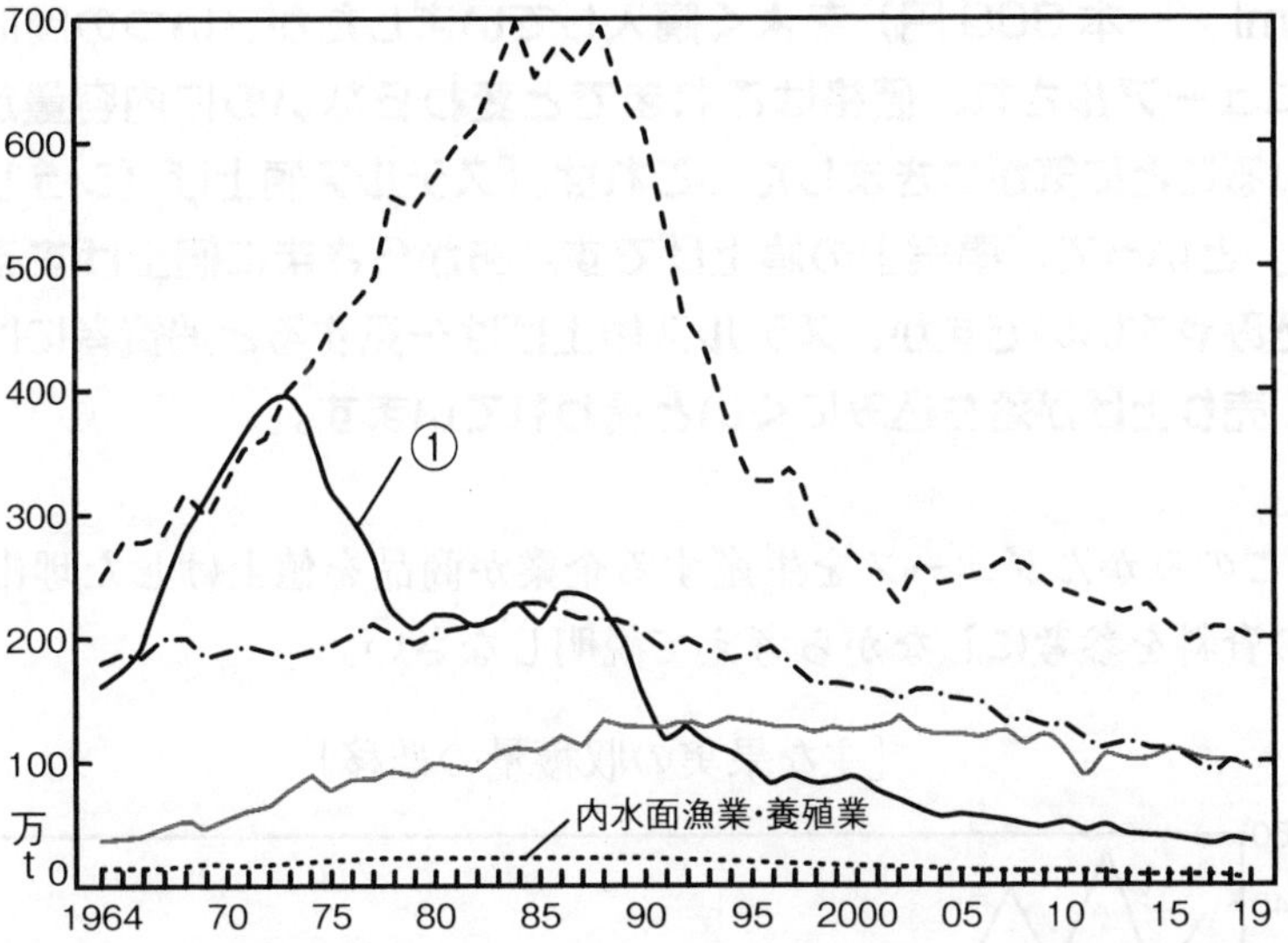

(『日本国勢図会 2021/22 年版』)

ⅰ）上のグラフの①は、どの漁業の推移を示したものでしょうか。次のア～エのうちから一つ選び、記号で答えなさい。

ア．遠洋漁業
イ．海面養殖業
ウ．沿岸漁業
エ．沖合漁業

ⅱ）上のグラフの①を見ると、この漁業の漁獲量が 1970 年代から減少していったことがわかります。その理由を説明した次の文章の空欄（　あ　）・（　い　）にあてはまる語をそれぞれ答えなさい。

日本のエネルギー資源第一位は石油である。その原料である原油は、輸入に頼っていて、中東地域から最も多く輸入している。1973 年に第４次中東戦争をきっかけに（　あ　）がおきて、船の燃料費が値上がりしたことで、この漁業の衰退がはじまった。また、1980 年代前半から（　い　）水域が設定されたことで、漁場が制限されたことも、この漁業が衰退した理由の一つに挙げられる。

問５　次の文章を読み、問いに答えなさい。

みのるくんは、近所のスーパーマーケットで果汁 100% のみかんジュース（1000ml ／一本 300 円）をよく購入していましたが、いつの間にかボトル形状がリニューアルされ、価格はこれまでと変わらないのに内容量が 800ml に減っていることに気がつきました。これは、「ステルス値上げ（シュリンクフレーション）」といって、事実上の値上げです。あからさまに値上げすると売り上げは落ち込みやすいのですが、ステルス値上げは一見すると消費者にはわかりにくいので、売り上げが落ち込みにくいと言われています。

(問い) このみかんジュースを生産する企業が商品を値上げした理由を、次の二つの資料を参考にしながら考えて説明しなさい。

［主な果実の収穫量の推移］

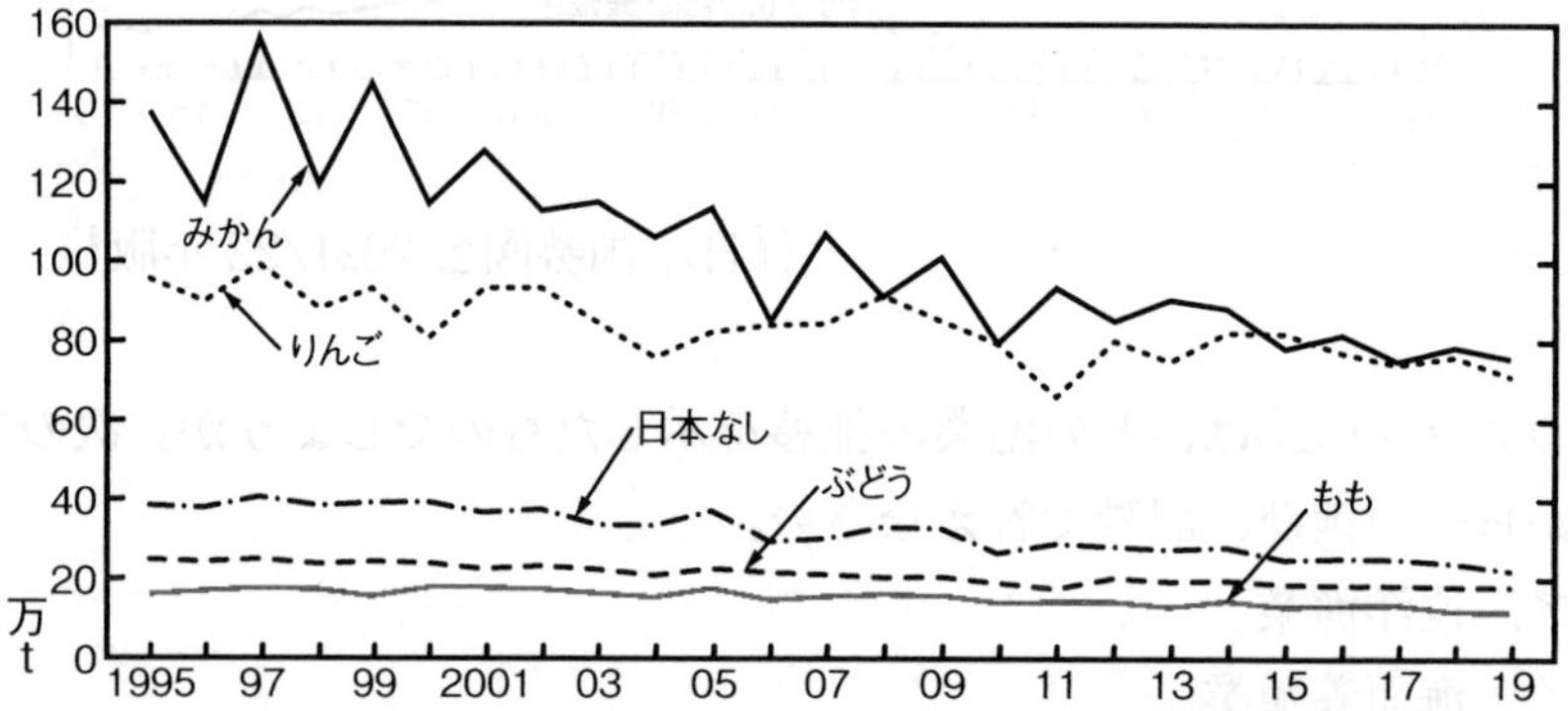

(『日本国勢図会 2021/22 年版』)

［道路貨物運送業の運転従事者数(千人)の推移］

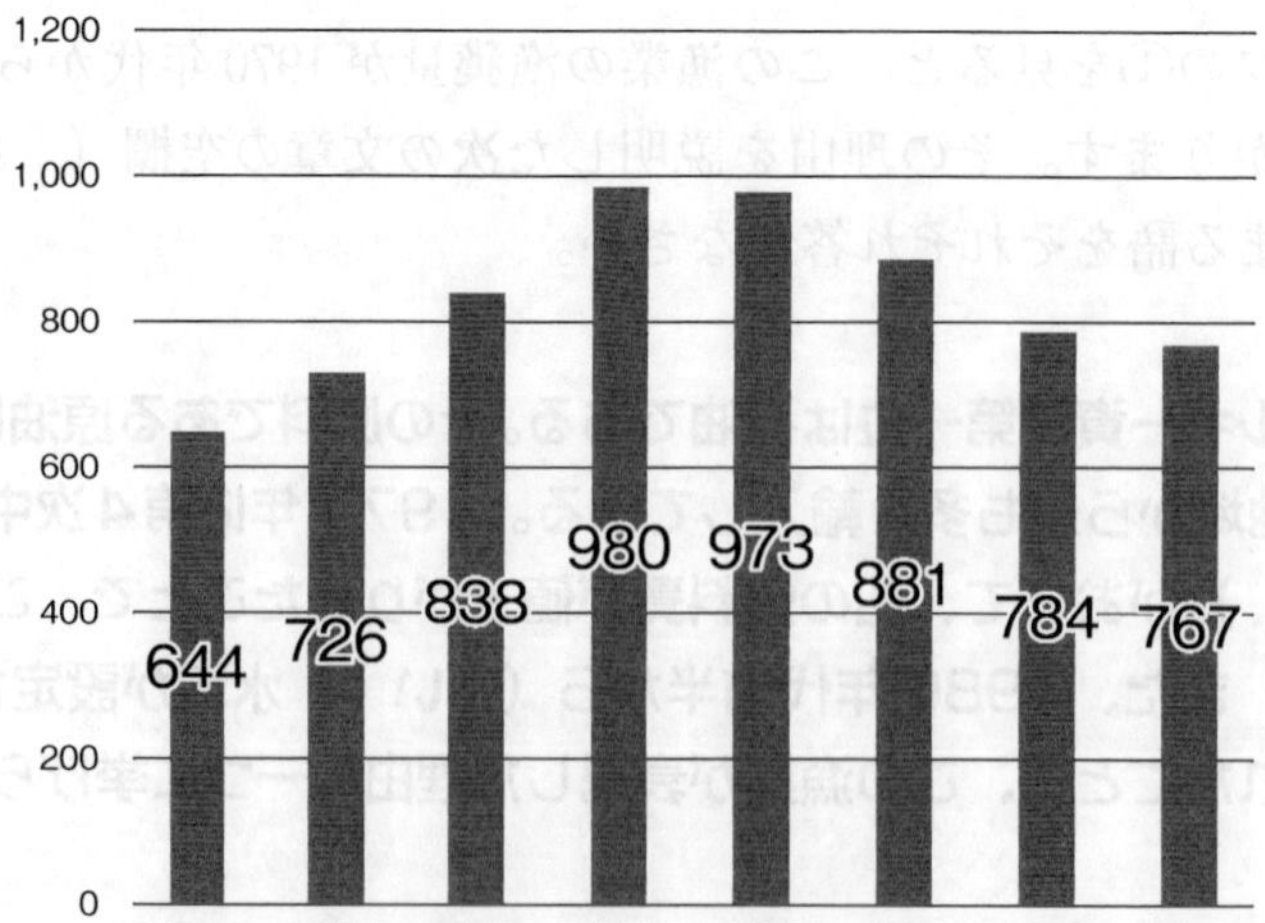

(日本ロジスティクスシステム協会　「ロジスティクスコンセプト 2030」)

問６　次の文章を読み、問いに答えなさい。

近年、農業を活性化させる方法として、「六次産業化」という取り組みが行われています。これは、農林漁業者が生産した農林水産物を自ら加工して新商品を開発し、その販売にも取り組んで農林水産業を活発化させていこうとするものです。

(問い) あなたの住む町は、ブルーベリーの生産量が日本一です。町のブルーベリー農業を活発化させるために、あなたはどのような「六次産業化」の取り組みを考案しますか。あなたの考えを書きなさい。

問７　次のグラフは農畜産物の食料自給率の変化を表したものです。グラフの①は、どの農畜産物の変化を示したものですか。次のア～エのうちから一つ選び、記号で答えなさい。

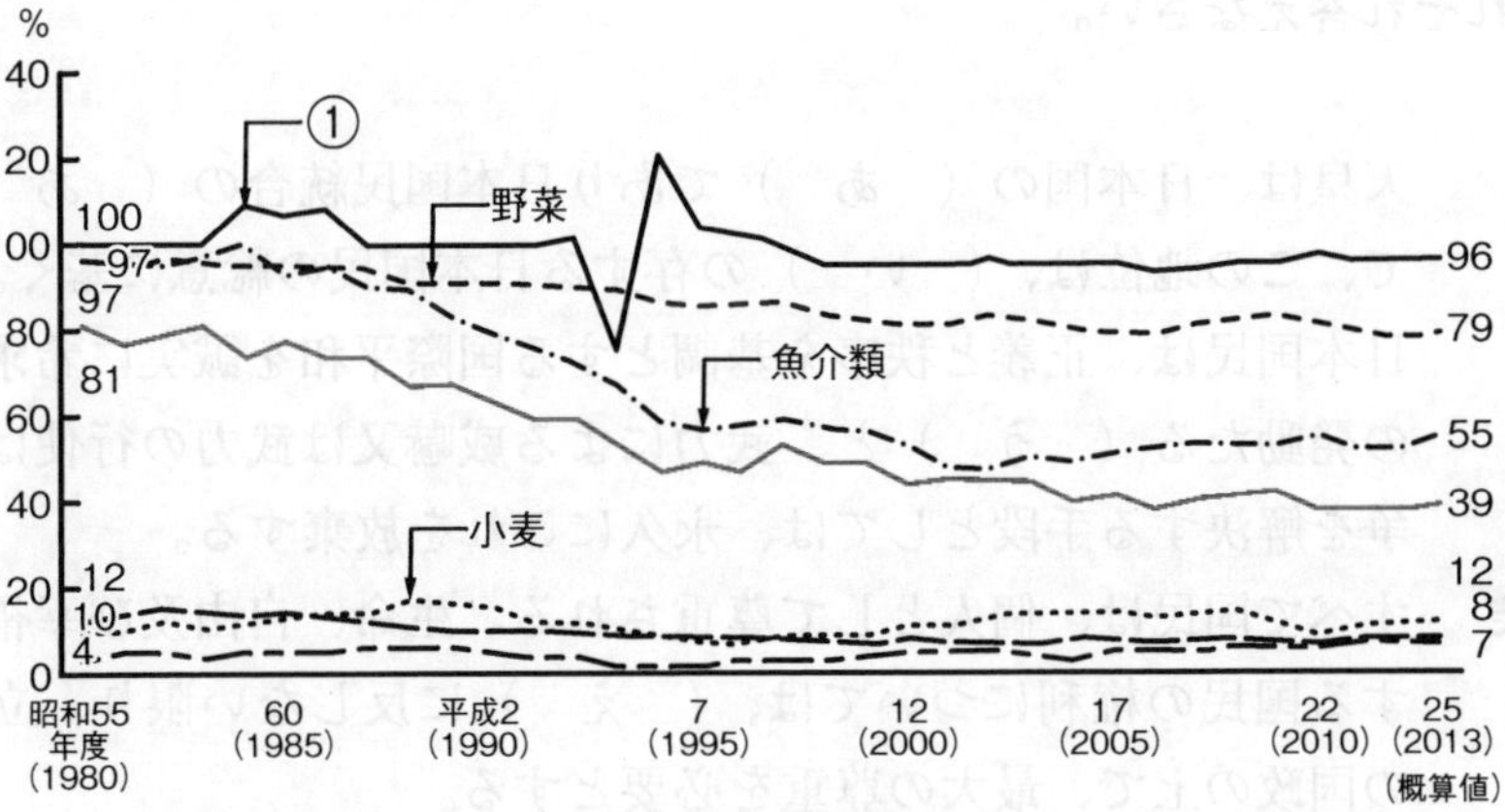

(農林水産省『平成26年度 食料・農業・農村白書』)

ア．果物　　イ．米　　ウ．肉類　　エ．大豆

問８　とうもろこしやさとうきびなどの植物からつくられる燃料をバイオ燃料といいます。バイオ燃料の生産量が世界第一位の国は、とうもろこしの生産量が世界第一位を誇り、日本のとうもろこしの輸入相手国としても第一位の国です。その国を、次のア～エのうちから一つ選び、記号で答えなさい。

ア．ブラジル　　イ．アメリカ　　ウ．中国　　エ．アルゼンチン

3 次の各問いに答えなさい。

問1 オリンピック憲章のなかには、「このオリンピック憲章の定める権利および自由は人種、肌の色、性別、性的指向、言語、宗教、政治的またはその他の意見、国あるいは社会のルーツ、財産、出自やその他の身分などの理由による、いかなる種類の差別も受けることなく、確実に享受されなければならない。」とあります。このなかに性的指向という言葉が盛り込まれたのは2014年であり、東京2020大会では自らが「セクシュアルマイノリティ」であることを公表するアスリートが、これまで開催されたオリンピックのなかで最多であったと言われています。この「セクシュアルマイノリティ」の方々のことを表す言葉をアルファベットで答えなさい。

問2 次の日本国憲法の前文と条文の空欄（　あ　）～（　お　）にあてはまる語をそれぞれ答えなさい。

第1条　天皇は、日本国の（　あ　）であり日本国民統合の（　あ　）であって、この地位は、（　い　）の存する日本国民の総意に基く。

第9条　日本国民は、正義と秩序を基調とする国際平和を誠実に希求し、国権の発動たる（　う　）と、武力による威嚇又は武力の行使は、国際紛争を解決する手段としては、永久にこれを放棄する。

第13条　すべて国民は、個人として尊重される。生命、自由及び幸福追求に対する国民の権利については、（　え　）に反しない限り、立法その他の国政の上で、最大の尊重を必要とする。

第25条　すべて国民は、健康で文化的な（　お　）の生活を営む権利を有する。

問3 国会、内閣、裁判所の三つの機関が、国の政治の中心です。次の1～5は、それぞれ国会、内閣、裁判所のどの機関の仕事ですか。国会であればア、内閣であればイ、裁判所であればウで答えなさい。

1．予算案を審議し、決定する
2．法律や条例などが憲法に違反していないかどうか判断する
3．外国と条約を結ぶ
4．内閣総理大臣を指名する
5．憲法の改正を発議する

【理　科】〈１次Ａ試験〉（40分）〈満点：75点〉

1 問１　次の①～⑥の電気用図記号はそれぞれ何を表しますか。以下のア～クから当てはまるものを選びなさい。

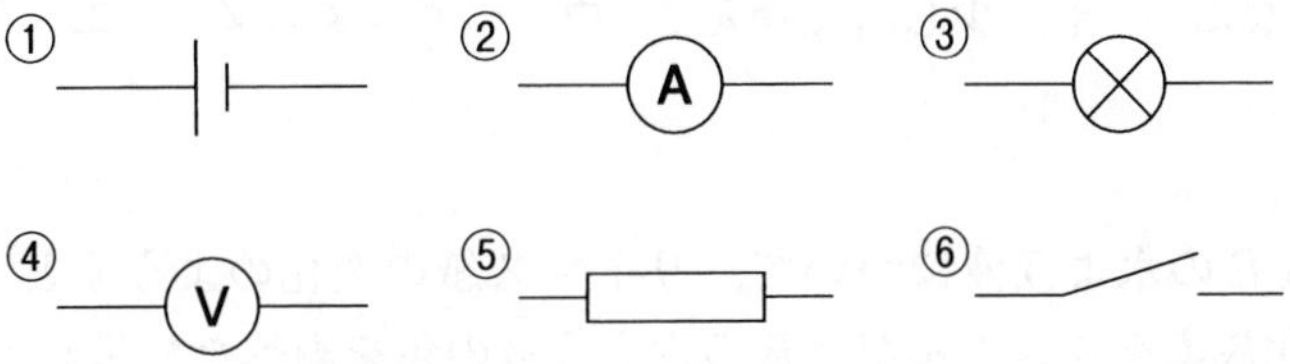

ア　豆電球　　イ　発光ダイオード　　ウ　電池　　エ　コンデンサー
オ　スイッチ　　カ　電気ていこう　　キ　電流計　　ク　電圧計

右図のように，手回し発電機に豆電球と，ていこう器をつないでハンドルを時計回りに回すと，豆電球がつきました。あとの問いに答えなさい。

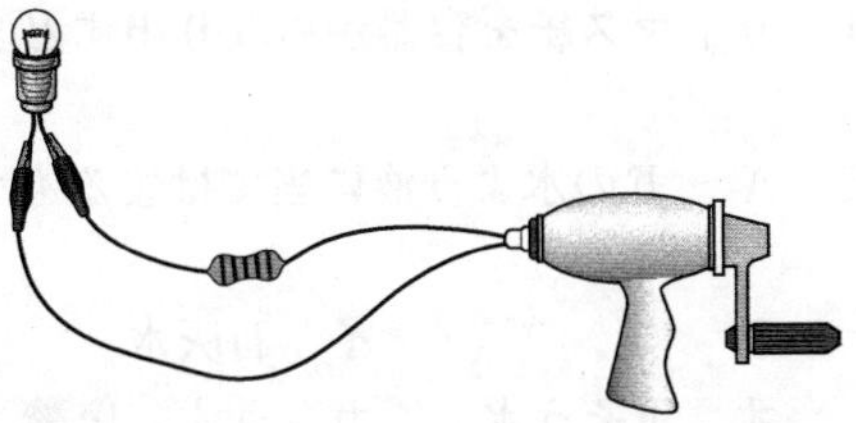

問２　ハンドルを回す速さはそのままで，向きを反時計回りに変えると豆電球の光はどのようになりますか。

ア　明るくなる　　イ　少し暗くなる　　ウ　つかなくなる　　エ　変わらない

問３　ハンドルを回す速さをはやくすると，豆電球の光はどのようになりますか。

ア　明るくなる　　イ　少し暗くなる　　ウ　つかなくなる　　エ　変わらない

次に，手回し発電機に発光ダイオードをつないで実験をしました。ハンドルを時計回りに回すと，発光ダイオードがつきました。（ただし，豆電球と同じ明るさ）

問４　手回し発電機に豆電球をつないだときと，発光ダイオードをつないだときとでは，どちらの方がハンドルの手ごたえが大きいですか。

ア　豆電球をつないだとき
イ　発光ダイオードをつないだとき
ウ　変わらない

問５　ハンドルを回す速さをはやくすると，発光ダイオードの光はどのようになりますか。

ア　明るくなる　　イ　少し暗くなる　　ウ　つかなくなる　　エ　変わらない

問6 ハンドルを回す速さはそのままで，向きを反時計回りに変えると発光ダイオードの光はどのようになりますか。

ア 明るくなる　**イ** 少し暗くなる　**ウ** つかなくなる　**エ** 変わらない

2 表1は，AからFの水よう液について，リトマス紙の変化のようすと，電気を導くかどうかと，二酸化炭素をふきこんだときの水よう液の色を調べた結果を示しています。AからFはそれぞれ，す，石灰水，砂糖《とう》水，食塩水，重そう水，うすい塩酸のどれかです。あとの問いに答えなさい。

問1 リトマス紙を容器から取り出すときには，何を使いますか。

問2 A～Fの水よう液に当てはまるものをア～キから選び答えなさい。

ア す　**イ** 石灰水　**ウ** 砂糖水　**エ** 食塩水
オ 重そう水　**カ** うすい塩酸　**キ** 表だけでは判別ができない

表1

水よう液	赤色のリトマス紙	青色のリトマス紙	電気を導くかどうか	二酸化炭素による水よう液の色の変化
A	変化なし	変化なし	導く	とうめい
B	青に変色	変化なし	導く	とうめい
C	変化なし	赤に変色	導く	とうめい
D	変化なし	変化なし	導かない	とうめい
E	青に変色	変化なし	導く	白くにごった
F	変化なし	赤に変色	導く	とうめい

問3 pHとは，酸性やアルカリ性の強さを表すのに用いられる値です。pHの値は0～14までのはん囲で表されます。pHの値が7のとき水よう液は中性で，pHの値が7より大きいほどアルカリ性が強く，7より小さいほど酸性が強くなります。pHの値は水素イオンのう度の数値によってきまり，この数値が高いほどpHは小さくなります。逆に，水素イオンのう度が小さければpHは大きくなることが知られています。各水よう液のpHの値が表2であるとき，酸性が強い順に以下の水よう液を並べなさい。

表2

水よう液	pH
砂糖水	7.0
塩酸	5.7
重そう水	8.5
す	3.2

3　植物は根から水を吸い上げます。水はくきの中を移動して葉などの細ぼうに運ばれ，その水を利用して光合成などを行っています。余分な水は植物のからだから外へ出します。このように，植物が体内の水を蒸発させるはたらきを蒸《じょう》散といいます。この蒸散のはたらきを調べるため，くきの太さや長さ，葉の数や大きさのほぼ等しい植物を用いて，以下のような実験をしました。あとの問いに答えなさい。

長さと太さの等しい試験管を６本用意し，すべての試験管に10mL の水を入れ，以下に示す①～⑥のような処置をした植物を試験管に入れました。それに加え，①～⑤には水面にうすく広がるように油を入れました。

【植物に加えた処置】
①何も処置はしない。
②すべての葉の裏にワセリンをぬった。
③すべての葉の両面にワセリンをぬった。
④くきの全面にワセリンをぬった。
⑤葉をすべて取り除いた。
⑥葉をすべて取り除いた。

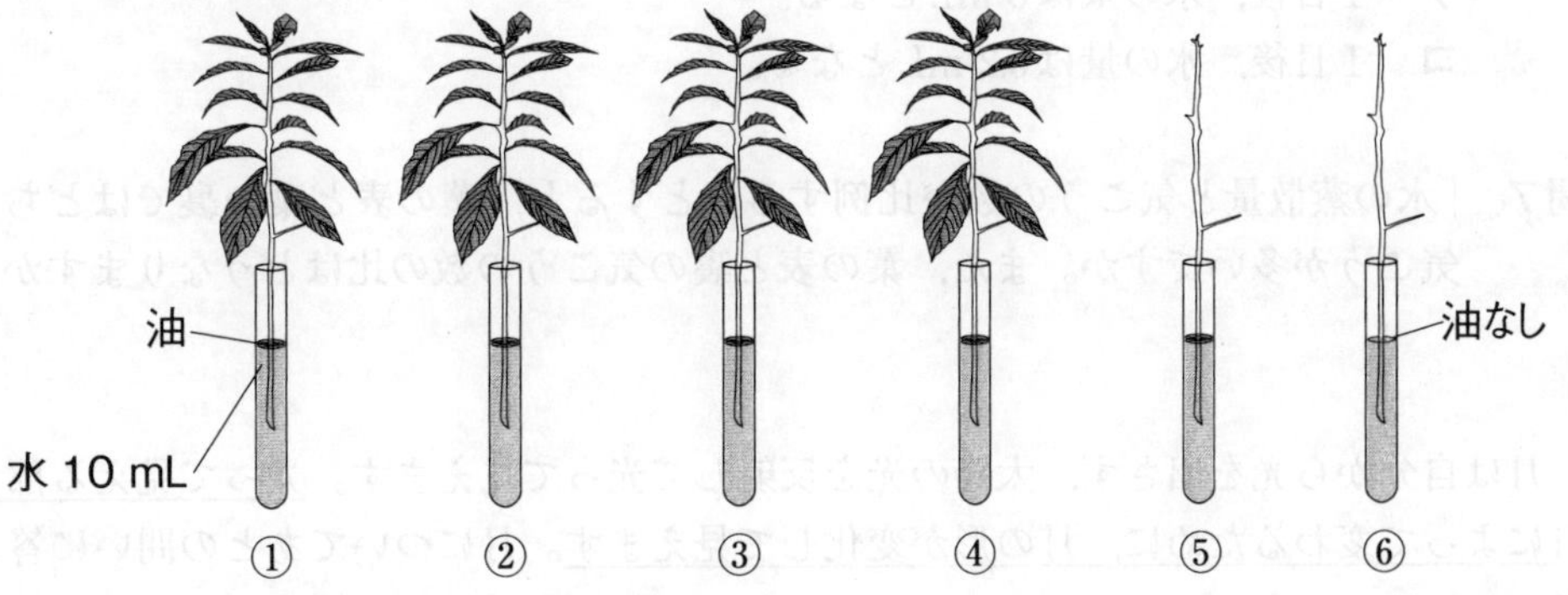

【１日後，水の量を測定した結果】
①5.6 mL　②9.4 mL　③9.8 mL　④5.8 mL　⑤9.8 mL　⑥9.7 mL

問１　下線部について，くきの中の水が通る管を何といいますか。

問２　蒸散が起こりやすい場所として適切なものを，次のア～キよりすべて選んで記号で答えなさい。

ア　気温が高い場所　　イ　気温が低い場所　　ウ　しつ度が高い場所
エ　しつ度が低い場所　オ　真っ暗な場所　　　カ　日かげの場所
キ　直射日光の当たる場所

問３　水面から蒸発した水の量は何 mL ですか。

問４　くきから蒸散した水の量は何 mL ですか。

問５　葉の表から蒸散した水の量は何 mL ですか。

問６　「すべての葉の表にワセリンをぬる」という処置をした場合，１日後，どのような結果になると考えられますか。次のア～コより最も適切なものを１つ選び，記号で答えなさい。ただし，試験管の水面にはうすく広がるように油を入れました。

ア　１日後，水の量は0.4 mLとなる。
イ　１日後，水の量は0.6 mLとなる。
ウ　１日後，水の量は3.4 mLとなる。
エ　１日後，水の量は3.8 mLとなる。
オ　１日後，水の量は3.9 mLとなる。
カ　１日後，水の量は4 mLとなる。
キ　１日後，水の量は4.2 mLとなる。
ク　１日後，水の量は5.9 mLとなる。
ケ　１日後，水の量は6 mLとなる。
コ　１日後，水の量は6.2 mLとなる。

問７　「水の蒸散量と気こうの数が比例する」とすると，葉の表と葉の裏ではどちらの気こうが多いですか。また，葉の表と裏の気こうの数の比はどうなりますか。

4　月は自分から光を出さず，太陽の光を反射して光って見えます。光って見える部分が日によって変わるために，月の形が変化して見えます。月についてあとの問いに答えなさい。

問１　図１は，月が地球のまわりを周るようすと，太陽との位置関係を表したものです。あとの問いに答えなさい。

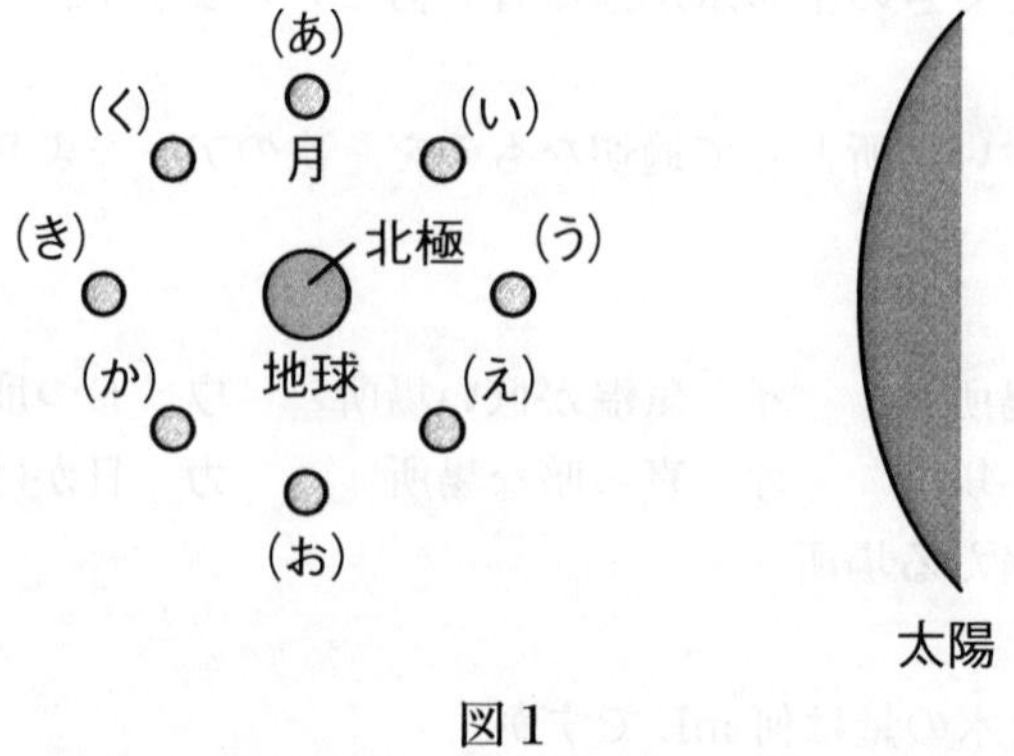

図１

（1）下線部のように，形が毎日少しずつ変化することを月の何といいますか。

（2）月は一日のうちで，東から西，西から東どちらに動いていくように見えますか。

（3）月が図１の（い），（う），（か）の位置にあるとき，日本で見える月の形は図２のどれになりますか，それぞれ答えなさい。

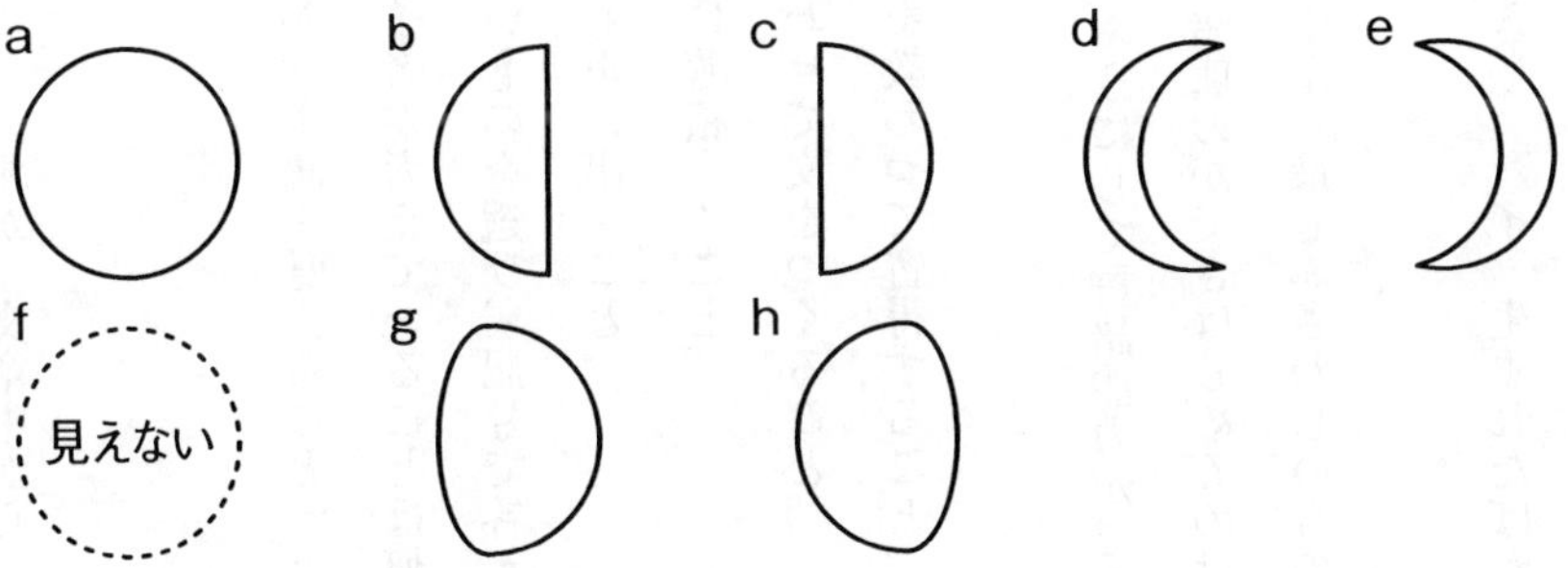

図２

問２　図３のように，月と太陽と地球が一直線上に並んだとき，月や太陽はふ段とは異なる見え方をするときがあります。このときについて，あとの問いに答えなさい。

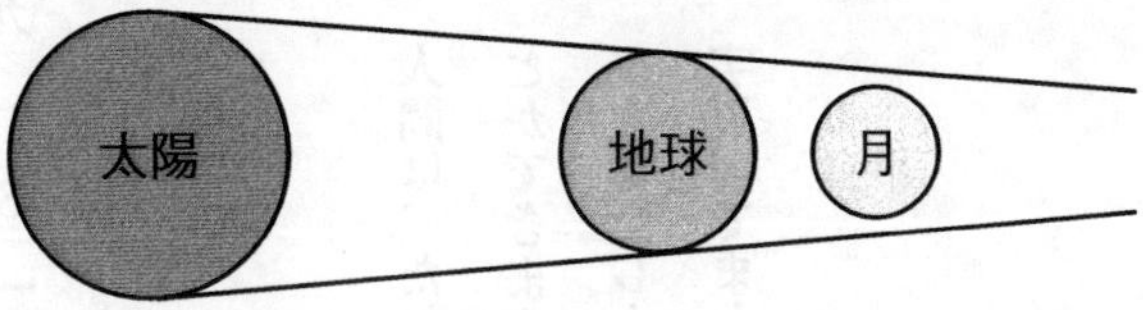

図３

（1）太陽と月の間に地球が入り，太陽・地球・月の順番に一直線に並んだときに，地球のかげに月が入り，月が欠けて見える現象を何といいますか。

（2）（1）の現象は，2021年5月26日にも確認できました。あとの問いに答えなさい。

（ⅰ）この日に確認できたのは，1年の間に見える満月のうち，最も大きく見える満月でした。このような満月のことをいっぱん的に何といいますか。

（ⅱ）この日は，赤銅色と呼ばれるやや赤黒くなった色の月が観察できました。これは，お昼の空は青く見え，朝方，夕焼けは赤く見えるのと同じ現象です。ふ段とは異なるこのような色の月が見えた理由を説明しなさい。図を用いて説明してもよいです。

問五　――4「赤ちゃんはどのようにして単語を知るのでしょうか」とありますが、筆者は、赤ちゃんが何を手がかりに単語を知るのだと考えていますか。文章中から十五字でぬき出しなさい。

問六　――5「第二段階が、単語を覚えること」とありますが、次の第三段階として筆者が考えていることは何ですか。次の中から最もふさわしいものを選び、記号で答えなさい。

ア、まねして自分も声に出すこと。
イ、単語を脳の中に蓄積すること。
ウ、単語を組み合わせて文をつくること。
エ、日本語の文法を教わって習得すること。

問七　――6「そういうふうにして言語能力ができてくるのです」とありますが、言語能力ができはじめるのは、いつからだといえますか。次の中から最もふさわしいものを選び、記号で答えなさい。

ア、胎内にいるとき　　イ、生まれたばかり
ウ、生後三ヵ月ぐらい　　エ、三歳近く
オ、三歳を過ぎてから

問八　――7「何をしていたのかということになります」と同じことを的確に言い表している言葉を文章中より五字以内でぬき出しなさい。

問九　【　8　】にあてはまる五字以内の言葉を文章中からぬき出しなさい。

七　**人間は、だれかと話したり、議論したりすることで成長することができます。これまでにあなたを成長させたと思える言葉、または話した内容と、それによってどう成長したのかを百五十字以内でまとめなさい（句読点や記号も一字と数えること）。**

あいだ7何をしていたのかということになります。

ネアンデルタール人と私たちのちがいは、単語をもっていないか、もっているかです。単語がないと、目の前のことについてしか伝えることができません。つまり、シカをこうして狩《か》るのだとか、雨が降ってきたらこんなふうに木の下にいよう、あるいはこんなふうに洞穴《ほらあな》に入ろうとしか伝えられません。それに対して、言語があれば、「今日は狩りをするのはやめよう」「明日晴れたら、ここに集合して狩りをしよう」などと話し、「それがいいね」とか「明日も雨だったら何をする?」などと答えることができます。そんなふうに【　8　】にないことについて話したり、議論したりすることで、人間は文化をつくり、文明をつくってきたわけです。

(岩田誠『上手な脳の使いかた』より。
ただし一部改変があります。)

＊1　古代型ホモ・サピエンス……「ホモ・サピエンス」は、現代の人間。(現生人類を含む人間の学名。)「古代型ホモ・サピエンス」は、現代の人間より古い型の人類ということ。

問一　A ～ F にあてはまる最もふさわしいものを、次の中からそれぞれ選び、記号で答えなさい(同じ記号を二回使ってはいけません)。

ア、つまり　イ、では　ウ、たとえば
エ、すると　オ、しかし　カ、だから
キ、それから　ク、もしくは

問二　——1「言語を話せる体の構造」とは、具体的に体のどの部分のことを言っていますか。文章中の言葉で答えなさい。

問三　——2「言語として聞き分けている」の「聞き分ける」と同じ意味で使われている言葉を文章中より五字以内でぬき出しなさい。

問四　——3「ヒトの言語で最大の特徴は、単語に区切られることです」とありますが、ヒト以外の動物が「単語に区切られた言語」の代わりとしているものは何ですか。文章中から十一字でぬき出しなさい。

わかるのでしょうか。赤ちゃんが「おっぱい」という単語を自然に覚えるのは、どうしてなのでしょうか。

それはイントネーションだろうと言われています。イントネーションと微妙《びみょう》な区切り、そういうわずかなちがいを赤ちゃんはかなり正確に聞き分けて、ここからここまでが単語だと思うのではないかということです。

［D］、つぎにそれをまねして、自分も声に出してみます。

第一段階が、言語を識別すること。5第二段階が、単語を覚えること。この二段階目に、自分で声を出してみるのです。そうして、単語を少しずつ覚えていくのだと考えられています。

少なくとも一歳《さい》前後から、単語が脳の中に蓄積《ちくせき》されていくのです。それがどこに蓄積されているのか、かなりわかってきています。

つぎに出てくる能力が、単語を組み合わせて文をつくることです。三歳《さい》近くになると、単語をいくつかつなげて何かを表現するようになります。それが文のはじまりです。最初は「オンモ行く」などで、二語文といわれています。そうすると、外へ出たいんだなとわかります。つまり、二つの単語をただ並べるだけで意思を通じさせようとしはじめるのです。

［E］、補助的な言語である助詞と接続詞を使って、はっきりした文をつくるようになります。それは三歳を過ぎてからで、6そういうふうにして言語能力ができてくるのです。

だれも日本語の文法を教えてはいませんが、幼児は、こういうふうに並べればこういう意味が出てくるということを自然に習得して、文をつくっているのです。

ところで、ここで古代型ホモ・サピエンス*1に分類されるネアンデルタール人のことを考えてみたいと思います。

ネアンデルタール人は、私たち現生人類より頭がよかった可能性があります。なぜなら、平均的な脳の重さが私たちの脳より重たいのです。

ネアンデルタール人は八〇万年前に地球上にあらわれ、約四万年前に滅《ほろ》びました。何十万年も地球上にいたのですが、不思議なことに、そのあいだに文化の進歩がないのです。石器も何十万年にもわたって同じものをつくっていたのです。

それは、私たちホモ・サピエンスでは考えられません。［F］エジプト時代から現代まではたかだか五〇〇〇年です。エジプト時代にはコンピュータはありませんでした。いまの時代、最新のコンピュータも一〇年たったら、ぜんぜん使いものにならない古ぼけたものになります。そういう速度で道具がどんどんつくられます。道具の発達という点から見ると、ネアンデルタール人は何十万年もの

六　次の文章を読んで、後の問いに答えなさい。

考えるために必要なものが、言語です。チンパンジーなどヒト以外の動物は、話すのに必要な体の構造がありません。だから、言語をもっていません。

それに対して、私たちヒトは言語をもっています。つまり、[1]言語を話せる体の構造をもっているのです。

最近の研究で、赤ちゃんは、胎内《たいない》にいるときに母親の声を聞きながら育っているということが、わかってきています。胎内で、お母さんの話している声が聞こえているのです。フランスの研究者がおこなった実験によると、生後すぐの赤ちゃんにフランス語やロシア語を聞かせると、反応のしかたがまったくちがうのだそうです。しかも、同じフランス語で同じ内容でも、自分のお母さんが話しているのと、ほかの女性が話しているのとでは、反応のしかたがちがうのです。

[A]、赤ちゃんは、胎内にいるときにお母さんの声を、[2]言語として聞き分けているらしいのです。この時期に、早くも言語についての能力ができはじめているのです。

生まれたばかりの赤ちゃんの脳は、あるべきニューロン（神経細《さい》胞《ぼう》）などの部品は完全にそろっています。それから学習していって、言語をあやつれるようになるのです。

[B]、生後三ヵ月ぐらいまでは、のどの構造がチンパンジーと同じなので、声は全部鼻に抜《ぬ》けてしまい、オギャーオギャーとしか言えません。そして話すために必要な、のどの構造ができてくるのが、生後三ヵ月ぐらいです。だからといって、そこですべてを話せるわけではありません。

[3]ヒトの言語で最大の特徴《とくちょう》は、単語に区切られることです。

ほかの動物には単語がありませんから、言語とはいえません。たとえば、サルの仲間には鳴き声がたくさんあります。「ヘビが来たぞ」「ワシが来たぞ」「ヒョウが来たぞ」というのは、それぞれちがう鳴き声なのです。「○○が来たぞ」という同じ鳴き声があるわけではなくて、「ヒョウが来たぞ」と「ワシが来たぞ」では、それぞれ一まとまりの別の鳴き方なのです。

[C]、[4]赤ちゃんはどのようにして単語を知るのでしょうか？
具体的なことはまだわかっていませんが、聞いているうちに、ここが単語だとわかってくるようです。お母さんは赤ちゃんに「おっぱいほしいのね」と話しかけます。そのとき、どこが単語なのか、「おっぱいほ」か、「おっぱい」か、または「おっぱ」か、どうして

エ、竜次は休部中とはいえ、かつては一緒につらい練習にたえてきた仲間であり、どんなにやっかい者であっても本気でつかみかかるわけにはいかないと思っている。

問五 ――３「僕たちは呆れて口もきけずに見守っていた」とありますが、この時の「僕たち」の状態を説明した次の文の空らんにあてはまる言葉を、それぞれ三字以内で文章中よりぬき出しなさい。

（　ア　）のようにもどって来たと思ったら、マウンドの上に西瓜を叩きつけるという竜次の行動は（　イ　）していなかったし、あまりに子供じみているので、（　ウ　）を失っている。

問六 ――４「僕はできるだけさりげなく切り出した」のはなぜですか。その理由として最もふさわしいものを次の中から選び、記号で答えなさい。

ア、野球部を休部し、試合に出場することさえできなかった竜次の気持ちを考えると、野球の話をすれば竜次が傷つくとわかっていたから。

イ、前日に野球部のみんなから冷たくされたとはいえ、その仕返しに試合を中断したことはやり過ぎであると反省している竜次に対し、なぐさめようとしていたから。

ウ、試合で騒ぎを起こしてしまい、野球部のみんなからも良く思われていない竜次ではあるが、故意に試合を中断させようとしたわけではないことを理解していたから。

エ、せっかく勝っていた試合に負けてしまったのは、試合を中断させた竜次のせいなので、心の中では竜次を責めていたが、友だちとして優しく接しようとしていたから。

問七 ――５「ほんでもまあ、野球部のみんなにはちょこっと謝っといた方がええで」と、僕が言ったのはなぜですか。「〜から。」につながる形で文章中から三十五字以内でぬき出しなさい。

問八 【　６　】にあてはまる言葉として、最もふさわしいものを次の中から選び、記号で答えなさい。

ア、竜次につかみかかりそうになった

イ、肩をすくめるしか無かった

ウ、顔が赤くなっていくのを感じた

エ、がっくりと肩を落とした

問一 A ～ D にあてはまる最もふさわしいものを、次の中からそれぞれ選び、記号で答えなさい（同じ記号を二回使ってはいけません）。

ア、じっと　イ、ゆっくりと　ウ、ふわりと
エ、点々と　オ、ぽかんと　カ、さっさと

問二 ――①～③の言葉の意味として最もふさわしいものをそれぞれ選び、記号で答えなさい。

①不文律
ア、言わないから、守られたことのないきまり
イ、言わないけれど、守られていること
ウ、過去に話し合ってみんなで同意したこと
エ、文章化していないが法律のようなもの

②陣中《じんちゅう》見舞い
ア、冷やかすための訪問
イ、心配で様子を見るための訪問
ウ、労をねぎらうための訪問
エ、なぐさめるための訪問

③屈託《くったく》
ア、心がしずむこと　イ、飽《あ》きること
ウ、こだわること　エ、頼《たよ》ること

問三 ――1「この反応」とは、だれのどのような様子のことですか。「～様子」につながる形で二十字以内で答えなさい。

問四 ――2「竜次はみんなの心を見透かしたように追い討ちをかけた」とありますが、竜次が見透かした「みんなの心」を説明したものとして、最もふさわしいものを次の中から選び、記号で答えなさい。

ア、明日の試合は負けることが決まっているようなものだったので、負けるより竜次が補導されたことを言い訳にしたほうが、自分たちのプライドが守られると考えている。

イ、明日の対戦相手はとても強いので、いくら練習しても勝てるはずはないと覚悟し、あまり練習に身が入らないで落ちこんでいる。

ウ、今まで練習してきたことをむだにしないためにも、試合には絶対に出場したいが、その一方で負けることも覚悟している。

気がつくと、少年たちが練習を中断して［C］こっちを見ていた。

「なんや。どないしたんや？」

竜次が僕に聞いたが、僕に分かるわけがない。こっちが聞きたいくらいだ。

少年たちは何人かで集まってこそこそ話していたが、そのうち代表らしい一人がまっすぐにやってきた。そして僕たちに向かって、バックネット越《ご》しに声を掛《か》けた。

「なあ、オッチャン。審判《しんぱん》やってや。今から紅白戦すんねん」

僕たちは思わず顔を見合わせて苦笑した。それにしても、オッチャンとは……。

「審判？　監督《かんとく》さんがおるやろ？」

「今日、うちの監督、仕事忙《いそが》しいて来はらへんねん」

「そうか。ほなしゃあないな」

*6躊躇《ちゅうちょ》している僕をしりめに、竜次は［D］立ち上がった。竜次は少年たちに歓声《かんせい》をもって迎《むか》えられた。少年たちは、早速《さっそく》二組に分かれてグランドに散っていく。

「プレーボール！」

竜次の③屈託《くったく》のない大声がグランドにこだまする。久しぶりに見る竜次の生き生きとした姿だった。何だかんだ言っても、竜次は野球というこのゲームが好きで仕方がないのだ。

（柳広司「すーぱー・すたじあむ」より。ただし一部改変があります。）

＊１　コールド……コールドゲーム。点差が大きく開いたために、途中で打ち切られてしまった試合。

＊２　ドップラー効果……音源との距離《きょり》によって音の高さが変化すること。

＊３　マウンド……ピッチャーが投球を行う場所。

＊４　ドリフト……曲がるときにタイヤを横すべりさせること。

＊５　猜疑の目……疑いの目。

＊６　躊躇……決心がつかず、ぐずぐずすること。ためらうこと。

も変わらず使われているはずだった。

自転車で一気に土手を駆け上がると、広い河川敷が一時に目に飛び込んできた。

強い西日を受けたグランドでは、今日も小学生たちが黄色い声を上げてボールを追っている。

ホームベースの背後、手作りの粗末《そまつ》なバックネットの裏に竜次の姿があった。

僕は自転車を降りて、グランドに向かって進んだ。僕の姿が見えていないはずはなかったが、竜次は振り返ろうともしなかった。僕は黙《だま》って竜次の隣《となり》に腰《こし》を下ろした。

「今日はサンキュウな」

4 僕はできるだけさりげなく切り出した。

「なにが？」

「応援に来てくれとったやろ」

「ラジオで聞いてたんやけど、つい、な」

竜次は照れた顔で呟《つぶや》いた。僕はちょっとためらったが、結局思い切って言うことにした。

5「ほんでもまあ、野球部のみんなにはちょこっと謝っといた方がええで」

「謝る？　なんで？」

竜次はぽかんとした顔で僕を振り返った。ふり、ではないらしい。仕方なく、試合が終わった後の部員の様子を説明すると、竜次の顔にはたちまち皮肉の薄笑いが浮かんだ。

「何言うてんねん。負けたのは実力やないか」

僕は【　6　】。竜次の言葉は、そのとおりではある。冷静に考えれば、一件の後、打たれ出したのは相手チームがうちのピッチャーの球に目が慣れたせいだし、その打球を風を読み切れずにエラーしたのは僕たちの実力だ。あの後、僕たちの打線が押《お》さえ込まれたのも実力どおりだった。そんなことは野球部のみんなも分かっている。しかしそれでもなお、みんなは「あの中断がなければ」という仮定が振り切れないのだ。今、竜次が一言詫《わ》びなければ、敗戦の原因をずっと竜次のせいにする奴が出てきてしまいそうだった。例えば昨日、よく冷えた西瓜を持って②陣中《じんちゅう》見舞いに来てくれた竜次の行為《こうい》が、結果として、練習の邪魔《じゃま》をしに来たと記憶《きおく》されてしまうように。

「ふん、そんな奴はほっといたらええ。わいの知ったことやない」

竜次の声が次第に大きくなる。

「だいたい、お前ら気合い入ってへんのじゃ。そのくせに……」

「ちょい待った」

僕は慌《あわ》てて竜次を制した。

翌日、出場停止をまぬかれた僕たちの試合は、強風の中で行われた。強風は僕たちに一方的に味方して、コールドゲームを覚悟していた試合が一歩も引かない大熱戦になった。ツイている、としか言いようがない。試合は七回まで進み、得点は二対一で僕たちがリードしていた。このまま勝てば大番狂《くる》わせだ。そんな時、一塁《るい》側の僕たちの応援《おうえん》席で騒《さわ》ぎが起こった。

騒ぎの中心に、竜次の姿があった。

さっきまでは、球場内のどこにもいなかったはずだ。それは、部員全員が*5猜疑《さいぎ》の目で隈《くま》無く探っていたので間違《ちが》いない。ところが今や、竜次がスタンドの主役だった。

竜次は三畳《じょう》ほどもある大きな校旗を振《ふ》り回しながらスタンドを駆け回っていた。応援団から無理やり奪《うば》い取ったに違いない。大きなエンジ色の校旗が、走る竜次の背中でたなびく様は壮観《そうかん》だった。

うぉーぉーぉー……。

よく通る竜次の大声が球場に響《ひび》き渡《わた》った。相手チームの応援団も度肝《どぎも》を抜《ぬ》かれたようすで、呆気《あっけ》に取られて眺めている。竜次は校旗を頭上に振りかざし、スタンド最上段からまっすぐに駆け下りて来た。

その瞬間、一陣《いちじん》の風がスタンドを激しく舞《ま》った。グランドにいた全員が、あっと息を呑《の》んだ。風が、竜次の手から校旗を巻き上げたのだ。

風に漂《ただよ》う一枚の布と化した校旗は、いったん上空に［B］舞い上がり、ゆっくりとグランドに落下した。

一瞬の沈黙《ちんもく》の後、球場全体がどよめいた。相手応援席からヤジが飛ぶ。とんだ〝不祥事《ふしょうじ》〟だ。こんなに風の強い日は、ポールについた三畳もの布切れを支えているだけでも大変なのだ。風に向かって駆け下りていけばどうなるか、容易に予想がつきそうなものだった。

もちろんゲームは中断となった。

中断後、試合の〝流れ〟が変わり、試合再開後の相手チームの打線は手がつけられなかった。結局、試合は終わってみれば九対二。惨敗《ざんぱい》だった。

夕方、解散後いったん家に帰った僕は、思いついて河川敷《かせんじき》へと足を向けた。

河川敷には小学生の僕たちが野球をしていたグランドがある。今

「明日はどうせ負ける試合やったんやろ。ええ言い訳《わけ》になってよかったやないか」

みんなは怒《いか》りに顔を赤黒く変化させながらも、後に続く言葉を見失った。

明日の対戦相手は去年の大会の準優勝校だ。順当に考えて、うちの高校が勝てる相手じゃない。それどころか、*1コールドで負けても少しの不思議もない。そんなことは組み合わせが決まった瞬間《しゅんかん》から覚悟《かくご》している。しかし、それを決して口にしないことが僕らの①不文律だった。そうでなければ僕たちはこの三年間の意味を見失ってしまう。サッカー部の奴《やつ》らが髪《かみ》を長く伸《の》ばし、ピアスをしているこの時代に、何のために坊主《ぼうず》頭で過ごさなければならなかったのか？　その理由が分からなくなる。

2竜次はみんなの心を見透《す》かしたように追い討ちをかけた。

「大体、こんな気のない練習しとるくらいやったら、はじめからやめといた方がええんとちゃうか？」

何人かの赤かった顔がさっと青ざめ、今にも竜次につかみかかりそうな気配になった。

竜次は薄ら笑いを浮かべた顔でみんなを見回した。そして、くるりと後ろを向くと、来た時と同じように悠然《ゆうぜん》と立ち去った。

みんながその背中を睨《にら》みつけ、言葉を吐《は》き捨てた。

「もう二度と顔出すんやないで！」

竜次が校舎の陰《かげ》に見えなくなると、僕たちは、またぞろぞろと練習を再開した。

うぉーぉーぉー……。

振《ふ》り返ると、またしても竜次だった。自転車に乗った竜次が、大声で怒鳴《どな》りながらグランドに駆《か》け戻《もど》ってきたのだ。

竜次の怒鳴り声は*2ドップラー効果を上げながら、まっすぐに突《つ》っ込《こ》んできた。みんなは慌《あわ》てて鉄砲《てっぽう》玉の進路から飛び退《の》いた。竜次は一直線に突っ込んで来ると、*3マウンドの上でタイヤを*4ドリフトさせ、土埃《つちぼこり》を巻きあげて止まった。そして自転車から飛び下りると、カゴに積んであった西瓜《すいか》を両手でつかんで高々と投げ上げた。

青空に向けて緑と黒の球体がゆっくり回転しながら上昇《じょうしょう》していく……とは後で勝手に思い描《えが》いたイメージで、実際には西瓜は浮かぶ間もなくマウンドに叩《たた》きつけられた。

グシャという音がして、3汁《しる》けの多い赤い実がマウンドに[A]散らばった。その間、僕たちは呆《あき》れて口もきけずに見守っていた。

竜次は肩で大きく息を吸うと、自転車にまたがり、元来た道を駆け去った。

問三　二〇二〇年度の税金について、先生と生徒の会話から読み取れる内容として正しいものを、次の中から全て選び、記号で答えなさい。

ア、飲食や観光などの業界が大打撃を受けたが、その影響は小さく、法人税は増えた。

イ、消費税からの税収が増えた一番の理由は、コロナ禍でも多くの人がたくさんの買い物をしたからだ。

ウ、コロナ禍でも、巣ごもり需要などのおかげで国の税収は過去最高となり、国の財政は悪化を脱《だっ》した。

エ、国の税収は、消費税も法人税も増えて過去最高となったが、国の財政は厳しい。

オ、国の財政を立て直すには、消費税などの税率をさらに引き上げ、税収を増やすことが最も重要である。

五　次の文章を読んで、後の問いに答えなさい。

小学生の時、僕《ぼく》は地元の少年団で野球を始め、同級生の竜《りゅう》次《じ》に出会った。そのころの竜次は四年生ながらレギュラーで、僕にとってはヒーロー的存在だった。しかし高校生の今、竜次は野球をやり過ぎたせいで肩《かた》や肘《ひじ》をこわし、一緒《いっしょ》に入った野球部も休部せざるをえなかった。そして、竜次が夜遅《おそ》くゲームセンターで補導され、野球部は試合出場停止処分になるかもしれないという危機に立たされる。そんな中、野球部が練習しているグランドに竜次が姿を現した。


「どのツラさげてこの場に現れたんや！」

「お前のせいで出場停止になるかもしれへんのやぞ！」

「自分が野球できへんからいうて、アホなことすんなや！」

竜次はぽかんとして、ニキビ面がまだらに紅潮したみんなの顔を眺《なが》めていた。奇妙《きみょう》なことに竜次は、自分が現れたさいに当然発生するであろう1この反応を少しも予想していなかったようだった。やがて、竜次の顔にいつもの薄《うす》ら笑いが浮《う》かぶのを、僕は見た。部員たちの息が上がったところで、竜次は素早《すばや》く反撃《はんげき》に出た。

生徒Ａ　企業が払う法人税も増えたそうですが、それはなぜですか？

先　生　コロナ禍《か》ではすごくもうかった企業も多かったのです。例えば、感染対策のために家で過ごす人たちに向けたゲームやパソコンがたくさん売れました。こうした「巣ごもり1需《じゅ》要《よう》」を取り込んだ企業は大きな利益を上げて、法人税も多く払ったのです。

生徒Ｂ　でも、飲食や観光など大打撃《だげき》を受けた業界もあったのではないですか？

先　生　そうですね。ただ、業績が大きく落ち込《こ》んだ企業の中には、もともと2赤字で法人税を払っていない会社も多く、税収への影響は小さかったと言われています。

生徒Ａ　それでは税収が増えて、国の財政状況《じょうきょう》は良くなったのですか？

先　生　いいえ。そうではなく、3さらに悪化しました。国がコロナ対策などで使ったお金（歳出《さいしゅつ》）もはね上がり、過去最高になったからです。歳出と税収の差はじわじわと開いています。税収が増えてもそれ以上に歳出が増えたままでは、財政は良くなりません。

（「朝日新聞」二〇二一年八月十八日朝刊　参考）

問一　――1・2の対義語をそれぞれ漢字二字で答えなさい。

問二　――3「さらに悪化しました」とありますが、財政がさらに悪化したことについてまとめた次の文章の（　Ⅰ　）・（　Ⅱ　）に入る最もふさわしい言葉を、後のア～キから選び、記号で答えなさい（同じ記号を二回使ってはいけません）。

> 国の主な税収は三つありますが、その中でも二〇二〇年度に一番多かったのは（　Ⅰ　）税です。コロナ禍で景気が良くなかったにもかかわらず、税収が過去最高となりましたが、歳出が（　Ⅱ　）しなければ、国の財政状況が好転することはありません。

ア、消費　　イ、所得　　ウ、法人　　エ、増加

オ、減少　　カ、影響　　キ、悪化

三　次の文の＝＝部について、１～３はその主語にあたる言葉を、４～６は直接かかっている言葉を、それぞれ――部から一つずつ選び、記号で答えなさい。

1　ア昨日、 イ私は ウ妹と エ二人で オ母に カカーネーションを 買いました。

2　ア彼女が イ本当に ウ飼いたかったのは エ犬では オなく ねこだった。

3　ア弟が イゲームばかり ウして エいるので オ父も カさすがに あきれはてた。

4　実は アイ今日、 イ私の ウ十二才の エ誕生日です。

5　学校の ア中庭には イ昔から ウ大きな エくすの木が オありま す。

6　先月で アその イ遊園地が ウ閉園した エことを オだれも カ知らなかった。

四　次の会話文を読んで、後の問いに答えなさい。

先　生　みなさんは「税金」について知っていますか？

生徒Ａ　スーパーやコンビニで買い物をすると、品物の代金の他に「消費税」を払《はら》ったことになるのよね。

生徒Ｂ　僕《ぼく》のお父さんは会社員だけれど、給料から「所得税」を支払っていると聞きました。

先　生　そうですね。そうやって国民が支払った税金が「国の税収」となり、私たちの生活を守り、豊かにするために使われることになっています。主な税収は「消費税」、「所得税」、そして企業《きぎょう》（会社など）が支払う「法人税」があります。ところで、二〇二〇年度は、国の税収が過去最高だったそうですよ。

生徒Ａ　本当ですか？

生徒Ｂ　新型コロナウィルスの感染が広がって、景気が悪かったはずなのにどうしてですか？

先　生　消費税の税率が、二〇一九年一〇月に八パーセントから一〇パーセントに引き上げられたことが大きな理由のひとつです。消費税は景気に左右されにくいと言われていて、主な三つの税の中で最も税収が多くなりました。

二〇二二年度 横須賀学院中学校

【国　語】〈一次A試験〉（五〇分）〈満点：一〇〇点〉

※ぬき出し問題や記述問題では、句読点や記号も一字と数えること。

一　次の――部について、漢字はひらがなに、カタカナは漢字に直しなさい。

1　医者にもらった薬がキいて熱が下がった。
2　彼女は人望がアツいので生徒会長に選ばれた。
3　危険をサッチして事故を未然に防いだ。
4　レギュラーにキヨウされて試合に出場した。
5　桜が咲き始めたころ、卒業式は厳かに行われた。
6　彼は子どもたちに命の大切さについて説いた。
7　日本の家屋はほとんどが木造建築だ。
8　優勝賞金は、出場したみんなで折半した。

二　次の慣用句の（　）には、体の一部を表す漢字が入ります。それぞれ下の【　】の意味になるように（　）に最もふさわしい漢字を後のア～コから選び、記号で答えなさい。

1　（　）を切る。【関係を絶つ。】
2　（　）を折る。【途中《とちゅう》でじゃまをする。】
3　（　）を明かす。【出しぬいて驚《おどろ》かす。】
4　（　）をぬぐう。【そしらぬふりをする。】
5　（　）をさぐる。【心中をそれとなくうかがう。】
6　（　）を立てる。【名誉《めいよ》を守る。】

ア、目　イ、鼻　ウ、口　エ、頭　オ、顔
カ、胸　キ、腹　ク、腰《こし》　ケ、手　コ、足

2022年度

横須賀学院中学校　▶解説と解答

算　数　＜１次Ａ試験＞（50分）＜満点：100点＞

解　答

1 (1) 2019.99　(2) 12　(3) 29.7　(4) 9　(5) $2\frac{4}{15}$　(6) $\frac{4}{23}$　(7) 6　(8) $\frac{1}{35}$　**2** (1) 17　(2) 5個　(3) 30m　(4) 8枚　(5) 400g　(6) 17枚　(7) 48cm　**3** (1) 53　(2) 32個　(3) 2700　**4** (1) 分速80m以上　(2) 分速60m　(3) 分速108m以上　**5** (1) 15　(2) 5通り　(3) 32　**6** (1) 5.14cm^2　(2) 16cm^2

解　説

1 **四則計算，計算のくふう**

(1) $2022-2.01=2019.99$

(2) $5\times0.12\times20=5\times20\times0.12=100\times0.12=12$

(3) $1.2\times3.3+3.3\times3.3+3.3\times4.5=(1.2+3.3+4.5)\times3.3=9\times3.3=29.7$

(4) $120\div20+120\div40=6+3=9$

(5) $\frac{1}{6}+0.7\times3=\frac{1}{6}+2.1=\frac{1}{6}+2\frac{1}{10}=\frac{5}{30}+2\frac{3}{30}=2\frac{8}{30}=2\frac{4}{15}$

(6) $1-(7.25-2.5)\div5\frac{3}{4}=1-4.75\div5\frac{3}{4}=1-4\frac{3}{4}\div5\frac{3}{4}=1-\frac{19}{4}\div\frac{23}{4}=1-\frac{19}{4}\times\frac{4}{23}=1-\frac{19}{23}=\frac{4}{23}$

(7) $11-1\frac{1}{2}\div\left(0.4+\frac{1}{2}\right)\times3=11-1\frac{1}{2}\div\left(\frac{4}{10}+\frac{5}{10}\right)\times3=11-1\frac{1}{2}\div\frac{9}{10}\times3=11-\frac{3}{2}\times\frac{10}{9}\times3=11-5=6$

(8) $3\times\left(\frac{1}{1\times3\times5}-\frac{1}{1\times3\times7}+\frac{1}{1\times5\times7}-\frac{1}{3\times5\times7}\right)\div4=3\times\left(\frac{1\times7}{1\times3\times5\times7}-\frac{1\times5}{1\times3\times5\times7}+\frac{1\times3}{1\times3\times5\times7}-\frac{1\times1}{1\times3\times5\times7}\right)\div4=3\times\frac{4}{1\times3\times5\times7}\div4=\frac{1}{35}$

2 **逆算，約数と倍数，旅人算，つるかめ算，濃《のう》度《ど》，周期算，長さ**

(1) 1＋(３×□＋５)÷７＝９より，(３×□＋５)÷７＝９－１＝８，３×□＋５＝８×７＝56，３×□＝56－５＝51　よって，□＝51÷３＝17

(2) ６でわっても９でわってもわりきれる数は，言いかえると６と９の公倍数，つまり６と９の最小公倍数である18の倍数となる。100÷18＝５あまり10より，100以下の整数の中で，18の倍数は５個ある。

(3) Ａ君は，秒速，540÷90＝６(m)，Ｂ君は，秒速，540÷100＝5.4(m)で進む。Ａ君が300m地点を通過するのは，スタートしてから，300÷６＝50(秒後)で，そのときＢ君は，5.4×50＝270(m)進んでいるから，Ｂ君はＡ君よりも，300－270＝30(m)後ろにいる。

(4) ５円玉だけの金額と10円玉だけの金額はいずれも５の倍数なので，合計金額の99円から１円玉だけの金額を除くと，残りの金額は５の倍数になる。このとき，１円玉の枚数として考えられるのは，４枚で４円，９枚で９円，14枚で14円の３通りである。１円玉が９枚の場合，５円玉と10円玉が合わせて，15－９＝６(枚)で，99－９＝90(円)を作ることはできない。同様に，１円玉が14枚の場合，５円玉と10円玉が合わせて，15－14＝１(枚)で，99－14＝85(円)を作ることはできない。よって，１円玉は４枚と決まる。すると，５円玉と10円玉は合わせて，15－４＝11(枚)で，それらの合計金額は，99－４＝95(円)となる。11枚すべてが５円玉だとすると，合計金額は，５×11＝55(円)となるが，実際には95円なので，95－55＝40(円)少ない。５円玉１枚を10円玉１枚にかえるごとに，合計金額が，10－５＝５(円)ずつ増えるから，10円玉は，40÷５＝８(枚)ある。

⑸　食塩水にふくまれる食塩の重さを面積図で表すと，右の図①のようになる。図①で，８％の食塩水にふくまれる食塩を表す長方形の面積と，太線で表した長方形の面積は等しいので，長方形㋐と㋑の面積も等しい。㋐と㋑の縦の長さの比は，(８－6.4)：6.4＝１：４なので，横の長さの比は，$\frac{1}{1}:\frac{1}{4}$＝４：１である。よって，□＝$100\times\frac{4}{1}$＝400(ｇ)とわかる。

図①
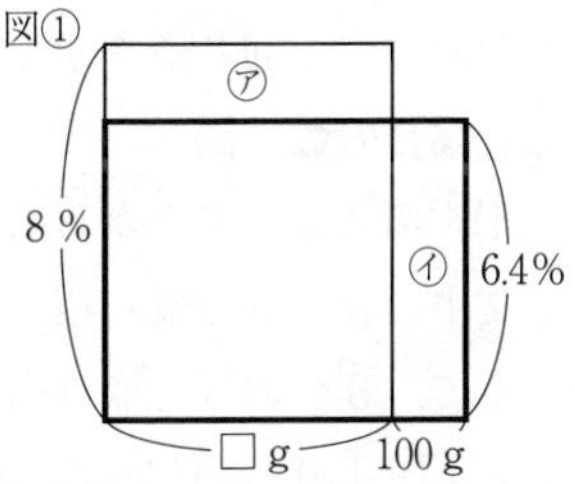

⑹　１枚の絵をはるのに，横に，20＋35＋20＝75(cm)の長さが必要であり，さらに１枚の絵をはるごとに，横に，35＋20＝55(cm)の長さが必要になる。10mは，10×100＝1000(cm)だから，(1000－75)÷55＝16あまり45より，はることができる絵はもっとも多くて，１＋16＝17(枚)とわかる。

⑺　三角定規のそれぞれの角度は右の図②のようになっており，２つ合わせると正三角形になる。よって，ACの長さはABの長さの２倍で，８×２＝16(cm)だから，周の長さは，(８＋16)×２＝48(cm)と求められる。

図②
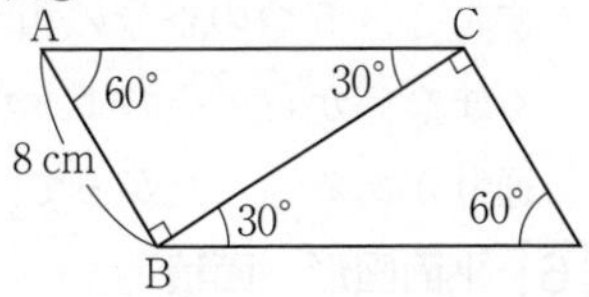

3　数列

⑴　右の図のように，奇数《きすう》番目の数は，１，２，３，４，５，…と１から順に整数が並び，偶数《ぐうすう》番目の数は，４，５，６，７，８，…と４から順に整数が並んでいる。100番目の数は，偶数番目の中の，100÷２＝50(番目)の数だから，４＋(50－１)＝53とわかる。

奇数番目…	1,	2,	3,	4,	5,	…
偶数番目…		4,	5,	6,	7,	8, …

⑵　100番目の数までに，奇数番目の数が50個，偶数番目の数が50個ある。奇数番目の数は，１から50までで，50÷３＝16あまり２より，この中に３の倍数は16個ある。また，⑴から偶数番目の数は４から53までで，53÷３＝17あまり２より，最初の３を除くと，この中に３の倍数は，17－１＝16(個)ある。よって，100番目までに３の倍数は，16＋16＝32(個)ある。

⑶　⑵より，奇数番目の数の合計は，(１＋50)×50÷２＝1275，偶数番目の数の合計は，(４＋53)×50÷２＝1425だから，１番目から100番目までの数の合計は，1275＋1425＝2700となる。

4　速さ

⑴　８時20分－７時55分＝25分より，Ａ君は家を出て25分以内に，２km＝(２×1000)ｍ＝2000ｍはなれた学校に着く必要があるので，分速，2000÷25＝80(ｍ)以上の速さで歩けばよい。

⑵　はじめの１kmと残りの１kmを進んだ速さの比は１：２だから，かかった時間の比は，$\frac{1}{1}:\frac{1}{2}$

＝2：1である。この比の和の，2＋1＝3が25分にあたるから，はじめの1kmを行くのに，25×$\frac{2}{3}$＝$\frac{50}{3}$(分)かかったことになる。よって，はじめの1kmは分速，1000÷$\frac{50}{3}$＝60(m)で歩いたとわかる。

(3) Ａ君の家から回り道をする地点までは，2000－500＝1500(m)はなれているので，Ａ君がこの地点に着いたのは，家を出てから，1500÷90＝16$\frac{2}{3}$(分後)である。Ａ君が工事によって進むことになった全体の道のりは，2000×1.2＝2400(m)で，回り道をする地点から学校まで，2400－1500＝900(m)歩くことになる。よって，8時20分までは残り，25－16$\frac{2}{3}$＝8$\frac{1}{3}$(分)だから，遅刻《ちこく》をしないためには，回り道をする地点から，分速，900÷8$\frac{1}{3}$＝108(m)以上の速さで歩けばよい。

5 場合の数，調べ

(1) 例えば，左上から右下の1列に並んだ3つの番号の和は，6＋5＋4＝15になる。また，問題文中のカードの縦，横，ななめのどの1列についても，並ぶ3つの番号の和は15になっている。よって，3つの玉を取り出して「ビンゴ」になったとき，3つの番号の和は15である。

(2) (1)より，「ビンゴ」となった1列に並ぶ3つの番号の和は15なので，もう1つの番号は，19－15＝4である。このとき，「ビンゴ」となった1列には4をふくまないから，そのような1列の番号の組み合わせは，｛6，1，8｝，｛7，5，3｝，｛6，7，2｝，｛1，5，9｝，｛2，5，8｝の5通りとなる。よって，カードの穴のあき方も5通りとわかる。

(3) (2)と同様に考えると，「ビンゴ」となる1列に並ぶ3つの番号のほかに，9と8の玉を取り出すとき，5つの番号の和がもっとも大きくなる。このとき，「ビンゴ」となる1列には9と8をふくまないから，そのような1列の組み合わせは，｛7，5，3｝，｛6，7，2｝，｛6，5，4｝の3通りがある。したがって，5つの番号の和はもっとも大きくて，15＋9＋8＝32となる。

6 平面図形―面積

(1) 右の図①のように，頂点Ｂから円の中心Ｏに直線を引くと，三角形OABができる。三角形OABは，OA＝OBの二等辺三角形で，角OBA＝角OAB＝45度，角AOB＝180－45×2＝90(度)だから，三角形OABは直角二等辺三角形である。すると，

図①

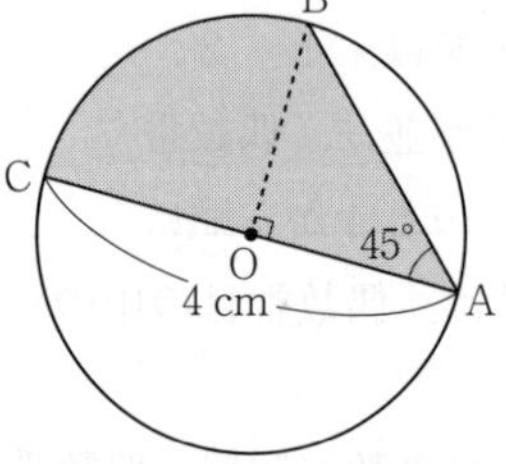

図②

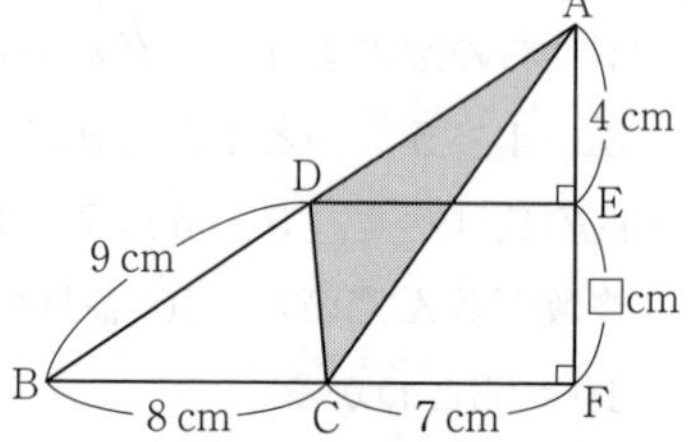

図①の色のついた部分は，直角二等辺三角形OABと，半径，4÷2＝2(cm)，中心角，180－90＝90(度)のおうぎ形を合わせたものとなる。よって，その面積は，2×2÷2＋2×2×3.14×$\frac{1}{4}$＝2＋3.14＝5.14(cm^2)と求められる。

(2) 右上の図②で，EFの長さを□cmとする。色のついた部分は，三角形ABCから三角形DBCを除いたものだから，その面積は，8×(4＋□)÷2－8×□÷2＝8×(4＋□－□)÷2＝8×4÷2＝16(cm^2)とわかる。

社　会　＜１次Ａ試験＞（40分）＜満点：75点＞

解　答

1 **問１**　**あ**　卑弥呼　**い**　百済　**う**　フランシスコ＝ザビエル　**問２**　イ　**問３**　(例)　奈良時代の税は男性に課されるものが多く，女性や長寿者に偽れば，税負担が軽くなると考え，戸籍を偽ったから。　**問４**　エ　**問５**　延暦寺　**問６**　イ　**問７**　イ　**問８**　(例)　建物の屋根に十字架が飾られている。　**問９**　(例)　バテレン追放令が出されても，貿易は継続され，貿易船とともに宣教師が日本に入ってきたから。　**問10**　絵踏(宗門改)

2 **問１**　イ　**問２**　エ　**問３**　**あ**　ガソリン　**い**　電気　**問４**　ｉ）ア　ⅱ）**あ**　石油危機　**い**　排他的経済　**問５**　(例)　みかんの収穫量と道路貨物運送業の運転従事者数が減ってきているから。　**問６**　(例)　ジャムやジュース，ジェラートなどに加工し，道の駅で販売する。　**問７**　イ　**問８**　イ

3 **問１**　LGBTQ　**問２**　**あ**　象徴　**い**　主権　**う**　戦争　**え**　公共の福祉　**お**　最低限度　**問３**　**１**　ア　**２**　ウ　**３**　イ　**４**　ア　**５**　ア

解　説

1 **各時代の歴史的なことがらについての問題**

問１　**あ**　中国の古い歴史書『魏志《ぎし》』倭人《わじん》伝によると，卑弥呼《ひみこ》は３世紀の日本にあった邪馬台国《やまたいこく》の女王で，まじないによって国を治めた。また，239年には中国に使いを送り，「親魏倭王」の称号や金印，銅鏡などを授けられた。　**い**　仏教は538年(一説には552年)，朝鮮半島にあった百済《くだら》の聖《せい》明王《めいおう》が仏像や経典などを欽明《きんめい》天皇におくったのが公式の伝来とされている。　**う**　フランシスコ＝ザビエルはスペイン人のイエズス会宣教師で，1549年に鹿児島に来航してキリスト教を伝えた。ザビエルはおもに九州や山口などの西日本で，熱心に布教活動を行った。

問２　仏教にとって重要な「仏像・経典・僧侶《そうりょ》」という三宝をあつく敬えとしているイが，「仏教を厚く信仰すべきだと述べている条文」にあたる。

問３　［資料２］より，奈良時代に人々に課された税は男性のほうが負担が重く，なかでも「正丁《せいてい》」とよばれる21～60歳の男性の負担が特に重かったことがわかる。［資料１］は，こうした重い税負担から逃《のが》れるため，男性が生まれても女性として届け出たり，年齢を多く見積もって長寿《ちょうじゅ》者としたりすることで，戸籍《こせき》を偽《いつわ》る者がいたことを示している。

問４　聖武天皇(上皇)が亡くなると，光明《こうみょう》皇后(皇太后)は夫の遺品を東大寺に献上《けんじょう》し，これらは宝庫である正倉院に収められた。唐招提寺《とうしょうだいじ》は，唐(中国)から来日した鑑真《がんじん》が建てた寺院である。

問５　平安時代初め，唐で密教を学んで帰国した最澄《さいちょう》は日本における天台宗の開祖となり，比叡《ひえい》山《ざん》(京都府・滋賀県)の延暦寺《えんりゃくじ》はその総本山とされた。多くの僧がここで修行し，政治にも大きな影響《えいきょう》力を持ったが，戦国時代にはこれに敵対した織田信長によって焼き打ちにされた。

問６　時宗の開祖は一遍《いっぺん》，浄土《じょうど》宗の開祖は法然《ほうねん》，臨済宗の開祖は栄西で，日蓮《にちれん》は日蓮宗(法華《ほっけ》宗)，道元は曹洞《そうとう》宗の開祖である。

問７　堺《さかい》は大阪府中部の都市で，古代には百舌鳥《もず》古墳群を構成する多くの古墳がつくられた。中世には日明貿易や南蛮《なんばん》貿易の港町として発展したほか，鉄砲の産地として栄え，豊かな町民による

自治が行われた。なお，博多は福岡県，柏崎は新潟県，平戸は長崎県にある。

問８　キリスト教では，イエス＝キリストや聖母マリアにかかわるものが神聖視され，十字架《か》は，これによってイエス＝キリストが処刑されたことから，キリスト教の象徴《しょうちょう》として用いられている。示された南蛮寺の絵では，屋根の上に十字架が取りつけられている。

問９　示された「南蛮屛風《びょうぶ》」は，当時，南蛮貿易とよばれる貿易を行っていたスペイン船あるいはポルトガル船が入港したときのようすをえがいたもので，来日した人々によって多くの貿易品が運びこまれた。豊臣秀吉は1587年にバテレン(宣教師)追放令を出したものの，貿易の利益を重視してこれを継続《けいぞく》したため，キリスト教の拡大を徹底《てってい》的に抑《おさ》えることはできなかった。

問10　江戸幕府はキリスト教禁止を徹底するため，鎖国体制を強化するとともに，国内での信仰を禁止する政策を行った。絵踏《えふみ》はそうした政策の一つで，特にキリスト教信者の多かった九州地方を中心として，聖母マリアやイエス＝キリストのえがかれた絵や板(踏絵)を踏ませ，キリスト教信者かどうかを判別した。また，必ずどこかの寺の檀家《だんか》(信者)になるという寺請《てらうけ》制度が実施され，寺院にはその人物が檀家であることを証明する宗門改《しゅうもんあらため》帳を作成させた。宗門改帳による信仰調査のことを，宗門改という。

２　**日本の産業や気候などについての問題**

問１　親潮(千島海流)は，千島列島方面から北海道や東北地方の太平洋側を南下する寒流で，プランクトンが豊かで多くの魚介《ぎょかい》類が育つことからその名がある。なお，リマン海流は日本海の大陸沿岸を南下する寒流，対馬《つしま》海流は日本海を日本列島に沿って北上する暖流，黒潮(日本海流)は太平洋を日本列島に沿って北上する暖流。

問２　高松(香川県)は，夏の南東の季節風を四国山地に，冬の北西の季節風を中国山地にさえぎられるため，一年を通じて降水量が少なく，冬でも比較《ひかく》的温暖な瀬戸内の気候に属しているので，エがあてはまる。なお，アは中央高地，イは北海道，ウは日本海側の気候の特徴を示す雨温図。

問３　パワーのいる発進時などにはガソリンエンジン，パワーがそれほどいらない高速運転時には電気モーターといったように，２つの動力源を備えた車のことをハイブリッドカーという。

問４　ⅰ)，ⅱ)　1970年代まで，日本の漁業では遠洋漁業の生産量が最も多かった。しかし，1973年に起こった石油危機(オイルショック)で燃料費が上がったことと，このころから各国が排他的経済水域を設定して外国船の漁業を制限するようになったことから，遠洋漁業の生産量は急激に減少した。なお，現在は沖合漁業の生産量が最も多い。

問５　二つの資料から，みかんの収穫量が減少傾向《けいこう》にあることと，2000年代以降，道路貨物運送業の運転従事者が減り続けていることがわかる。みかんの収穫量が減っているのに，それまでと同じ量のみかんジュースをつくろうとすると，より高いお金を支払ってみかんを確保する必要が生じると考えられる。また，道路貨物運送業の運転従事者が減少した場合，少ない人材に対して多くの注文がくるのだから，人材の確保にも費用がかさむことになる。このように，ものや人が不足しているため，それにかかる費用が増え，それが値上げにつながっているのだと考えられる。

問６　「六次産業化」とは，第一次産業(農林水産業)と第二次産業(工業など)，第三次産業(商業やサービス業など)を組み合わせることで，第一次産業や地域経済を活性化させようという取り組みである。地元でとれた農産物や水産物を地元の工場で加工し，農家の人がみずから，あるいは地域の人が販売するといった例がよく知られる。

問７　米は，100％近い自給率で推移している。近年の自給率が100％にならないのは，外国との約束にもとづいて一定量の米の輸入を行っているからで，これをミニマムアクセスという。

問８　アメリカは世界最大のとうもろこしの産地で，日本に輸入されるとうもろこしの６割以上がアメリカ産である。統計資料は『日本国勢図会』2021／22年版による。

[3] 現代の社会と日本国憲法，政治のしくみについての問題

問１　レズビアン(女性を愛する女性)，ゲイ(男性を愛する男性)，バイセクシャル(両性を愛する人)，トランスジェンダー(体の性と心の性が異なる人)，クエスチョニング(自分自身の性別を決められない，わからない，または決めない人)といった，セクシュアルマイノリティ(性的少数者)は，それぞれの英語の頭文字をとってLGBTQと略される。

問２　**あ**　日本国憲法第１条は天皇の地位について，「日本国の象徴であり日本国民統合の象徴」と定めている。　**い**　国の政治のあり方を最終的に決定する権限を主権といい，日本国憲法は前文や第１条で主権が国民にあることを明記している。この国民主権は，基本的人権の尊重，平和主義とともに，日本国憲法の三大原則とされている。　**う**　日本国憲法第９条は平和主義についての条文で，戦争の放棄《ほうき》や戦力の不保持，国の交戦権の否認などが規定されている。　**え**　日本国憲法は，第11条で「侵《おか》すことのできない永久の権利」として基本的人権を国民に保障しているが，第12・13条で「公共の福祉《ふくし》」に反しない限りという条件をつけている。公共の福祉は国民全体の幸福や利益といった意味の言葉で，これに反する権利の主張は認められないことがある。　**お**　日本国憲法は，「健康で文化的な最低限度の生活を営む権利」として，生存権を国民に保障している。

問３　**１**　予算案は，内閣が作成したのち，国会で審議《しんぎ》され，決定される。　**２**　裁判所には，国会がつくった法律などが憲法に違反していないかどうかを判断する権限である違憲立法審査権が与えられている。　**３**　条約は，内閣が結んだものを国会が事前または事後に承認する。　**４**　内閣総理大臣は，国会議員の中から国会が指名する。　**５**　憲法改正は，衆参各議院の総議員の３分の２以上の賛成をもって，国会が発議(国民に提案)する。

理　科　＜１次Ａ試験＞（40分）＜満点：75点＞

解　答

[1] **問１**　①　ウ　②　キ　③　ア　④　ク　⑤　カ　⑥　オ　**問２**　エ　**問３**　ア　**問４**　ア　**問５**　ア　**問６**　ウ　**[2]** **問１**　ピンセット　**問２**　**Ａ**　エ　**Ｂ**　オ　**Ｃ**　キ　**Ｄ**　ウ　**Ｅ**　イ　**Ｆ**　キ　**問３**　す＞塩酸＞砂糖水＞重そう水

[3] **問１**　道管　**問２**　ア，エ，キ　**問３**　0.1mL　**問４**　0.2mL　**問５**　0.4mL　**問６**　ケ　**問７**　**葉の表裏**…葉の裏　**数の比**…２：19　**[4]** **問１**　(1)　満ち欠け　(2)　東から西　(3)　(い)　e　(う)　f　(か)　h　**問２**　(1)　月食　(2)　(i)　スーパームーン　(ii)　(例)　地球の大気によって，青の光は散乱するが，赤の光は大気中を通りぬける。また，この赤の光は地球の大気によってくっ折するため，地球を回りこんで月面を照らす。

解　説

[1] 手回し発電機についての問題

問１　それぞれ，①は電池(直流電源)，②は電流計，③は豆電球(電球)，④は電圧計，⑤は電気ていこう，⑥はスイッチを表している。①は長い方が＋極，短い方が－極を表す。

問２，問３　豆電球は流れる電流の向きが反対になってもつくので，手回し発電機のハンドルを回す向きを反時計回りに変えて電流の向きが反対になっても豆電球はつく。また，ハンドルを回す速さをはやくすると，豆電球に流れる電流の大きさが大きくなるため，豆電球の光は明るくなり，ハンドルを回す速さを変えない場合には，豆電球の明るさは変わらない。

問４　豆電球をつないだときより，発光ダイオードをつないだときの方が回路を流れる電流の大きさが小さいため，豆電球をつないだときの方がハンドルの手ごたえが大きい。

問５，問６　ハンドルを回す速さをはやくすると，発光ダイオードに流れる電流の大きさが大きくなるため，発光ダイオードの光は明るくなる。また，発光ダイオードは決まった向きにのみ電流が流れるため，ハンドルを回す向きを反時計回りに変えると，回路に電流は流れず発光ダイオードはつかなくなる。

2　水よう液の性質についての問題

問１　リトマス紙で水よう液の性質を調べるとき，リトマス紙に手のよごれなどがつかないように，ピンセットを使ってリトマス紙を容器から取り出す。

問２　リトマス紙の色の変化から，ＡとＤは中性，ＢとＥはアルカリ性，ＣとＦは酸性の水よう液である。ＡとＤについて，Ａは電気を導くことから食塩水，Ｄは電気を導かないことから砂糖水とわかり，ＢとＥについて，Ｅは二酸化炭素をふきこむと白くにごったことから石灰水，Ｂは重そう水とわかる。また，ＣとＦについては，す(酢《す》)かうすい塩酸のいずれかであることはわかるが，表１では実験結果がすべて同じなので，この表だけでは判別ができない。

問３　pHの値が７より小さいほど酸性が強く，７より大きいほどアルカリ性が強いため，酸性が強いものから並べ，中性，アルカリ性の順になるよう続けると，す(pH3.2)＞塩酸(pH5.7)＞砂糖水(pH7.0)＞重そう水(pH8.5)になる。

3　蒸散についての問題

問１　根から吸い上げた水や水にとけた養分(肥料)が通る管を道管，葉でつくられた養分などが通る管を師管といい，道管と師管をあわせて維《い》管束《かんそく》という。

問２　蒸散は気温が高いときや，しつ度が低いときに起こりやすい。また，直射日光が当たり，植物の活動がさかんなときも起こりやすい。蒸散は，根からの水や水にとけている養分の吸収をさかんにし，植物の温度を一定に保つことなどに役立っている。

問３　⑤と⑥の結果から，水面から蒸発した水の量は，9.8－9.7＝0.1(mL)とわかる。

問４　③や⑤の結果から，くきから蒸散した水の量は，10－9.8＝0.2(mL)になる。

問５　②の結果から，葉の表とくきから蒸散した水の量は，10－9.4＝0.6(mL)で，くきからの蒸散量は0.2mLなので，葉の表から蒸散した水の量は，0.6－0.2＝0.4(mL)と求められる。

問６　①と②の結果から，葉の裏から蒸散した水の量は，9.4－5.6＝3.8(mL)になる。すべての葉の表にワセリンをぬるとき，蒸散は葉の裏とくきで行われるので，１日後の水の量は，10－3.8－0.2＝６(mL)になる。

問７　葉の表から蒸散した水の量は0.4mLで，葉の裏から蒸散した水の量は3.8mLであることから，葉の裏の方が葉の表より気こうが多いと考えられる。水の蒸散量と気こうの数が比例する場合，気こうの数の比は，(葉の表)：(葉の裏)＝0.4：3.8＝２：19になる。

4 月の満ち欠け，月食についての問題

問１ (1) 月の形が毎日少しずつ変化することを，月の満ち欠けといい，約29.5日間でもとの形にもどる。　(2) 地球が１日１回西から東に自転しているため，月は東から西に動いていくように見える。　(3) (い)の位置にあるときの月は，月の右側が細く光って見える三日月(ｅ)，(う)の位置にあるときの月は太陽と同じ方向にあって見えない新月(ｆ)，(か)の位置にあるときの月は満月より少し右側が欠けて見える月(ｈ)である。

問２ (1) 太陽―地球―月がこの順に一直線に並んだとき，地球のかげに月が入り満月が欠けて見える現象を月食という。月食には，月の一部だけが欠けて見える部分月食や，月全体が見えなくなる皆既《かいき》月食がある。　(2) (i) 2021年５月26日には，日本でも気候などの条件がめぐまれた地域では皆既月食が観測された。この日の月は地球との距離《きょり》が近く，「スーパームーン」とよばれる大きく見える月であった。　(ii) 月は太陽の光を反射して光って見える。皆既月食のとき，地球の大気によって太陽からの青っぽい光は散乱して月まで届かないが，赤っぽい光は地球の大気でくっ折して，その一部が月に届く。このため，皆既月食中はやや赤黒く(赤銅色といわれる)なった月が観察できる。

国　語　＜１次Ａ試験＞（50分）＜満点：100点＞

解　答

一　１～４　下記を参照のこと。　５　おごそ(か)　６　と(いた)　７　かおく　８　せっぱん　二　１　ケ　２　ク　３　イ　４　ウ　５　キ　６　オ　三　１　イ　２　ウ　３　オ　４　エ　５　ア　６　ウ　四　問１　１　供給　２　黒字　問２　Ⅰ　ア　Ⅱ　オ　問３　ア，エ　五　問１　Ａ　エ　Ｂ　ウ　Ｃ　ア　Ｄ　カ　問２　①　イ　②　ウ　③　ウ　問３　(例)　野球部員たちの自分に対しておこっている(様子)　問４　ウ　問５　ア　鉄砲玉　イ　予想　ウ　言葉　問６　ウ　問７　敗戦の原因をずっと竜次のせいにする奴が出てきてしまいそうだった(から。)　問８　イ　六　問１　Ａ　ア　Ｂ　オ　Ｃ　イ　Ｄ　エ　Ｅ　キ　Ｆ　ウ　問２　のど　問３　識別する　問４　一まとまりの別の鳴き方　問５　イントネーションと微妙な区切り　問６　ウ　問７　ア　問８　進歩がない　問９　目の前　七　(例)　自分を成長させてくれたと思えるのは，「99％の努力と１％のひらめき」というエジソンの言葉です。私は，できないとすぐにあきらめてしまうくせがありましたが，努力を続けていけば，いつかできるようになると信じて，ねばり強く取り組めるようになりました。

●漢字の書き取り

一　１　効(いて)　２　厚(い)　３　察知　４　起用

解　説

一 漢字の書き取りと読み

１　効果があること。　２　「人望が厚い」は，多くの人から信頼《しんらい》されていること。　３　敏感《びんかん》に気づくこと。　**4**　大切な仕事を任されること。　**5**　儀式《ぎしき》などをあらたまった態度で静かに行う様子。　**6**　大切なことを説明すること。　**7**　家や建物。　**8**　同じ金額ずつに分けること。

二　慣用句の知識

1「手を切る」は，相手との関係を断《た》つこと。　**2**「腰《こし》を折る」は，相手の話などを中断させること。　**3**「鼻を明かす」は，相手を出しぬいて，あっと言わせること。　**4**「口をぬぐう」は，悪事を働いたのをごまかして，知らんぷりをすること。　**5**「腹をさぐる」は，相手の考えをそれとなくさぐること。　**6**「顔を立てる」は，相手を尊重し，体面を失わせないようにすること。

三　ことばのかかり受け

1「～は」「～が」「～も」にあたる部分が「主語」である。文の最後にある「述語」に対して，「だれが」「なにが」と問いかけると見つかる。「買った」のは，だれなのかと言えば，「私は」である。　**2**「ねこだった」のは，なんなのかと言えば，「飼いたかったのは」である。　**3**「あきれはてた」のは，だれなのかを探すと，「父も」が見つかる。　**4**　かかる言葉は，「どうなのか」「なんなのか」を問いかけて，見つける。「実は」どうなのかといえば，「誕生日」なのである。　**5**「学校の」なんなのかといえば，「中庭」である。　**6**「先月で」どうなのかといえば，「閉園した」のである。

四　会話文の読解

問1　**1**　どれだけ求めているのかが「需要《じゅよう》」であり，どれだけ出回っているのかが「供給」である。　**2**　利益よりも費用がかかるのが「赤字」なのに対して，費用よりも利益が出るのが「黒字」である。

問2　**1**「消費税」の税率が一〇パーセントに引き上げられたことで，「三つの税の中で最も税収が多くなりました」と書かれている。　**2**　歳出《さいしゅつ》が「増加」したために，財政が悪化したのだから，財政状況《じょうきょう》が好転するためには，歳出が「減少」する必要がある。

問3　アは，「税収への影響《えいきょう》は小さかった」とあるので，正しい。イは，消費税の税収増加は，増税によるものなので，誤りである。ウは，歳出が増加したために，財政は悪化したとあるので，誤りである。エは，税収が「過去最高」だったのに，財政が「さらに悪化しました」とあるので，正しい。オは，財政を立て直すには，「歳出」を減らすことが必要だと書かれているので，誤りである。

五　出典は柳広司《やなぎこうじ》の「すーぱー・すたじあむ」による。けがで野球部を休部せざるを得なくなった竜次《りゅうじ》の，さまざまな問題行動に振《ふ》り回されながらも，僕《ぼく》は竜次が本当に野球が好きなのだと気づく。

問1　**A**　つぶれた西瓜《すいか》が「散らばった」様子は，「点々と」である。　**B**　旗が風に舞《ま》う様子は，「ふわりと」である。　**C**　審判《しんぱん》になってもらいたいと思って，真剣《しんけん》に見つめる様子は，「じっと」である。　**D**　竜次が審判をすぐさま引き受ける様子は，「さっさと」である。

問2　①　言葉になっていない決まり。　②　仕事などをがんばっている人をねぎらうこと。　③　気にかけて，くよくよすること。

問3　竜次がぽかんとしているのは，「どのツラ～」「お前のせいで～」「自分が野球～」のような，チームメイトのいかりが，予想外だったからである。

問４　直前の段落に，「みんなの心」がえがかれている。「三年間の意味」を失わないためにも対戦にのぞむべきだが，部員たちは負けることも「覚悟《かくご》している」のだから，ウが合う。

問５　竜次は，まるで「鉄砲《てっぽう》玉」のような勢いで駆《か》け戻《もど》ってきたので，みんなその進路から飛び退《の》いている。その後，竜次が西瓜をマウンドに叩《たた》きつけたことに，あっけにとられている。

問６　竜次は，懸命《けんめい》に野球部を応援《おうえん》してくれたが，思いがけない「不祥事《ふしょうじ》」を起こしてしまう。竜次が，そのことを気にしているかもしれないと思い，僕は応援《おうえん》への感謝を口にしたのである。また，「さりげなく」言ったのは，あからさまに言うと，なぐさめているようになってしまい，竜次を傷つけることになると思ったのである。

問７　僕が，竜次に謝罪をうながしたのは，「竜次が一言詫《わ》びなければ，敗戦の原因をずっと竜次のせいにする奴が出てきてしまいそう」だったからである。

問８　いくら部員たちの様子を伝えても，竜次は「負けたのは実力やないか」と言って，まったく理解してくれそうにない。したがって，うまく思いが伝わらない僕の不満を表す，「肩《かた》をすくめる」があてはまる。

六　**出典は岩田《いわた》 誠《まこと》 の『上手な脳の使いかた』による。**赤ちゃんが，どのようにして言葉を身につけるかを調べた研究や，ネアンデルタール人とヒトの比較《ひかく》をあげながら，言語の大切さについて説明している。

問１　**Ａ**　直前の段落の内容を短くまとめ直しているので，“要するに”という意味の「つまり」が合う。　**Ｂ**　前後と直後では，反対の内容が書かれているので，「しかし」があてはまる。　**Ｃ**　直前であげたヒトの言語の特徴《とくちょう》をふまえて，赤ちゃんが単語を知る方法を問うているので，前のことがらを受けて，それをふまえながら次のことを導く「では」があてはまる。　**Ｄ**　イントネーションのちがいを聞き分けた赤ちゃんが，次に何をするかという話なので，前のことがらをふまえて，次のことがらが起きるときに用いる，「すると」があてはまる。　**Ｅ**　段階を追って説明しているので，次にどうなるかを説明する，「それから」がふさわしい。　**Ｆ**　エジプトから現代までの時間を例にあげて，ネアンデルタール人とホモサピエンスのちがいを説明しているので，具体例をあげるときに用いる「たとえば」が合う。

問２　言語を話すのに必要なのは，「のどの構造」であると書かれている。

問３　言語として「聞き分ける」は，言語とそれ以外のものを区別することなので，「識別する」と同じ意味である。

問４　動物たちが，言語のかわりに使っているのは，「鳴き声」である。動物たちは，意味のちがいを表すために，「一まとまりの別の鳴き方」をしているのである。

問５　赤ちゃんが単語を知るのは，「イントネーションと微妙《びみょう》な区切り」のちがいを正確に聞き分けるからだと，推測している。

問６　三歳《さい》をすぎた時期になると，「はっきりした文をつくる」ようになると，書かれている。

問７　「胎内《たいない》にいるとき」に，早くも言語についての能力が「できはじめている」と書かれている。

問８　「何をしていたのかということになります」とは，何もしていなかったということである。つまり，「進歩がない」ということである。

問９　単語がないネアンデルタール人は，「目の前」のことしか話せないのに対して，人間は「目の前」にないことも話せるのである。

七 **課題作文**

　一文目に，自分を「成長させたと思える言葉」「話した内容」について書き，二文目に，「どう成長したのか」をまとめていく。変化する前と後を対比する書き方をすると，成長についてよりわかりやすい答案になる。

2022年度　横須賀学院中学校

〔電　話〕　(046)822－3218
〔所在地〕　〒238－8511　横須賀市稲岡町82
〔交　通〕　京急横須賀中央駅から徒歩10分
JR横須賀駅からバス

【算　数】〈1次B試験〉(50分)〈満点：100点〉

《注　意》○単位は解答用紙に記入されているものを使うこと。
○**3**以降は途中式等も書くこと。
○円周率は3.14として計算すること。
○定規は使わないこと。

1　次の計算をしなさい。

(1) $196 \div 14 - 49 \div 7 \times 2$

(2) $2 + 8 \div 5 - 2\frac{1}{2}$

(3) $121 \div 7 - 46 \div 14 - 5$

(4) $0.3 - \left(\frac{5}{12} - \frac{1}{6}\right) \div 1\frac{1}{2}$

(5) $82.9 \times 3.5 + 8.29 \times 15$

(6) $\frac{2}{1 \times 2} + \frac{2}{2 \times 3} + \frac{2}{3 \times 4} + \frac{2}{4 \times 5}$

(7) $0.375 \times 0.875 + 0.25 - 0.125 \div 1.6$

(8) $2 - 2\frac{1}{7} \times \left(1\frac{1}{2} - 0.4\right) \div 1\frac{4}{7}$

2 次の□にあてはまる数を答えなさい。

(1) $1.8\times\square\div4\frac{1}{2}=2$

(2) クギ8本の重さを量ったら20gでした。このクギを□本集めると10kgになります。

(3) □ページの本を読むのに1日目に全体の$\frac{3}{10}$を読み，2日目に残りの$\frac{3}{7}$を読んだところ，残りは60ページでした。

(4) A君は国語，算数，理科，社会の4科目のテストを受けました。国語，算数，理科の平均点は86点でしたが，社会が□点だったので，4科目の平均点は84点でした。

(5) 0.492に整数Aをかけてできる整数Bの中で，もっとも小さい整数Bは□です。

(6) 1000円札2枚，100円玉3枚，10円玉3枚，5円玉1枚，1円玉4枚が財布に入っています。定価1760円の品物を買うとき，おつりの硬貨《こうか》の枚数をもっとも少なくするためには□円を払えばよいです。ただし消費税は10%とします。

(7) A地点からB地点へ行くのに，道のり全体の$\frac{2}{5}$を時速12kmで走り，残りを時速15kmで走ると1時間50分かかります。また，全体を時速□kmで走り続けると2時間かかります。

3 右のように，たてに5個，横に5個の合計25個の点が1 cmの間かくで並んでいます。この中から4個の点を結んで，いろいろな大きさの正方形を作ります。次の問いに答えなさい。

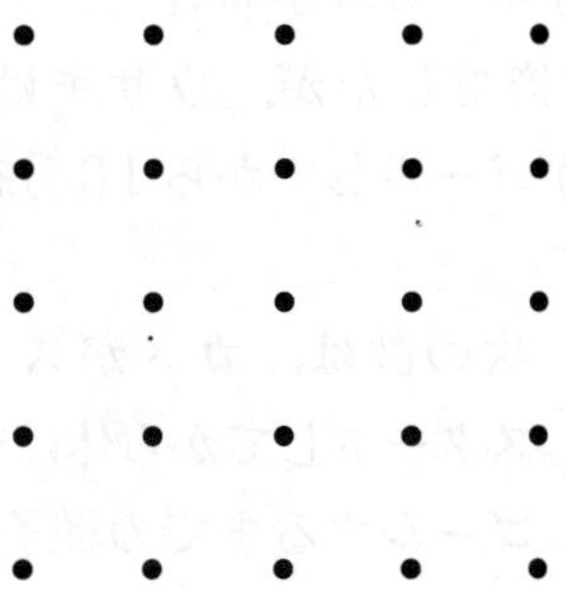

(1) 下の正方形ABCDの面積を求めなさい。

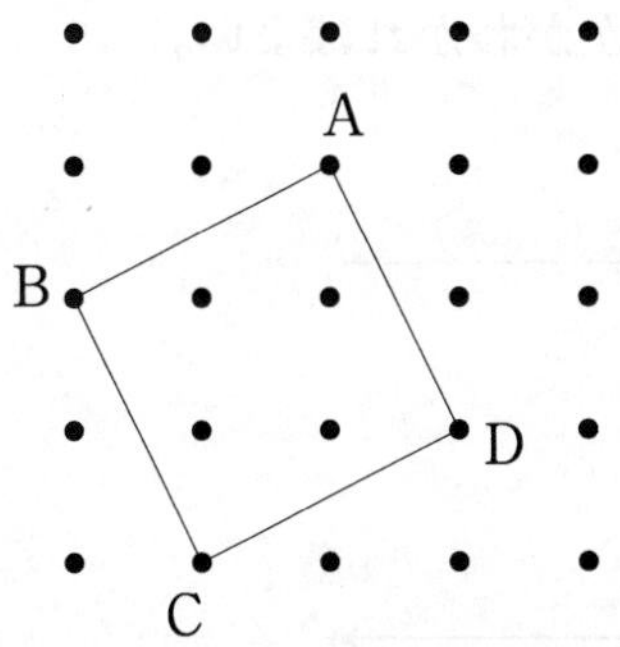

(2) 面積が10 cm^2 の正方形を解答用紙の図の中にかきなさい。

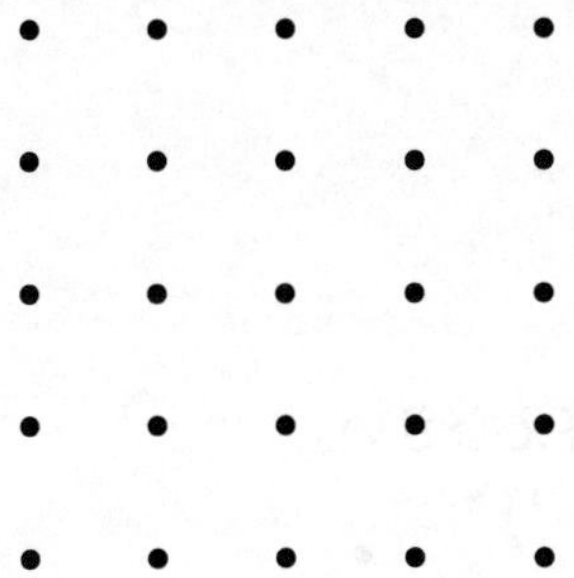

4 ウサギとカメが同時にスタートして競走しました。ウサギの速さはカメの速さの２．５倍でしたが，ウサギは途中で昼《ひる》寝《ね》をしたので，ウサギがゴールしたのは，カメがゴールしてから１０分後でした。次の問いに答えなさい。

（１）次の図は，カメがスタートしてからゴールするまでの様子と，ウサギがスタートしてから休けいする前までの様子を表しています。図の中にウサギがゴールするまでの様子をかき入れなさい。
（時間の間かく等は気にせずに，どのような動きかがわかればよい。）

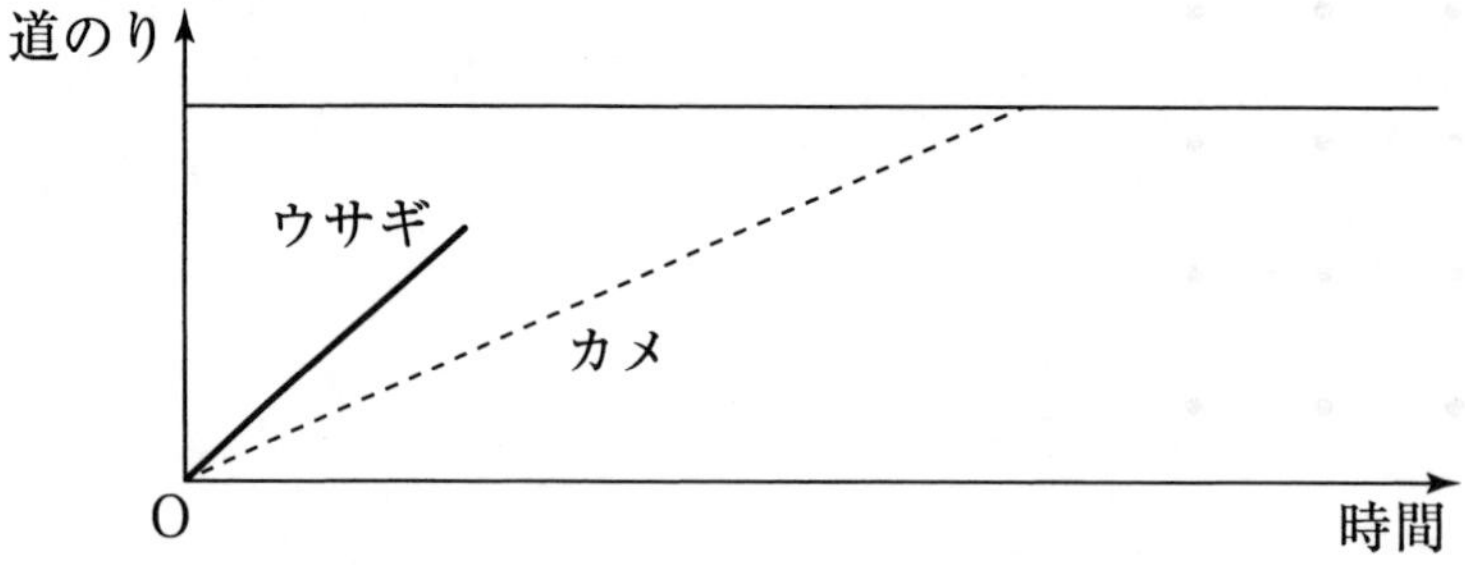

（２）カメの速さが時速２km，ウサギの昼寝の時間が１時間４０分のとき，競走した道のりを答えなさい。

5 碁《ご》石を下のように三角形に並べるとき，次の問いに答えなさい。

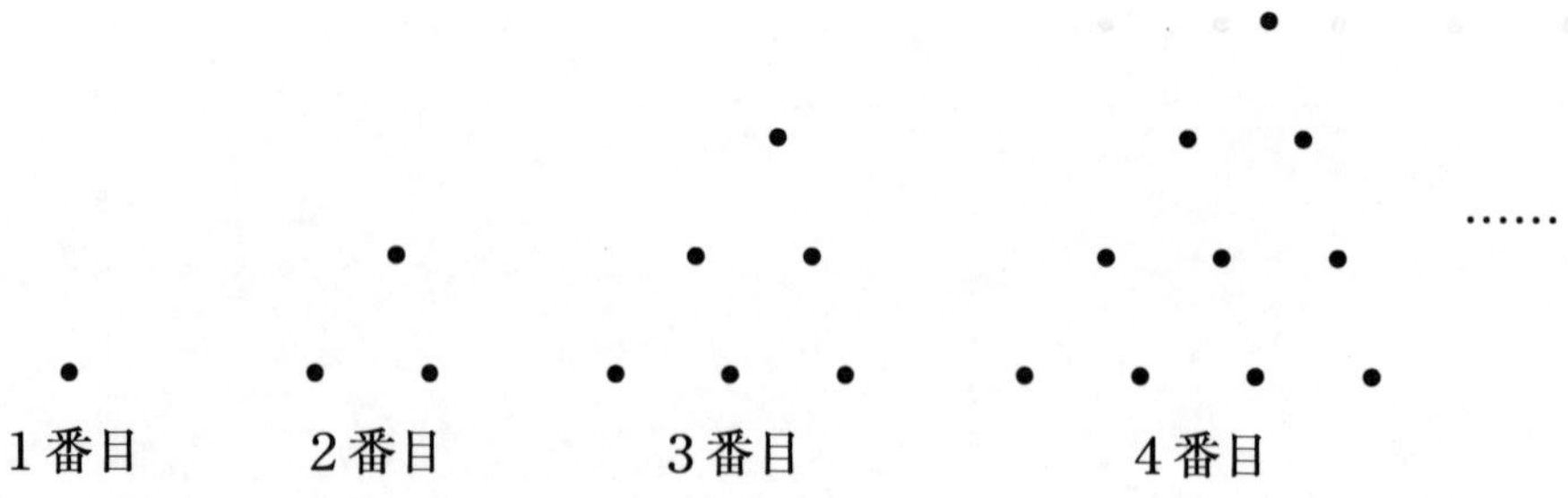

（１）１０番目の三角形に使う碁石の数は何個か答えなさい。

（２）碁石を１３６個使うのは何番目の三角形か答えなさい。

6 下の図は，底面が台形の四角柱を展開した図です。次の問いに答えなさい。

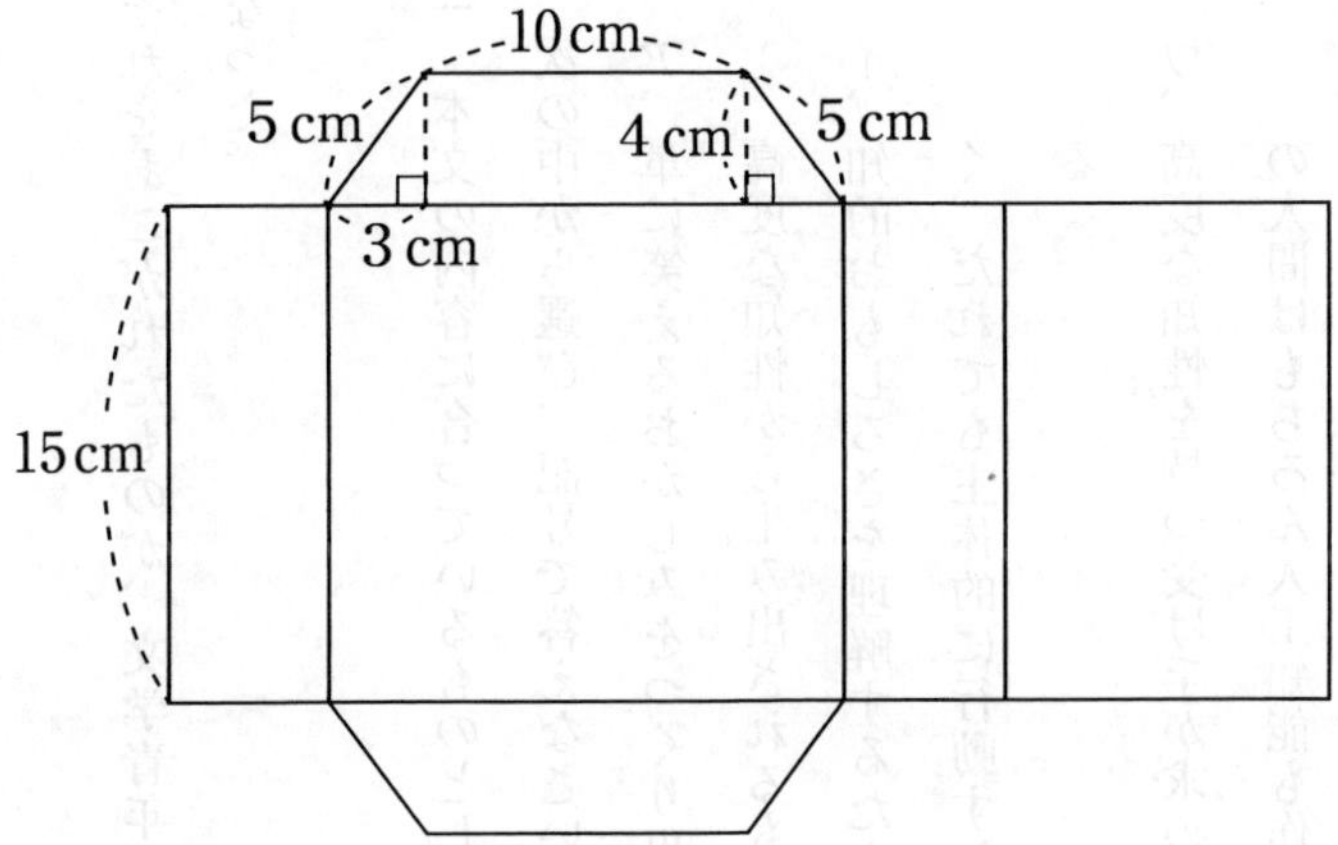

(１) この立体の表面積を答えなさい。

(２) この立体の体積を答えなさい。

問十　次の文は、文章中のA～Dのどの箇所《かしょ》に入りますか。最もふさわしい箇所を選び、記号で答えなさい。

それをあこがれたものが、文学青年になった。文学少女になった。

問十一　本文の内容に合っているものとして最もふさわしいものを次の中から選び、記号で答えなさい。

ア、単に笑えるおかしみをつくり出すユーモアとは違って、高度な知性から生み出されるものがヒューマーである。

イ、知的おもしろさを理解するために高度な知性は必要なく、だれでも主体的に行動すれば感じ取ることができる。

ウ、高度な知性を持つ受け手が求めるおもしろさは、送り手の人間はもちろん人工知能も作り出すことは絶対に無理だろう。

エ、文化が洗練されていなかったときには、だれもがことばの送り手になることができ、文化の貴族を名乗ることができた。

七

あなたが本や授業を通して面白いと感じた経験を一つあげ、その内容を百五十字以内でまとめてください（句読点や記号も一字と数えること）。

問六　――6「読者が伸びない」とは、どのような意味ですか。最もふさわしいものを次の中から選び、記号で答えなさい。

ア、読者数が増えないということ。
イ、読者に知的な成長がないということ。
ウ、読者の年齢層《ねんれいそう》が広がらないということ。
エ、読者の注文の難易度が上がらないということ。

問七　――7「もうすこし味のあることば」とは、どのような「ことば」ですか。「～のあることば」につながる形で文章中から七字でぬき出しなさい。

問八　――8「いささか」の意味として最もふさわしいものを次の中から選び、記号で答えなさい。

ア、いつも
イ、すこし
ウ、まったく
エ、もしかすると

問九　――9「受動的主体性」とはどのようなことを指していますか。その説明として最もふさわしいものを次の中から選び、記号で答えなさい。

ア、送り手が退屈なニュースを提供するので受け手は退屈しており、ニュースについて自分の意見を持つことをあきらめるようになったということ。
イ、賢い受け手がことば文化の主役になることを目指して、おもしろい事件やニュースをさがし求め、情報を発信する側に回るために努力をすること。
ウ、送り手は次々と新しいニュースを提供するが、受け手がそれをそのまま受け入れるのではなく、自分の判断に基づいて興味や関心を寄せること。
エ、インターネットによっていろいろなニュースが提供されるようになったが、それによって受け手が新聞・雑誌などをまったく読まなくなったこと。

問一　——１「文化が若いとき」とはどのような意味ですか。最もふさわしいものを次の中から選び、記号で答えなさい。

ア、少年期から青年期のまだ価値観や考え方が成熟していないとき。

イ、社会全体として若年層が多く、若者中心の世の中だったとき。

ウ、文章の書き手が若く、執筆《しっぴつ》経験が不足しているとき。

エ、社会の中で共有される考え方が成熟していないとき。

問二　——２「（　　）が違う」とありますが、「物事における地位や等級などが異なる」という意味になるように（　　）にあてはまる言葉を漢字一字で答えなさい。

問三　——３「しおらしく」の意味として最もふさわしいものを次の中から選び、記号で答えなさい。

ア、元気で熱心な様子。

イ、控《ひか》えめで従順な様子。

ウ、わんぱくで言うことを聞かない様子。

エ、納得《なっとく》がいかずにふてくされた様子。

問四　［４］にあてはまる言葉として最もふさわしいものを次の中から選び、記号で答えなさい。

ア、あばれん坊の読者

イ、とくべつな読者

ウ、もの言う読者

エ、沈黙《ちんもく》の読者

問五　——５「送り手と対等な受け手ということを考えることがなかった」とありますが、その理由を述べた次の文の空らんにあてはまる言葉を、文字数に従ってそれぞれ文章中からぬき出しなさい。

（　１　六字　）において、送り手は（　２　二字　）的に（　３　二字　）存在であり、受け手が送り手と同じように意見を持つことは（　４　四字以内　）と考えられていたから。

現を要求する。

C

いまの受け手は退屈《たいくつ》している。刺激を求めている。しかし、切ったはったの凶悪《きょうあく》事件のニュースなどはお呼びでない。7もうすこし味《あじ》のあることばがほしい。そう考える知的読者がふえていることは、社会として喜んでいいことで、送り手は、そういう受け手を8いささか扱《あつか》いかねている。

ただ新しいというだけのニュースらはキカイが提供してくれる。退屈気味の新しい受け手は、9受動的主体性ともいうべきものを、それとは気づかずに求めている。

具体的に言えば、事件のニュースはおもしろいが、なにか欠けている感じである。ケバケバしくはないが、読んでいて、ニンマリ、なるほどネ、これはおもしろい。そう思えるものがあれば、すこしくらい高くても手に入れようとする。知的興味、おもしろさがほしい人たちがかつてないほどふえている。放置しておくのは、送り手の*5怠慢《たいまん》であるかもしれない。

おもしろさは、解釈《かいしゃく》する受け手にとって、もっともおもしろいが、そういうことばを見つけるのは、高度の知性を必要とする。

その知的おもしろさをつくり出すのが、ヒューマーである。われわれの国は、真面目、正直を大事にするが、古くからヒューマーに欠けていた。ユーモアということばはあるが、知的興味のもとヒューマーとは異質である。

世界的に見てもヒューマーを解し、喜ぶ社会は少数である。イギリス人はヒューマーにかけては先進的であるが、アメリカは及《およ》ばず、ジョークを喜ぶ。フランスは*6フモールを大切にするが、実直なドイツ人の笑いは知的興味に欠けるように見受けられる。

D

日本はそういう国々と比べて、はっきり、おもしろさが欠けているように見受けられる。

人工知能も、新しいおもしろさの創出には手を焼くであろう。高《こう》齢《れい》化《か》社会では、これまで以上に、知的興味が求められる。

（外山滋比古《しげひこ》『伝達の整理学』より。）

＊1　おしいただいて…うやうやしく頭の上にささげ持って。
＊2　仰敬…うやまいあおぐこと。
＊3　デモクラシー…民主主義。
＊4　高等教育…大学などで行われている教育のこと。
＊5　怠慢…なまけて、仕事をおこたること。
＊6　フモール…英語の「ユーモア」と同義語。

六　次の文章を読んで、後の問いに答えなさい。

1文化が若いとき、ことばの送り手になるのは、ちょっとした特権であった。だれにでもなれるというわけではない。いろいろ条件に恵《めぐ》まれた人が、ことばの送り手、書き手、筆者になることができた。文化の貴族である。受け手だって、だれでもなれるわけではないが、送り手とは2（　）が違《ちが》う。

小学校の児童が、授業のはじめに教科書を開くとき、*1おしいただいて、軽くおじぎをするようにしつけられていた。あばれん坊も、3しおらしく教科書をおしいただいた。床《ゆか》の上へ本をおとすのはいけないことである。それをふんづけるのはたいへん不敬だとされた。

受け手は送り手をとくべつえらい人だと思うようにしつけられていたようである。

A

そういう受け手にとって、送り手は*2仰敬《ぎょうけい》のまとである。送り手の意味というものがあるなら、それが絶対的で、受け手の意味をもつことは不敬の業《わざ》のように思われていて、4が生まれた。

政治や経済において、受け手が力をつけて、*3デモクラシー、消費者優位の文化が大きくなっても、ことばの文化においては、受け手は認知されなかった。すくなくとも、5送り手と対等な受け手ということを考えることがなかった。進んでいるのか、遅《おく》れているのか、ではない。強いかどうかである。

*4高等教育の普及《ふきゅう》は送り手も強化したが、それ以上に、受け手を育成し、賢《かしこ》い受け手が増加したのである。おっとり構えた送り手が、昔ながらの作り話をつくっても、新しい受け手はかつてのようには喜ばなくなった。

B

新聞・雑誌は送り手のチャンピオンであるが、受け手の注文にこたえるのに苦労する。6読者が伸《の》びない。それどころか、うっかりしていると読者から見すてられる。送り手は、あわて、あせり出しているように見受けられる。

まだ、ごく一部だが、カネを出している読者はことば文化の主役になりうると感じる人たちが本離《ばな》れ、活字離れをおこしている。さすがに送り手もいくらかアワテ気味で、どうしたら読者を満足させられるか。これまで以上に気をつかっているように見受けられる。

受け手は、いよいよ、気難しくなって、新しいことば、新しい表

問六　[5] にあてはまる言葉を、これより前の文章中から二字でぬき出しなさい。

問七　[6] にあてはまる言葉として最もふさわしいものを次の中から選び、記号で答えなさい。
ア、本当にもう少しで死んでしまうのではないか。
イ、本当にもう少し生きるのではないか。
ウ、悲しみに暮れてしまうのではないか。
エ、お化けになって私の前に現れてくれるのではないか。

問八　――7「母はうつむいて、ちらりと私を見た」とありますが、このときの「母」の様子として最もふさわしいものを次の中から選び、記号で答えなさい。
ア、おばあちゃんのきつい言動にうんざりし、悲しくなったのと同時に「私」に助けを求めている。
イ、常識が無いことをしかられている姿を娘が見て、自分のことを軽べつすることをおそれている。
ウ、おばあちゃんの機嫌が悪いのは本が見つからないせいだということで「私」に八つ当たりをしている。
エ、おばあちゃんに残された時間が少ないことに深い悲しみを感じ、娘には同じ思いをさせまいと思っている。

問九　――8「（　）をつける」について、「欠点を見つけてけなす」という意味になるように（　）にあてはまる言葉をひらがな二字で答えなさい。

問十　――9「母の泣き声を聞いていると、心がスポンジ状になって濁った水を吸い上げていくような気分になる」とありますが、このときの「私」の気持ちとして最もふさわしいものを次の中から選び、記号で答えなさい。
ア、母が泣いている様子を見て、母に頼《たよ》りなさを感じてしまい、これから先のことを不安に思っている様子。
イ、余命わずかのおばあちゃんの悪口を裏で言う母を見て、母をきらう気持ちがますます強くなっている様子。
ウ、厳しかった母の弱い部分を見たことで親近感が増していき、母をクラスメイトのように感じている様子。
エ、母が泣くのを目の前で見たことで母を頼る気持ちがなくなり、自分だけでも強く生きようと決心した様子。

問一　（　A　）～（　D　）にあてはまる最もふさわしいものを、次の中からそれぞれ選び、記号で答えなさい（同じ記号を二回使ってはいけません）。

ア、ふいと　　イ、すごすご　　ウ、ぽかんと

エ、はっと　　オ、ぴしゃりと

問二　――1「すねたように言った」とありますが、その理由として最もふさわしいものを次の中から選び、記号で答えなさい。

ア、孫が本をさがしてくれたことがうれしかったが、素直《すなお》な気持ちになれずにいるから。

イ、かわいい孫が本屋の店員に冷たい態度を取られたことを知り、いきどおりを感じたから。

ウ、本をさがしてくれた孫に対して冷たい態度を取ってしまったことを反省しているから。

エ、さがしている本が見つからなかった上に、本のタイトルが間違っていると疑われたから。

問三　――2「私の知っているおばあちゃんより、ずいぶんちいさくなってしまった」とありますが、そのように感じたのはなぜですか。その理由として最もふさわしいものを次の中から選び、記号で答えなさい。

ア、わがまま放題のおばあちゃんに対して、尊敬する気持ちが弱まっていったから。

イ、余命わずかとなったおばあちゃんの体は弱り、以前よりもやせ細っているから。

ウ、おばあちゃんと遊んでもらったころに比べ、自分の体が成長して大きくなったから。

エ、思い通りにならずに機嫌《きげん》が悪いおばあちゃんを見て、まるで子どもだと感じたから。

問四　――3「それ」が指すものを「～ということ。」につながる形で、主語を補って二十字以内で答えなさい。

問五　――4「雑然とした本屋、歴史小説の多い本屋、店員の親切な本屋、人のまったく入っていない本屋」に使われている表現技法として最もふさわしいものを次の中から選び、記号で答えなさい。

ア、擬人《ぎじん》法　　イ、倒置《とうち》法　　ウ、比喩《ひゆ》　　エ、体言止め

た。手にしていたそれを、テレビの上に飾《かざ》り、おばあちゃんに笑いかける。母はあの日から泣いていない。

「もうすぐクリスマスだから、気分だけでもと思って」母はおばあちゃんをのぞきこんで言う。

「あんた、知らないのかい、病人に鉢なんか持ってくるもんじゃないんだよ。鉢に根付くように、病人がベッドに寝付いちまう、だから縁起が悪いんだ。まったく、いい年してなんにも知らないんだから」

7 母はうつむいて、ちらりと私を見た。

「クリスマスっぽくていいじゃん。クリスマスが終わったら私が持って帰るよ」

母をかばうように私は言った。おばあちゃんの乱暴なもの言いに私は慣れているのに、もっと長く娘をやっている母はなぜか慣れていないのだ。

案の定、その日の帰り、タクシーのなかで母は泣いた。またもや私は、ひ、と思う。

「あの人は昔からそうなのよ。私のやることなすことすべてに8（　　）をつける。よかれと思ってやっていることがいつも気にくわないの。私、何をしたってあの人にお礼を言われたことなんかないの」

タクシーのなかで泣く母は、クラスメイトの女の子みたいだった。9 母の泣き声を聞いていると、心がスポンジ状になって濁《にご》った水を吸い上げていくような気分になる。

ああ、と私は思った。これからどうなるんだろう？　本は見つかるのか？　おばあちゃんは死んじゃうのか？　おかあさんとおばあちゃんは仲良くなるのか？　なんにもわからなかった。だって私は十四歳《さい》だったのだ。

（角田光代「さがしもの」より。）

員だったらね、あちこち問い合わせて、根気よく調べてくれるはずなんだ」

そうして（　C　）横を向き、そのままいびきをかいて眠《ねむ》ってしまった。

私はメモ書きを手にしたまま、パイプ椅子《いす》に座って空を見た。季節は冬になろうとしていた。空から目線を引き下げると、バス通りと、バス通りを縁取《ふちど》る街路樹が見えた。木々の葉はみな落ちて、寒々しい枝が四方に広がっている。

すねて眠るおばあちゃんに視線を移す。2私の知っているおばあちゃんより、ずいぶんちいさくなってしまった。それでも、もうすぐ死んでしまう人のようにはどうしても見えない。また、もうすぐ死んでしまうのだと思っても、不思議と私はこわくなかった。きっと、3それがどんなことなのか、まだ知らなかったからだろう。今そこにいるだれかが、永遠にいなくなってしまうということが、いったいどんなことなのか。

その日から私は病院にいく前に、書店めぐりをして歩いた。繁華《はんか》街《がい》や、隣町《となりまち》や、電車を乗り継《つ》いで都心にまで出向いた。いろんな本屋があった。4雑然とした本屋、歴史小説の多い本屋、店員の親切な本屋、人のまったく入っていない本屋。しかしそのどこにも、おばあちゃんのさがす本はなかった。

手ぶらで病院にいくと、おばあちゃんはきまって［ 5 ］した顔をする。何か意地悪をしているような気持ちになってくる。

「あんたがその本を見つけてくれなけりゃ、死ぬに死ねないよ」

あるときおばあちゃんはそんなことを言った。

「死ぬなんて、そんなこと言わないでよ、縁起《えんぎ》でもない」

言いながら、（　D　）した。私がもしこの本を見つけださなければ、おばあちゃんは［ 6 ］ということは、見つからないほうがいいのではないか。

「もしあんたが見つけだすより先にあたしが死んだら、化けて出てやるからね」

私の考えを読んだように、おばあちゃんは真顔で言った。

「だって本当にないんだよ。新宿にまでいったんだよ。いったいいつの本なのよ」

本が見つかることと、このまま見つけられないことと、どっちがいいんだろう。そう思いながら私は口を尖《とが》らせた。

「最近の本屋ってのは本当に困ったもんだよね。少し古くなるといい本だろうがなんだろうがすぐひっこめちまうんだから」

おばあちゃんがそこまで言いかけたとき、母親が病室に入ってきた。おばあちゃんは口をつぐむ。母はポインセチアの鉢《はち》を抱《かか》えてい

問一 [1]にあてはまる言葉を会話文中から四字でぬき出しなさい。

問二 次の競技の中で、東京オリンピック２０２０の**正式競技ではないもの**を次の中から一つ選び、記号で答えなさい。

ア、野球　　イ、弓道

ウ、スポーツクライミング　　エ、柔道

問三 会話文の内容と照らし合わせて、正しいものを次の中から一つ選び、記号で答えなさい。

ア、空手は日本発祥《はっしょう》の競技として、一九六四年の東京オリンピックで初めて正式種目に加えられた競技である。

イ、剣道は鎌倉時代以降に刀ではなく竹刀を用いるようになり、武士の精神を学ぶための武道として発展していった。

ウ、相撲はオリンピック種目では飛鳥時代から行われている最古の競技で、現在では日本の国技として広く愛されている。

エ、弓術は鉄砲の伝来をきっかけに衰退《すいたい》したが、心身を鍛練《たんれん》することを目的とした弓道として現代に受け継《つ》がれている。

五 **次の文章を読んで、後の問いに答えなさい。**

中学二年生の羊子は、余命がわずかと宣告されたおばあちゃんに、ある本をさがしてほしいと頼《たの》まれます。大型書店でその本をさがしますが、見つかりませんでした。

「おばあちゃん、なかったよ」

そのまま病院に直行して言うと、おばあちゃんはあからさまに落《らく》胆《たん》した顔をした。こちらが落ちこんでしまうくらいの落胆ぶりだった。

「本のタイトルとか、書いた人の名前が、違《ちが》ってるんじゃないかって」

「違わないよ」（　Ａ　）おばあちゃんは言った。「あたしが間違えるはずがないだろ」

「だったら、ないよ」

おばあちゃんは私の胸のあたりを見つめていたが、

「さがしかたが、甘《あま》いんだよ」1すねたように言った。「どうせ、一《いっ》軒《けん》いってないって言われて（　Ｂ　）帰ってきたんだろ。店員も、あんたとおんなじような若い娘《むすめ》なんだろ。もっと知恵《ちえ》のある店

四 次の会話文を読んで、後の問いに答えなさい。

先生…「昨年は東京五輪２０２０が開催《かいさい》されましたね。」

生徒…「新競技のスケートボードで同年代の選手がメダルを獲得《かくとく》したのが印象的でした。」

先生…「今大会では、スケートボードや野球、スポーツクライミングなど五競技が追加されましたが、その中の『空手』は*1琉球《りゅうきゅう》王国の士族が教養として学んだ護身術が起源であるといわれています。そこに中国武術が加わり現在の空手へ発展していきました。」

生徒…「メダル獲得数の多かった柔道《じゅうどう》も日本が起源の競技ですね。」

先生…「そうです。柔道は素手《すで》で戦う『柔術』が元になっていて、明治時代には現在の試合のかたちになり、一九六四年の東京オリンピックで初めて正式種目に加えられました。オリンピック種目以外でも、日本が起源とされている競技は他に何がありますか。」

生徒…「相撲《すもう》や剣道はどうでしょうか。」

先生…「相撲も剣道も日本が起源の競技です。相撲はもともと農作物の収穫を占《うらな》う儀式《ぎしき》として行われ、飛鳥時代以前からあったと考えられています。盛んに行われるようになったのは、主に武士が政治を行った鎌倉時代以降です。また、剣道はもともと戦いで刀を使って敵を倒《たお》す技術です。『剣術』として発達しましたが、江戸時代になり戦いが少なくなり刀を使う機会が少なくなりました。そこで刀を竹でできた竹刀《しない》に換《か》えて剣術の腕《うで》をみがいたことはもちろんのこと、武士としての精神を学んだことが現在の剣道につながっています。」

生徒…「弓道《きゅうどう》も戦いで［１］技術をみがいた競技ではありませんか。」

先生…「弓道は、戦いで弓矢を使うための『弓術』として武士に広まりました。しかし、十六世紀に鉄砲《てっぽう》が伝来すると戦闘具《せんとうぐ》としての弓の時代は終わり、弓術は次第に武士の身体と心をきたえることを目的とした弓道になっていきました。このように、日本生まれの競技のなかには儀式や戦いが元になっていることが多いです。日本の伝統的なスポーツの多くは、強さを求めるだけでなく、心をきたえることも目的としています。」

＊1　琉球王国…かつて日本の南西諸島に存在した王制の国。

二〇二二年度 横須賀学院中学校

【国語】〈1次B試験〉（五〇分）〈満点：一〇〇点〉

※ぬき出し問題や記述問題では、句読点や記号も一字と数えること。

一

次の――部について、漢字はひらがなに、カタカナは漢字に直しなさい。

1 その分野はセンモン外です。
2 試合中にけがをするというフソクの事態が起こった。
3 布を赤くソめる。
4 問題が解決にイタる。
5 時代の潮流に乗る。
6 体裁を整える。
7 思わず目を背ける。
8 友人の機嫌《きげん》を損ねてしまった。

二

□の中の漢字を組み合わせて、次の1～6の意味になる二字の熟語をそれぞれ答えなさい。

1 いきいきとして勢いがよいこと。
2 丈夫《じょうぶ》で暮らしていること。
3 争いをやめて仲直りすること。
4 言い広めること。
5 やむを得ず省略すること。
6 簡単でたやすいこと。

健	軽	手	在	発	和
散	愛	解	拡	割	活

三

(1) 次の――部をそれぞれ漢字に直し、四字熟語を完成しなさい。

1 十人トイロ　2 針小ボウダイ
3 空前ゼツゴ　4 バジ東風

(2) また、次の内容に合った四字熟語を(1)の1～4の中からそれぞれ選び、番号で答えなさい。

ア、人の意見や批評を心に留めずに聞き流すこと。
イ、今までに例がなく、これからもあり得ないこと。

2022年度
横須賀学院中学校　▶解説と解答

算　数　＜１次Ｂ試験＞（50分）＜満点：100点＞

解　答

[1] (1) 0　(2) 1.1　(3) 9　(4) $\frac{2}{15}$　(5) 414.5　(6) $1\frac{3}{5}$　(7) $\frac{1}{2}$　(8) $\frac{1}{2}$
[2] (1) 5　(2) 4000本　(3) 150ページ　(4) 78点　(5) 123　(6) 2036円　(7) 時速12.5km　[3] (1) 5 cm^2　(2) （例） 解説の図②を参照のこと。　[4] (1) 解説の図を参照のこと。　(2) 5 km　[5] (1) 55個　(2) 16番目　[6] (1) 644cm^2　(2) 780cm^3

解　説

[1] 四則計算，計算のくふう

(1) $196 \div 14 - 49 \div 7 \times 2 = 14 - 7 \times 2 = 14 - 14 = 0$

(2) $2 + 8 \div 5 - 2\frac{1}{2} = 2 + 1.6 - 2.5 = 1.1$

(3) $121 \div 7 - 46 \div 14 - 5 = 17\frac{2}{7} - 3\frac{2}{7} - 5 = 9$

(4) $0.3 - \left(\frac{5}{12} - \frac{1}{6}\right) \div 1\frac{1}{2} = 0.3 - \left(\frac{5}{12} - \frac{2}{12}\right) \div 1\frac{1}{2} = 0.3 - \frac{1}{4} \div 1\frac{1}{2} = 0.3 - \frac{1}{4} \div \frac{3}{2} = 0.3 - \frac{1}{4} \times \frac{2}{3} = 0.3 - \frac{1}{6}$
$= \frac{3}{10} - \frac{1}{6} = \frac{9}{30} - \frac{5}{30} = \frac{2}{15}$

(5) $82.9 \times 3.5 + 8.29 \times 15 = 8.29 \times 10 \times 3.5 + 8.29 \times 15 = 8.29 \times 35 + 8.29 \times 15 = 8.29 \times (35 + 15) = 8.29 \times 50$
$= 414.5$

(6) $\frac{2}{1 \times 2} = \frac{1}{1 \times 2} \times 2 = \left(\frac{1}{1} - \frac{1}{2}\right) \times 2$ より，$\frac{2}{1 \times 2} + \frac{2}{2 \times 3} + \frac{2}{3 \times 4} + \frac{2}{4 \times 5} = \frac{1}{1 \times 2} \times 2 + \frac{1}{2 \times 3} \times 2 + \frac{1}{3 \times 4} \times 2 + \frac{1}{4 \times 5} \times 2 = \left(\frac{1}{1 \times 2} + \frac{1}{2 \times 3} + \frac{1}{3 \times 4} + \frac{1}{4 \times 5}\right) \times 2 = \left(\frac{1}{1} - \frac{1}{2} + \frac{1}{2} - \frac{1}{3} + \frac{1}{3} - \frac{1}{4} + \frac{1}{4} - \frac{1}{5}\right) \times 2 = \left(\frac{1}{1} - \frac{1}{5}\right) \times 2 = \frac{4}{5} \times 2 = 1\frac{3}{5}$

(7) $0.375 \times 0.875 + 0.25 - 0.125 \div 1.6 = \frac{3}{8} \times \frac{7}{8} + \frac{1}{4} - \frac{1}{8} \div \frac{8}{5} = \frac{21}{64} + \frac{1}{4} - \frac{1}{8} \times \frac{5}{8} = \frac{21}{64} + \frac{16}{64} - \frac{5}{64} = \frac{1}{2}$

(8) $2 - 2\frac{1}{7} \times \left(1\frac{1}{2} - 0.4\right) \div 1\frac{4}{7} = 2 - 2\frac{1}{7} \times (1.5 - 0.4) \div 1\frac{4}{7} = 2 - 2\frac{1}{7} \times 1.1 \div 1\frac{4}{7} = 2 - \frac{15}{7} \times \frac{11}{10} \div \frac{11}{7}$
$= 2 - \frac{15}{7} \times \frac{11}{10} \times \frac{7}{11} = 2 - 1\frac{1}{2} = \frac{1}{2}$

[2] 逆算，割合と比，相当算，平均，分数の性質，調べ，速さと比

(1) $1.8 \times \square \div 4\frac{1}{2} = 2$ より，$\square = 2 \times 4\frac{1}{2} \div 1.8 = 2 \times \frac{9}{2} \div \frac{9}{5} = 2 \times \frac{9}{2} \times \frac{5}{9} = 5$

(2) クギ８本で20ｇだから，１本の重さは，$20 \div 8 = 2.5$（ｇ）である。10kg＝（10×1000）ｇ＝10000ｇより，このクギを，10000÷2.5＝4000（本）集めると10kgになる。

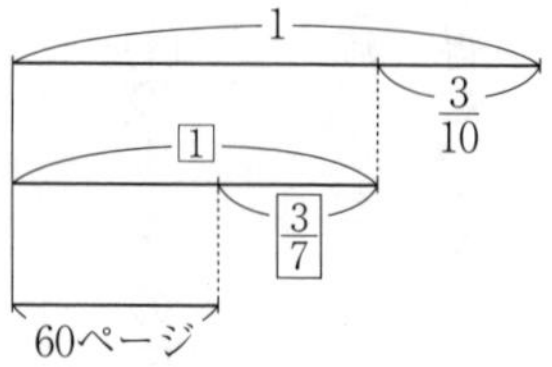

(3) 読んだ本のページ数を線分図で表すと，右の図のようになる。この図から，本全体の，$\left(1 - \frac{3}{10}\right) \times \left(1 - \frac{3}{7}\right) = \frac{2}{5}$が60ページにあたると

わかるので，この本は，$60\div\frac{2}{5}=150$(ページ)ある。

(4) A君の4科目の点数の合計は，$84\times4=336$(点)で，そのうち国語，算数，理科の3科目の点数の合計は，$86\times3=258$(点)だから，社会の点数は，$336-258=78$(点)となる。

(5) 0.492をこれ以上約分できない分数で表すと，$\frac{492}{1000}=\frac{123}{250}$になるので，これに整数$A$をかけて積を整数にするには，$A$が250の倍数であればよい。つまり，最小の$A$は250で，このときの最小の$B$は，$\frac{123}{250}\times250=123$である。

(6) 定価1760円の品物に，消費税が加わると，$1760\times(1+0.1)=1936$(円)になる。一の位の6円は，5円玉1枚と1円玉1枚で，十の位の30円は，10円玉3枚でちょうど払《はら》える。残りの1900円については，1000円札2枚の2000円で払うことによって，おつりを，$2000-1900=100$(円)にすることができる。よって，おつりの硬貨《こうか》の枚数をもっとも少なくするためには，1000円札2枚，10円玉3枚，5円玉1枚，1円玉1枚の合計2036円を払えばよい。

(7) 道のり全体の$\frac{2}{5}$を時速12kmで走り，$1-\frac{2}{5}=\frac{3}{5}$を時速15kmで走るとき，かかる時間の比は，$\left(\frac{2}{5}\div12\right):\left(\frac{3}{5}\div15\right)=\frac{1}{30}:\frac{1}{25}=5:6$である。この比の和の，$5+6=11$が1時間50分，つまり，$50\div60=\frac{5}{6}$より，$1\frac{5}{6}$時間にあたるから，時速12kmで走るのは，$1\frac{5}{6}\times\frac{5}{11}=\frac{5}{6}$(時間)，時速15kmで走るのは，$1\frac{5}{6}-\frac{5}{6}=1$(時間)である。したがって，A地点とB地点は，$12\times\frac{5}{6}+15\times1=25$(km)離《はな》れているので，全体を，時速，$25\div2=12.5$(km)で走り続けると2時間かかる。

3 平面図形―面積，構成

図①

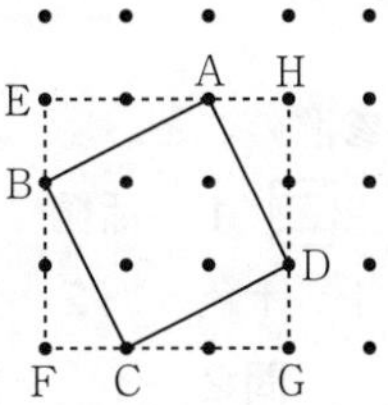

図②

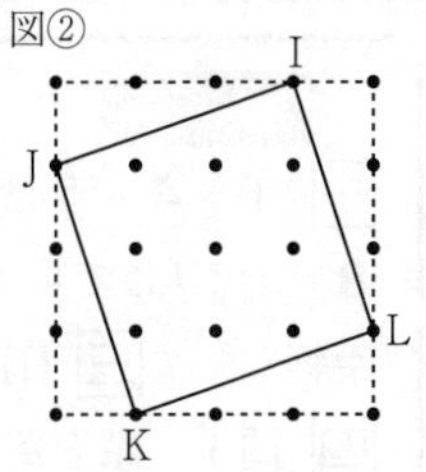

(1) 右の図①で，正方形EFGHの面積は，$3\times3=9$ (cm^2)である。また，三角形AEB，BFC，CGD，DHAの面積はいずれも，$2\times1\div2=1$ (cm^2)である。よって，正方形ABCDの面積は，$9-1\times4=5$ (cm^2)となる。

(2) (1)と同様に考える。問題文中の図の中にかくことのできるもっとも大きな正方形の面積は，$4\times4=16$(cm^2)で，ここから直角三角形を4つ除いて10cm^2にするには，直角三角形1つの面積を，$(16-10)\div4=1.5$(cm^2)にする必要がある。$1.5=3\times1\div2$より，直角をはさむ2辺の長さが3 cm，1 cmの直角三角形であれば，面積が1.5cm^2になるので，たとえば右上の図②の四角形IJKLが面積10cm^2の正方形になる。

4 速さと比，グラフ

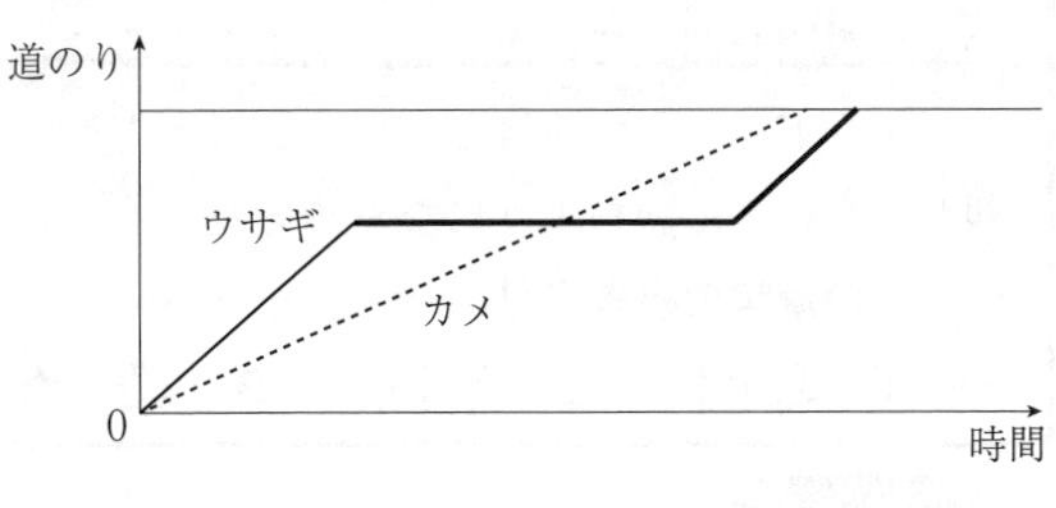

(1) ウサギは休けいしている間先に進まない。また，ウサギの速さはカメの速さの2.5倍で，ウサギがゴールしたのは，カメがゴールしてから10分後だから，ウサギがゴールするまでのグラフは右の図のようになる。

(2) ウサギの昼寝の時間が1時間40分で，ウサギがゴールしたのはカメがゴールしてから10分後だから，もしウサギが昼寝をしていなければ，ウサギはカメよりも，1時間40分－10分＝1時間30分早くゴールする。ウサギとカメの速さの比は，$2.5:1=5:2$で，スタートしてから休まずに進んでゴールするまでにかかる時間の比は，$\frac{1}{5}$：

$\frac{1}{2}$＝２：５となる。この比の差の，５－２＝３が１時間30分，つまり，30÷60＝0.5より，1.5時間にあたるから，カメはスタートしてからゴールするまで，1.5×$\frac{5}{3}$＝2.5(時間)かかったとわかる。よって，競走した道のりは，２×2.5＝５(km)である。

5 図形と規則

(1) １番目は１個，２番目は，１＋２＝３(個)，３番目は，１＋２＋３＝６(個)，４番目は，１＋２＋３＋４＝10(個)と，整数を１から順に加えた和になっている。よって，10番目の三角形に使う碁石《ごいし》の数は，１＋２＋３＋…＋10＝(１＋10)×10÷２＝55(個)とわかる。

(2) (1)より，１＋２＋３＋…＋16＝136だから，碁石を136個使うのは16番目の三角形である。

6 立体図形―展開図，表面積，体積

(1) 問題文中の展開図より，底面の台形の上底は10cm，下底は，３＋10＋３＝16(cm)，高さは４cmだから，１つ分の底面積は，(10＋16)×４÷２＝52(cm^2)である。また，底面の台形の周りの長さは，10＋５＋16＋５＝36(cm)なので，四角柱の側面積は，たて15cm，横36cmの長方形の面積と等しくなり，15×36＝540(cm^2)になる。よって，四角柱の表面積は，52×２＋540＝644(cm^2)と求められる。

(2) (1)より，四角柱の底面積は52cm^2，高さは15cmだから，体積は，52×15＝780(cm^3)となる。

国　語　＜１次Ｂ試験＞(50分)＜満点：100点＞

解　答

一　1～4　下記を参照のこと。　5　ちょうりゅう　6　ていさい　7　そむ(ける)　8　そこ(ねて)　二　1　活発　2　健在　3　和解　4　拡散　5　割愛　6　手軽　三　(1)　1　十色　2　棒大　3　絶後　4　馬耳　(2)　ア　4　イ　3　四　問1　敵を倒す　問2　イ　問3　エ　五　問1　A　オ　B　イ　C　ア　D　エ　問2　エ　問3　イ　問4　(例)　おばあちゃんがもうすぐ死んでしまう(ということ。)　問5　エ　問6　落胆　問7　イ　問8　ア　問9　けち　問10　ア　六　問1　エ　問2　格　問3　イ　問4　エ　問5　1　ことばの文化　2　絶対　3　強い　4　不敬(不敬の業，不敬だ)　問6　ア　問7　知的おもしろさ　問8　イ　問9　ウ　問10　Ａ　問11　ア　七　(例)　国語の時間に，物語の登場人物の性格についての説明を聞いていたとき，先生がまるで私のことをしゃべっているような気がしました。それ以来，ドキッとするほど，自分と考え方や感じ方の似ている子の出てくる，その物語をとても親しみを持って読むようになりました。

●漢字の書き取り

一　1　専門　2　不測　3　染(める)　4　至(る)

解　説

一　漢字の読み書き

1　その分野や仕事について，特別な知識や技能を持つこと。　2　どのような結果になるか予測できないこと。　**3**　色づくこと。　**4**　たどりつくこと。　**5**　時代などの流れ。　**6**　見かけ。外見。　**7**　目をそらして，見ないようにすること。　**8**　台無しにすること。

二　熟語の知識

1　「活発」は，活気があって活動的であること。　**2**　「健在」は，健康で無事に暮らしていること。　**3**　「和解」は，対立していたもの同士が，仲直りすること。　**4**　「拡散」は，情報などが広がること。　**5**　「割愛」は，省略すること。　**6**　「手軽」は，簡単に取り組めること。

三　四字熟語の知識

(1)　**1**　「十人十色」は，人それぞれ個性があるということ。　**2**　「針小棒大」は，小さなことを大げさに言うこと。　**3**　「空前絶後」は，これまでにもこれからもないような特別なこと。　**4**　「馬耳東風」は，相手の忠告などを聞き流すこと。　(2)　**ア**　4の「馬耳東風」がこれにあたる。　**イ**　3の「空前絶後」がこの内容に合う。

四　会話文の読解

問1　弓道《きゅうどう》「も」とあるので，その前に書かれていた「剣道《けんどう》」と同じく，「敵を倒《たお》す技術」から発展したものだとわかる。

問2　今大会から，「野球」と「スポーツクライミング」が加わり，以前から「柔道《じゅうどう》」のメダルが多かったと書かれているので，正式種目でないのは，「弓道」だとわかる。

問3　一九六四年に正式種目となったのは柔道なので，アは誤りである。竹刀を用いたのは江戸時代なので，イは誤りである。相撲《すもう》はオリンピック種目ではないので，ウは誤りである。十六世紀に鉄砲《てっぽう》が伝来して弓術がおとろえ，武士の身体と心をきたえることを目的とした弓道になったとあるので，エは正しい。

五　出典は角田光代《かくたみつよ》の『さがしもの』による。余命がわずかであると宣告されたおばあちゃんに，本探しを頼《たの》まれた「羊子」(私)だったが，本はどこにも見当たらず，おばあちゃんと母の仲も悪いままであることに，途方《とほう》に暮れている。

問1　**A**　相手の言葉を聞き入れない厳しい口調は，「ぴしゃりと」である。　**B**　すぐに引き下がるようすを表すのは，「すごすご」である。　**C**　機嫌《きげん》を損ねて横を向くようすは，「ふいと」である。　**D**　自分の「死ぬなんて」という言葉から，思いがけないことに気づいているので，「はっと」があてはまる。

問2　おばあちゃんがすねているのは，人生で最後の願いだというような強い思いで，探してほしいと頼んだ本のことを，簡単に「ないよ」と言われてしまったからである。

問3　おばあちゃんがちいさくなってしまったのは，余命がわずかと宣告されるほど，体が弱っているからである。

問4　「それ」とは，「おばあちゃん」が，「もうすぐ死んでしまう」ことである。羊子は，人の死がどういうことなのか，「まだ知らなかった」のである。

問5　文末を「名詞」で終わる表現技法は，「体言止め」である。

問6　「何か意地悪をしているような気持ち」になるような表情は，がっかりした悲しそうな顔であるとわかるので，がっかりすることを意味する「落胆《らくたん》」があてはまる。

問7　本が見つからないと「死ぬに死ねない」ということは，本が見つからなければ，死なないで済むのではないかと思ったのである。

問８　母は，おばあちゃんを喜ばせようと思って，鉢植《はちう》えを持って行ったが，おばあちゃんにひどいことを言われてしまい，悲しくなっている。そして，救いを求めるような気持ちで羊子のほうを見たのである。

問９　「けちをつける」は，“相手の行動を非難するようなことを言う”という意味。

問10　「クラスメイトの女の子みたい」とは，母親が，子どものように頼《たよ》りなく見えたことを表している。また，スポンジは水をよく吸い込《こ》むものである。スポンジのような心に，濁《にご》った水が吸い上げられていくように，羊子の心は不安で濁っていくのである。

六　**出典は外山滋比古《とやましげひこ》の『伝達の整理学』による。**言葉の送り手と受け手の力関係の変化を考察しながら，現代の退屈《たいくつ》した受け手が送り手に求めているのは，知的興味であると述べている。

問１　「文化が若い」とは，文化がまだ成熟していないことである。ここでは，本来なら，多くの人に開かれるべき「書き手」になる資格が，限られた人のものだったことを指している。

問２　「格が違《ちが》う」は，相手と社会的地位や力に差があることである。ここでは，送り手のほうが，受け手よりも，格が上だったことを表している。

問３　「しおらしい」は，おとなしく，ひかえめなようすである。ここでは，あばれん坊《ぼう》が教科書に対しては，うやうやしい態度をとっていたことを表している。

問４　「送り手の意味」を「絶対的」なものだと考えるので，「受け手」は意見をはさまず，「沈黙《ちんもく》」するのである。

問５　「ことばの文化」において，「受け手」は認知《にんち》されず，送り手が「絶対的」な「強い」存在だったので，「受け手の意味」は「不敬の業《わざ》」だと考えられたのである。

問６　「読者から見すてられる」ことは，その新聞や雑誌を読者が買わなくなることを表している。そこから，「読者が伸《の》びない」ことは，その新聞や雑誌を買う読者が増えないことを表しているとわかる。

問７　筆者は，「知的読者」が増えるべきだと考えているので，「味のあることば」とは「知的おもしろさ」をつくり出すことばであるとわかる。

問８　“少しである”という意味。ここでは，送り手を絶対的なものと考えない「知的読者」が増えることに，「送り手」が少し困っていることを表している。

問９　「受動的」であるとは，ここでは「受け手」が情報を待つことを表している。また，「主体性」とは，「受け手」が，知的興味を満たしてくれるものを選ぼうとすることを表している。

問10　「送り手」のつくった文学に「あこがれ」るのは，送り手のことを，「とくべつえらい人」だと思うからだと，筆者は考えている。

問11　筆者は，知的なおもしろさをつくり出す「ヒューマー」が大切だと強調している。

七　**課題作文**

一文目に，「本や授業」の具体的な内容を書き，二文目に，「面白《おもしろ》いと感じた」ことを書くと，まとまりのよい答案になる。

Memo

Memo

2025年度用

中学スーパー過去問

■編集人 声の教育社・編集部
■発行所 株式会社 声の教育社
〒162-0814 東京都新宿区新小川町8-15
☎03-5261-5061㈹ FAX03-5261-5062
https://www.koenokyoikusha.co.jp

※本書の内容についての一切の責任は当社にあります。内容・解説・解答・その他は当社ホームページよりお問い合わせ下さい。

ストリーミング配信による入試問題の解説動画

2025年度用web過去問　ラインナップ

■ 男子・女子・共学(全動画) 見放題
36,080円(税込)

■ 男子・共学 見放題
29,480円(税込)

■ 女子・共学 見放題
28,490円(税込)

● 中学受験「声教web過去問(過去問プラス・過去問ライブ)」(算数・社会・理科・国語)

3～5年間 **24校**

過去問プラス

麻布中学校	桜蔭中学校	開成中学校	慶應義塾中等部	渋谷教育学園渋谷中学校
女子学院中学校	筑波大学附属駒場中学校	豊島岡女子学園中学校	広尾学園中学校	三田国際学園中学校
早稲田中学校	浅野中学校	慶應義塾普通部	聖光学院中学校	市川中学校
渋谷教育学園幕張中学校	栄東中学校			

過去問ライブ

栄光学園中学校	サレジオ学院中学校	中央大学附属横浜中学校	桐蔭学園中等教育学校	東京都市大学付属中学校
フェリス女学院中学校	法政大学第二中学校			

● 中学受験「オンライン過去問塾」(算数・社会・理科)

3～5年間 **50校以上**

東京	青山学院中等部	東京	国学院大学久我山中学校	東京	明治大学付属明治中学校	千葉	芝浦工業大学柏中学校	埼玉	栄東中学校
	麻布中学校		渋谷教育学園渋谷中学校		早稲田中学校		渋谷教育学園幕張中学校		淑徳与野中学校
	跡見学園中学校		城北中学校		都立中高一貫校 共同作成問題		昭和学院秀英中学校		西武学園文理中学校
	江戸川女子中学校		女子学院中学校		都立大泉高校附属中学校		専修大学松戸中学校		獨協埼玉中学校
	桜蔭中学校		巣鴨中学校		都立白鷗高校附属中学校		東邦大学付属東邦中学校		立教新座中学校
	鷗友学園女子中学校		桐朋中学校		都立両国高校附属中学校		千葉日本大学第一中学校	茨城	江戸川学園取手中学校
	大妻中学校		豊島岡女子学園中学校	神奈川	神奈川大学附属中学校		東海大学付属浦安中等部		土浦日本大学中等教育学校
	海城中学校		日本大学第三中学校		桐光学園中学校		麗澤中学校		茗渓学園中学校
	開成中学校		雙葉中学校		県立相模原・平塚中等教育学校		県立千葉・東葛飾中学校		
	開智日本橋中学校		本郷中学校		市立南高校附属中学校		市立稲毛国際中等教育学校		
	吉祥女子中学校		三輪田学園中学校	千葉	市川中学校	埼玉	浦和明の星女子中学校		
	共立女子中学校		武蔵中学校		国府台女子学院中学部		開智中学校		

web過去問 Q&A

過去問が動画化！
声の教育社の編集者や中高受験のプロ講師など、
過去問を知りつくしたスタッフが動画で解説します。

Q どこで購入できますか？
A 声の教育社のHPでお買い求めいただけます。

Q 受講にあたり、テキストは必要ですか？
A 基本的には過去問題集がお手元にあることを前提としたコンテンツとなっております。

Q 全問解説ですか？
A 「オンライン過去問塾」シリーズは基本的に全問解説ですが、国語の解説はございません。「声教web過去問」シリーズは合格のカギとなる問題をピックアップして解説するもので、全問解説ではございません。なお、「声教web過去問」と「オンライン過去問塾」のいずれでも取り上げられている学校がありますが、授業は別の講師によるもので、同一のコンテンツではございません。

Q 動画はいつまで視聴できますか？
A ご購入年度2月末までご視聴いただけます。
複数年視聴するためには年度が変わるたびに購入が必要となります。

よくある解答用紙のご質問

01

実物のサイズにできない

拡大率にしたがってコピーすると，「解答欄」が実物大になります。配点などを含むため，用紙は実物よりも大きくなることがあります。

02

A3用紙に収まらない

拡大率164％以上の解答用紙は実物のサイズ（「出題傾向＆対策」をご覧ください）が大きいために，Ａ３に収まらない場合があります。

03

拡大率が書かれていない

複数ページにわたる解答用紙は，いずれかのページに拡大率を記載しています。どこにも表記がない場合は，正確な拡大率が不明です。

04

１ページに２つある

１ページに２つ解答用紙が掲載されている場合は，正確な拡大率が不明です。ほかの試験回の同じ教科をご参考になさってください。

横須賀学院中学校

【別冊】入試問題解答用紙編

解答用紙は本体からていねいに抜きとり、別冊としてご使用ください。

※　実際の解答欄の大きさで練習するには、指定の倍率で拡大コピーしてください。なお、ページの上下に小社作成の見出しや配点を記載しているため、コピー後の用紙サイズが実物の解答用紙と異なる場合があります。

●入試結果表

年度	回	項目	国語	算数	社会	理科	２科合計	４科合計	２科合格	４科合格
2024	１次Ａ	配点(満点)	100	100	75	75	200	350	最高点	最高点
		合格者平均点	63.5	70.2	43.6	42.1	133.7	219.4	157	288
		受験者平均点	51.4	53.4	38.3	34.4	104.8	177.5	最低点	最低点
		キミの得点							120	182
	〔参考〕：２次国語の合格者平均点は 49.5、受験者平均点は 35.2 です。									
	１次Ｂ	配点(満点)	100	100			200		最高点	
		合格者平均点	67.6	64.7			132.3		162	
		受験者平均点	54.9	47.1			102.0		最低点	
		キミの得点							120	
2023	１次Ａ	配点(満点)	100	100	75	75	200	350	最高点	最高点
		合格者平均点	73.4	52.0	50.8	39.9	125.4	216.1	160	235
		受験者平均点	63.7	39.9	44.2	33.0	103.6	180.8	最低点	最低点
		キミの得点							109	193
	１次Ｂ	配点(満点)	100	100			200		最高点	
		合格者平均点	59.0	69.7			128.7		162	
		受験者平均点	46.9	51.4			98.3		最低点	
		キミの得点							106	
2022	１次Ａ	配点(満点)	100	100	75	75	200	350	最高点	最高点
		合格者平均点	49.4	58.5	42.6	48.6	107.9	199.1	137	235
		受験者平均点	36.7	47.7	36.6	41.1	84.4	162.1	最低点	最低点
		キミの得点							94	166
	１次Ｂ	配点(満点)	100	100			200		最高点	
		合格者平均点	62.4	69.4			131.8		184	
		受験者平均点	56.0	56.2			112.2		最低点	
		キミの得点							102	

※　表中のデータは学校公表のものです。ただし、２科合計・４科合計は各教科の平均点を合計したものなので、目安としてご覧ください。

声の教育社

２０２４年度　横須賀学院中学校

算数解答用紙　１次Ａ　No. １

番号		氏名	

評点	／100

1

(1)		(2)		(3)		(4)	
(5)		(6)		(7)		(8)	

2

(1)		(2)	%	(3)	時間　分		
(4)	秒	(5)	倍	(6)		(7)	cm^3

3

式）

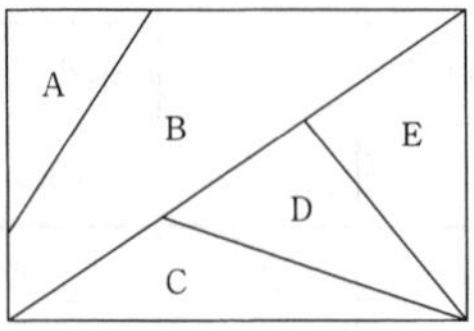

(1)	通り
(2)	通り

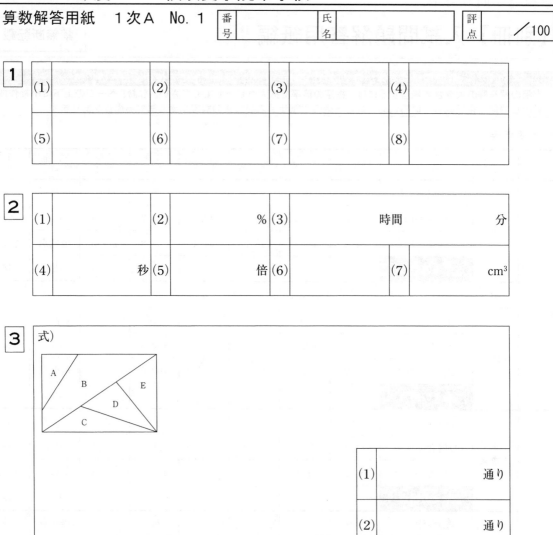

２０２４年度　　横須賀学院中学校

算数解答用紙　１次Ａ　No. ２

4

式）

(1)	時速　　　　km
(2)	分間

5

式）

(1)	
(2)	

6

式）

(1)

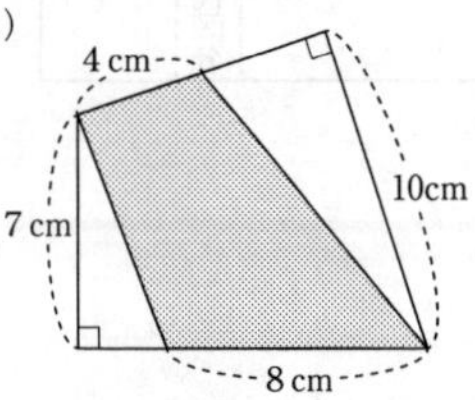

(2)

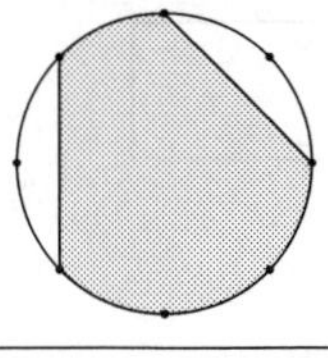

(1)	cm^2
(2)	cm^2

（注）この解答用紙は実物を縮小してあります。185％拡大コピーをすると、ほぼ実物大の解答欄になります。

〔算　数〕100点(推定配点)

1, 2　各４点×15　3〜6　各５点×８

２０２４年度　横須賀学院中学校

社会解答用紙　１次Ａ　No. １

番号		氏名		評点	／75

1

問1		問2		問3	
問4			問5		

2

問1		問2		問3	
問4			問5		

問6		
	具体例	
	問題点	

問7	モーダルシフト		パークアンドライド	

3

問1	あ		い	

問2								
	Ⅰ	人物名		時代区分	Ⅱ	人物名		時代区分
	Ⅲ	人物名		時代区分	Ⅳ	人物名		時代区分
	Ⅴ	人物名		時代区分				

問3		問4		問5	
問6			問7		

２０２４年度　　横須賀学院中学校

社会解答用紙　１次Ａ　№.２

４

問１	(1)		(2)		(3)		(4)	
問２	A		B		C		D	

５

問１		問２	
問３		問４	
問５			
問６		問７	
問８			
問９		問10	
問11			

（注）この解答用紙は実物を縮小してあります。Ｂ５→Ａ３（163％）に拡大コピーすると、ほぼ実物大の解答欄になります。

〔社　会〕75点(推定配点)

1　問１～問３　各２点×３　問４，問５　各１点×２　2　問１～問３　各２点×３　問４，問５　各１点×２　問６　３点　問７　各２点×２　3　問１～問５　各２点×10<問２は各々完答>　問６，問７　各１点×２　4　各２点×5<問２は完答>　5　問１　２点　問２～問４　各１点×３　問５　４点　問６　２点　問７　１点　問８　３点　問９，問10　各２点×２　問11　１点

２０２４年度　横須賀学院中学校

理科解答用紙　１次Ａ

番号		氏名	

評点	／75

1

問1	問2	問3	問4	問5	問6

2

問1	問2

問3

問4	
とける金属	発生する気体

問5	
アルミニウム　g/cm³	鉄　g/cm³

3

問1	問2	問3

問4

問5		
⑤	⑥	⑦

問6	問7	問8	

4

問1	問2	問3	問4		
			①	②	③

問5			問6	問7
満月	下げんの月	三日月		

問8

（注）この解答用紙は実物を縮小してあります。189％拡大コピーをすると、ほぼ実物大の解答欄になります。

〔理　科〕75点(推定配点)

1　各２点×６　2　問１，問２　各２点×２＜問１は完答＞　問３　３点　問４　各２点×２　問５　各３点×２　3　問１　２点　問２，問３　各３点×２　問４，問５　各２点×４　問６，問７　各３点×２　問８　２点　4　問１～問３　各２点×３　問４　３点＜完答＞　問５～問７　各２点×５　問８　３点

２０２４年度 横須賀学院中学校

国語解答用紙 二次

番号 氏名 評点 /100

一
1 2 3 4 る
5 6 7 いる 8 する

二
1 A B 2 A B 3 A B 4 A B

三
1 2 3 4

四
問一 Ⅰ Ⅱ Ⅲ Ⅳ
問二 a b 問三 c d
問四 A B
問五 10 こと。
問六 20
問七
問八 問九

五
問一 Ⅰ Ⅱ Ⅲ Ⅳ 問二 問三 問四
問五 問六 A B 問七
問八 13
問九 ～ 問十 問十一

六
問一 問二 (1) (2) 7 問三

七
30 60 90 120 150

（注）この解答用紙は実物を縮小してあります。192％拡大コピーをすると、ほぼ実物大の解答欄になります。

〔国 語〕100点(推定配点)

一～三 各１点×20 四 問１ 各１点×４ 問２，問３ 各２点×４ 問４ 各１点×２ 問５～問９ 各２点×６ 五 問１ 各１点×４ 問２～問５ 各２点×５ 問６ 各１点×２ 問７～問11 各２点×５ 六 各２点×４＜問２の(1)は完答＞ 七 20点

2024年度　横須賀学院中学校

算数解答用紙　1次B　No. 1

番号		氏名		評点	／100

1

(1)		(2)		(3)		(4)	
(5)		(6)		(7)		(8)	

2

(1)		(2)	個	(3)	点	(4)	m
(5)	g	(6)	m^2	(7)	°		

3

式）

(1)	5枚入り　　袋
	8枚入り　　袋
(2)	人

2024年度　　横須賀学院中学校

算数解答用紙　1次B　No. 2

4

式）

(1)	通り
(2)	通り

5

式）

(1)	m
(2)	m

6

式）

(1)

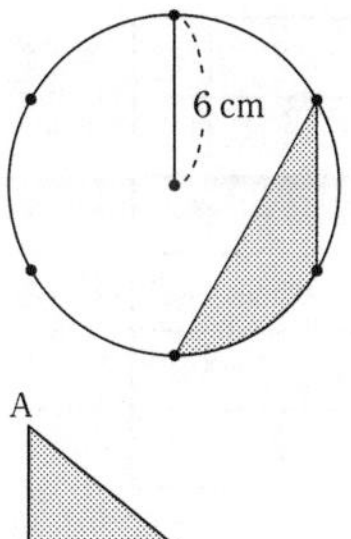

(2)

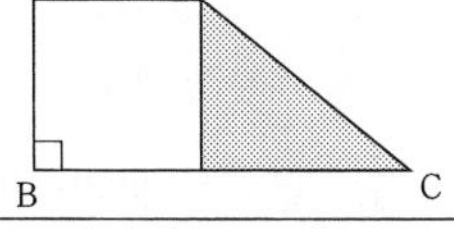

(1)	cm^2
(2)	cm^2

（注）この解答用紙は実物を縮小してあります。185％拡大コピーをすると、ほぼ実物大の解答欄になります。

〔算　数〕100点(推定配点)

1, 2　各4点×15　3～6　各5点×8＜3の(1)は完答＞

２０２４年度　横須賀学院中学校

国語解答用紙　一次B

番号		氏名		評点	/100

一

1	2	3	4 む
5	6	7	8 む

二

問一　1 死（　　）　2（　　）時　3（　　）生　4（　　）告

問二　1　2　3　4

問三　1　2　3　4

三

問一　問二

問三　(1) A（12）

(2) B（12）　C（4）

四

問一　A　B　C　D　　問二

問三（11）をする人　　問四　　問五

問六　　問七　　問八

問九（15）（20）

問十

五

問一　フライパンが　　　から。

問二（10）　　問三　　問四　　問五

問六　　問七　　問八（5）（10）

問九（6）　　問十（10）　　問十一

問十二　　問十三　　問十四　輝也が　（10）　から。

六

（30）（60）（90）（120）（150）

（注）この解答用紙は実物を縮小してあります。200％拡大コピーをすると、ほぼ実物大の解答欄になります。

〔国　語〕100点(推定配点)

一, 二　各１点×20　三　問１　１点　問２, 問３　各２点×４　四　問１　各１点×４　問２〜問４　各２点×３　問５　３点　問６　１点　問７　２点　問８　１点　問９　２点　問10　３点<完答>　五　問１　３点　問２　２点　問３　１点　問４　２点　問５　１点　問６　２点　問７　３点　問８〜問12　各２点×５　問13　３点　問14　２点　六　20点

２０２３年度　横須賀学院中学校

算数解答用紙　１次Ａ　No. １

番号		氏名		評点	／100

1

(1)		(2)		(3)		(4)	
(5)		(6)		(7)		(8)	

2

(1)		(2)		(3)		(4)	円
(5)	g	(6)	個	(7)	cm^2		

3

式）

(1)	円
(2)	円

算数解答用紙　１次Ａ　No. ２

4

1，4，11，14，41，44，111，…

式）

(1)	番目
(2)	

5

式）

(1)	mの地点
(2)	さんが　　　　　秒先にP地点に戻る

6

式）

(1)

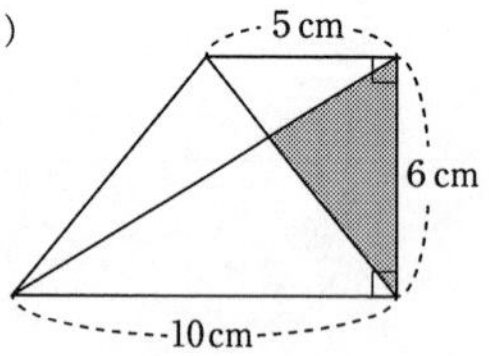

(2)

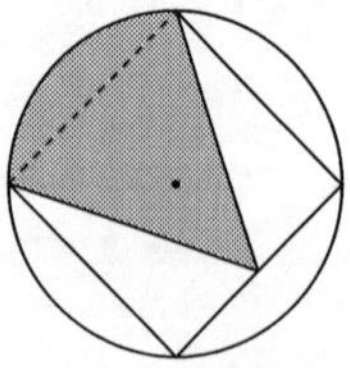

(1)	cm^2
(2)	cm^2

（注）この解答用紙は実物を縮小してあります。182％拡大コピーをすると、ほぼ実物大の解答欄になります。

〔算　数〕100点(推定配点)

1, 2　各４点×15　3〜6　各５点×８

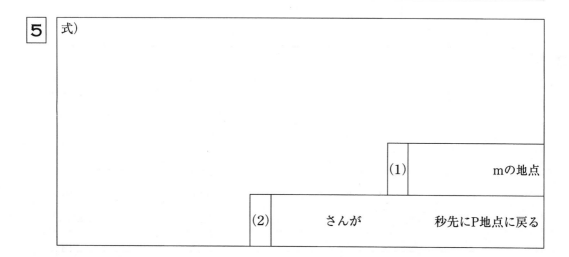

２０２３年度　　横須賀学院中学校

社会解答用紙　１次Ａ　No. １

番号		氏名		評点	／75

1

問１	A	
	B	

問２		問３	

問４		問５	

問６	（1）				
	（2）	①		②	
		③		④	
		⑤			
	（3）		（4）		

問７	

2

問１	ア		イ		ウ		エ	

問２		問３	

問４		問５	

問６	（1）	①		④		（2）		（3）	

２０２３年度　横須賀学院中学校

社会解答用紙　１次Ａ　No. ２

3

問１	あ		い	
	う		え	
	お		か	
	き		く	
	け		こ	

問２	ア		イ		ウ		エ	

問３	ア		イ		ウ		エ	

4

問１	（１）	あ		い		う		え	
	（２）								

問２			問３			問４	

問５	①		②		③	

問６	

（注）この解答用紙は実物を縮小してあります。Ｂ５→Ａ３（163%）に拡大コピーすると、ほぼ実物大の解答欄になります。

〔社　会〕75点（推定配点）

1　問１　各２点×２　問２　１点　問３，問４　各２点×２　問５，問６　各１点×９　問７　４点　2　各１点×12　3　問１　各１点×10　問２，問３　各２点×８　4　問１　各１点×５　問２～問４　各２点×３　問５，問６　各１点×４

２０２３年度　横須賀学院中学校

理科解答用紙　１次Ａ

番号		氏名	

評点	／75

1

問１				問２
①	②	③	④	A

問３	
B　　A	C　　A

2

問１	問２	問３	問４

3

問１		問２
①	②	

問３

問４

4

問１	問２	問３	問４	問５

問６	問７	問８	問９
	植物A：植物B ＝　　：		

5

問１	問２

問３

問４	問５	
	①	②

（注）この解答用紙は実物を縮小してあります。179％拡大コピーをすると、ほぼ実物大の解答欄になります。

〔理　科〕75点(推定配点)

1　問１　各２点×４　問２，問３　各３点×３　2　各２点×４　3　問１　各３点×２　問２　２点　問３，問４　各３点×２　4　問１　３点　問２～問５　各２点×４　問６～問９　各３点×４　5　問１，問２　各２点×２　問３　３点　問４，問５　各２点×３

二〇二三年度　横須賀学院中学校

国語解答用紙　一次A

番号　　氏名　　評点　／100

一　1　2　3　4　5　6　7　う　8

二　1　2　3　4

三　(1)　1　2　3　4　(2)
(3)　1　↓　2　↓　3　↓

四　問一　問二　問三

五　問一　A　B　C　D
問二　20　25　から。
問三　問四　5　問五　問六　問七
問八　問九　問十　問十一　問十二

六　問一　A　B　C　D　問二
問三　15　20　ということ。
問四　問五　7
問六　問七　10　こと。
問八　問九　問十　5

七　漢字一字
30　60　90　120　150

（注）この解答用紙は実物を縮小してあります。192％拡大コピーをすると、ほぼ実物大の解答欄になります。

〔国　語〕100点(推定配点)

一～三　各1点×20<三の(3)は各々完答>　四　各2点×3　五　問1　各1点×4　問2　3点　問3～問10　各2点×8　問11，問12　各3点×2　六　問1　各1点×4　問2　2点　問3　3点　問4　2点　問5　3点　問6　2点　問7　3点　問8～問10　各2点×3　七　20点

2023年度　横須賀学院中学校

算数解答用紙　1次B　No. 1

番号		氏名		評点	／100

1

(1)		(2)		(3)		(4)	
(5)		(6)		(7)		(8)	

2

(1)		(2)	%	(3)	円	(4)	m
(5)		(6)	cm^3	(7)	通り		

3

式）

(1)	
(2)	kg

２０２３年度　　横須賀学院中学校

算数解答用紙　１次Ｂ　No. ２

4

式）

(1)	ア)	個	イ)	個	ウ)	個
(2)	個					

5

式）

(1)	時速　　　　km
(2)	時速　　　　km

6

式）

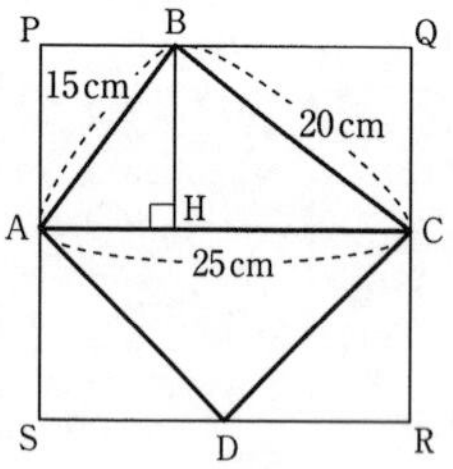

(1)	：　：
(2)	cm^2

（注）この解答用紙は実物を縮小してあります。182％拡大コピーをすると、ほぼ実物大の解答欄になります。

〔算　数〕100点（推定配点）

1，2　各４点×15　3～6　各５点×８＜4の(1)は完答＞

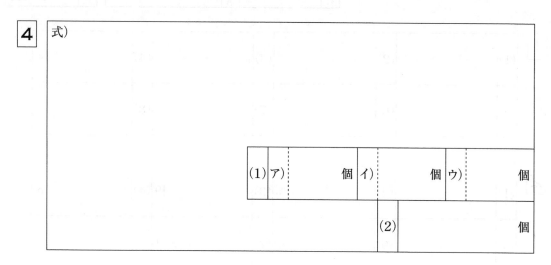

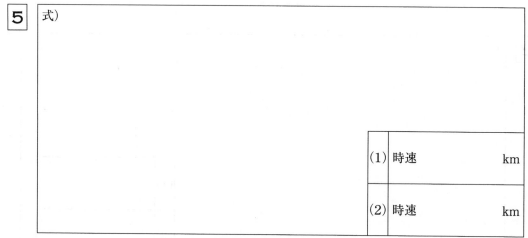

二〇二三年度　横須賀学院中学校

国語解答用紙　一次B

番号　　氏名　　評点 /100

一　1　2　3　4　5　6　7　8 る

二　(1) 1　2　3　4　(2) 1　2　3　4

三　1　2　3　4

四　問一 5　問二 2　3　問三

五　問一　問二　問三 a　b　問四 22 から。　問五　問六 5　問七 A　B　C　D　問八 10　問九 (1) Ⅰ　Ⅱ　(2)

六　問一 A　B　C　D　E　F　問二 a　b　c　d　問三　問四 9　問五 1　2　問六　問七 25 から。　問八 5

七　30　60　90　120　150

(注) この解答用紙は実物を縮小してあります。192%拡大コピーをすると、ほぼ実物大の解答欄になります。

〔国　語〕100点(推定配点)

一～三　各1点×20　四　各2点×4　五　問1，問2　各2点×2　問3　各1点×2　問4～問6　各2点×3　問7　各1点×4　問8，問9　各2点×4　六　問1　各2点×6　問2　各1点×4　問3，問4　各2点×2　問5　各1点×2　問6～問8　各2点×3　七　20点

２０２２年度　横須賀学院中学校

算数解答用紙　１次Ａ　No. １

番号		氏名		評点	／100

1

(1)		(2)		(3)		(4)	
(5)		(6)		(7)		(8)	

2

(1)		(2)	個	(3)	m	(4)	枚
(5)	g	(6)	枚	(7)	cm		

3

式）

(1)	
(2)	個
(3)	

（注）この解答用紙は実物を縮小してあります。182％拡大コピーをすると、ほぼ実物大の解答欄になります。

2022年度　　横須賀学院中学校

算数解答用紙　1次A　No. 2

4

式)

(1)	分速　　　　m以上
(2)	分速　　　　m
(3)	分速　　　　m以上

5

式)

(1)	
(2)	通り
(3)	

6

式)

(1)

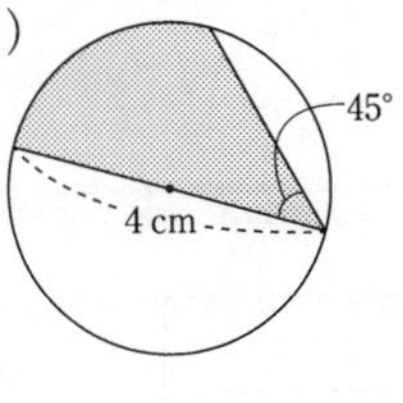

(2)

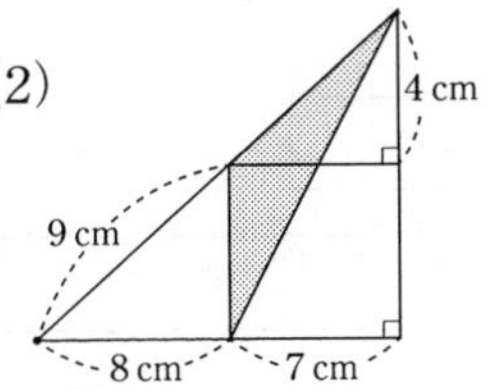

(1)	cm^2
(2)	cm^2

〔算　数〕100点(推定配点)

1　(1)～(4)　各3点×4　(5)～(8)　各4点×4　2～6　各4点×18

２０２２年度　　横須賀学院中学校

社会解答用紙　１次Ａ

番号		氏名		評点	／75

1

問１	(あ)		(い)		(う)	

問２

問３

問４　　問５　　問６　　問７

問８

問９

問10

2

問１　　問２

問３	(あ)		(い)	

問４	ｉ）		ⅱ）(あ)		(い)	

問５

問６

問７　　問８

3

問１

問２	(あ)		(い)		(う)	
	(え)		(お)			

問３	1		2		3		4		5	

（注）この解答用紙は実物を縮小してあります。179％拡大コピーをすると、ほぼ実物大の解答欄になります。

〔社　会〕75点(推定配点)

1 問１，問２　各２点×４　問３　３点　問４～問７　各２点×４　問８～問10　各３点×３　2 問１～問４　各２点×７　問５，問６　各３点×２　問７，問８　各２点×２　3 問１　３点　問２，問３　各２点×10

２０２２年度　横須賀学院中学校

理科解答用紙　１次Ａ

番号		氏名	

評点	／75

1

問１

①	②	③	④	⑤	⑥

問２	問３	問４	問５	問６

2

問１

問２

A	B	C	D	E	F

問３

＞　　＞　　＞

3

問１	問２	問３	問４
		mL	mL

問５	問６	問７ 葉の表裏	数の比
mL			葉の表：葉の裏 ＝　：

4

問１（１）	（２）	（３） い	う	か
	から			

問２（１）	（２） i

（２）
ii

（注）この解答用紙は実物を縮小してあります。182％拡大コピーをすると、ほぼ実物大の解答欄になります。

〔理　科〕75点（推定配点）

1, 2　各２点×19＜2の問３は完答＞　3　問１～問５　各２点×5＜問２は完答＞　問６　３点　問７　葉の表裏…２点，数の比…３点　4　問１　各２点×5　問２　（1）　２点　（2）　i　２点　ii　５点

二〇二二年度　横須賀学院中学校

国語解答用紙　一次A

番号　　氏名　　評点　/100

一
1 いて　2 い　3　4
5 か　6 いた　7　8

二
1　2　3　4　5　6

三
1　2　3　4　5　6

四
問一 1　2　問二 Ⅰ　Ⅱ　問三

五
問一 A　B　C　D　問二 ①　②　③
問三 20 様子
問四　問五 ア　イ　ウ　問六
問七 20　35 から。
問八

六
問一 A　B　C　D　E　F
問二　問三
問四 11
問五 15
問六　問七　問八　問九

七
30　60　90　120　150

(注) この解答用紙は実物を縮小してあります。185%拡大コピーをすると、ほぼ実物大の解答欄になります。

〔国　語〕100点(推定配点)

一～三　各1点×20　四　問1　各2点×2　問2　各1点×2　問3　2点＜完答＞　五　問1　各1点×4　問2, 問3　各2点×4　問4　3点　問5　各2点×3　問6　3点　問7, 問8　各2点×2　六　問1　各1点×6　問2～問5　各2点×4　問6, 問7　各3点×2　問8, 問9　各2点×2　七　20点

２０２２年度　　　横須賀学院中学校

算数解答用紙　１次Ｂ　No. １

番号		氏名	

評点	／100

1

(1)		(2)		(3)		(4)	
(5)		(6)		(7)		(8)	

2

(1)		(2)	本	(3)	ページ	(4)	点
(5)		(6)	円	(7)	時速　　　km		

3

式）

(1)

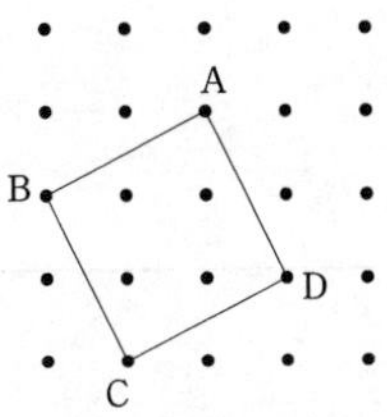

(1)	cm^2
(2)	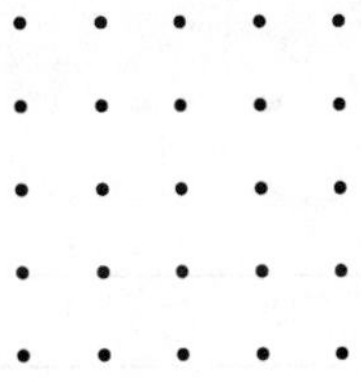

（注）この解答用紙は実物を縮小してあります。182％拡大コピーをすると、ほぼ実物大の解答欄になります。

算数解答用紙　１次Ｂ　No. ２

4

式）

(1)	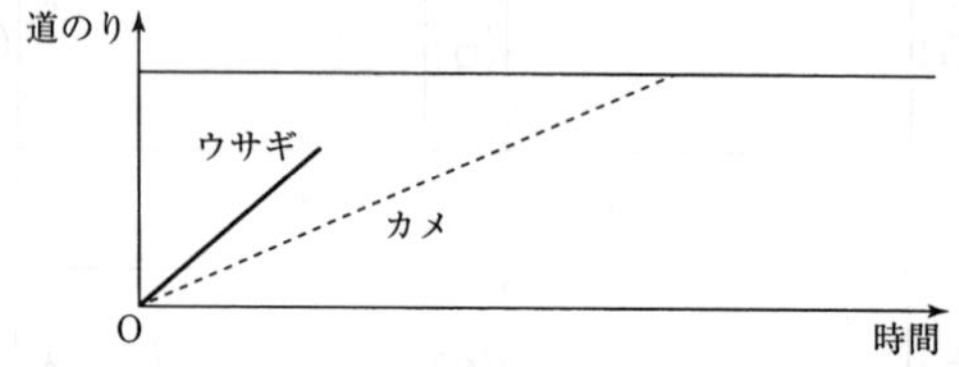
(2)	km

5

式）

(1)	個
(2)	番目

6

式）

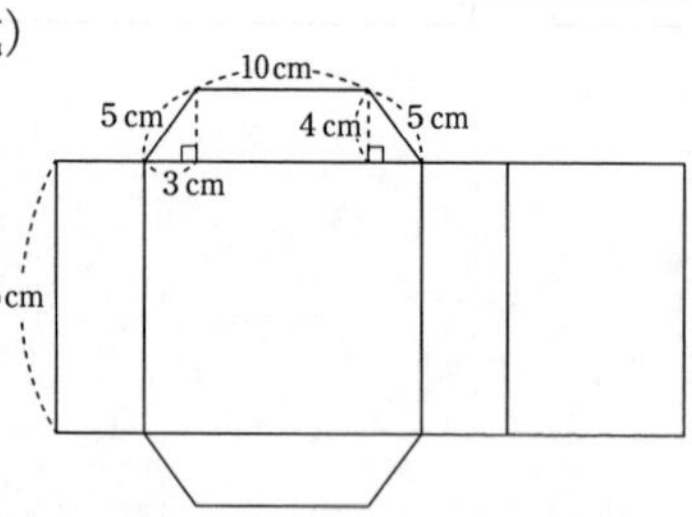

(1)	cm^2
(2)	cm^3

〔算　数〕100点(推定配点)

1, 2　各４点×15　3〜6　各５点×8

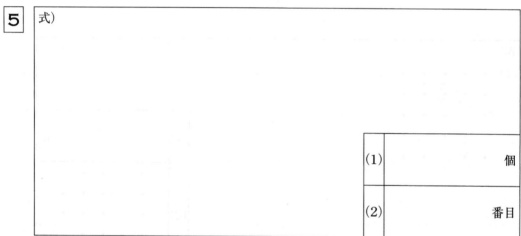

二〇二三年度　横須賀学院中学校

国語解答用紙　一次B

番号　　氏名　　評点　/100

一

1　2　3 める　4 る
5　6　7 ける　8 ねて

二

1　2　3　4　5　6

三

(1) 1　2　3　4
(2) ア　イ

四

問一　問二　問三

五

問一 A　B　C　D　問二　問三

問四　20　ということ。

問五　問六　問七　問八　問九　問十

六

問一　問二　問三　問四

問五 1　2　3　4

問六　問七　7　問八

問九　問十　問十一

七

30　60　90　120　150

（注）この解答用紙は実物を縮小してあります。185%拡大コピーをすると、ほぼ実物大の解答欄になります。

〔国　語〕100点(推定配点)

一～三　各1点×20　四　問1，問2　各2点×2　問3　3点　五　問1　各1点×4　問2，問3　各2点×2　問4　3点　問5～問9　各2点×5　問10　3点　六　問1～問10　各2点×13　問11　3点　七　20点

Memo

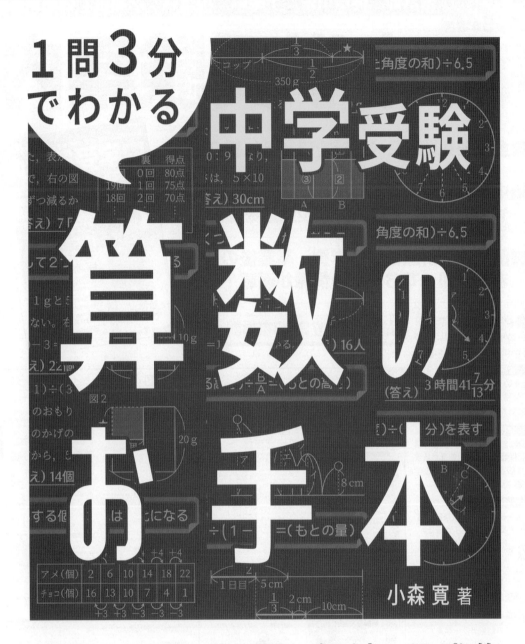

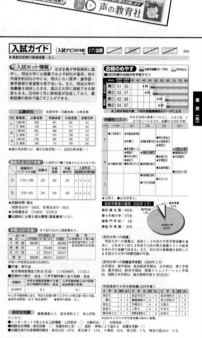

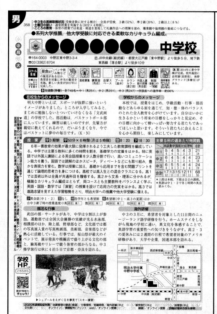